1492

Fin de la barbarie,

comienzo de la civilización en América

Iturralde, Cristian Rodrigo
1492 : fin de la barbarie comienzo de la civilización en América. - 1a ed. - Ciudad Autónoma de Buenos Aires : Ediciones Buen Combate, 2014.
204 p. : il. ; 21x15 cm.

1. Historia Universal. I. Título
CDD 909

Fecha de catalogación: 07/06/2014

General Artigas 1650 (C1416AKL) CABA, República Argentina

Distribución:
Cel. (11) 4492-6717 / Tel. (11) 4976-8760
E-mail: el_buencombate@yahoo.com.ar
http://buencombate.dmtienda.com/

Realización gráfica: Carolina Torremazza
torremazza@gmail.com

ISBN: 978-987-45501-1-8

Hecho el depósito que ordena la ley 11.723,
Buenos Aires- Junio de 2014

CRISTIAN RODRIGO ITURRALDE

1492

FIN DE LA BARBARIE,

COMIENZO DE LA CIVILIZACIÓN EN AMÉRICA

Tomo I

Ediciones Buen Combate

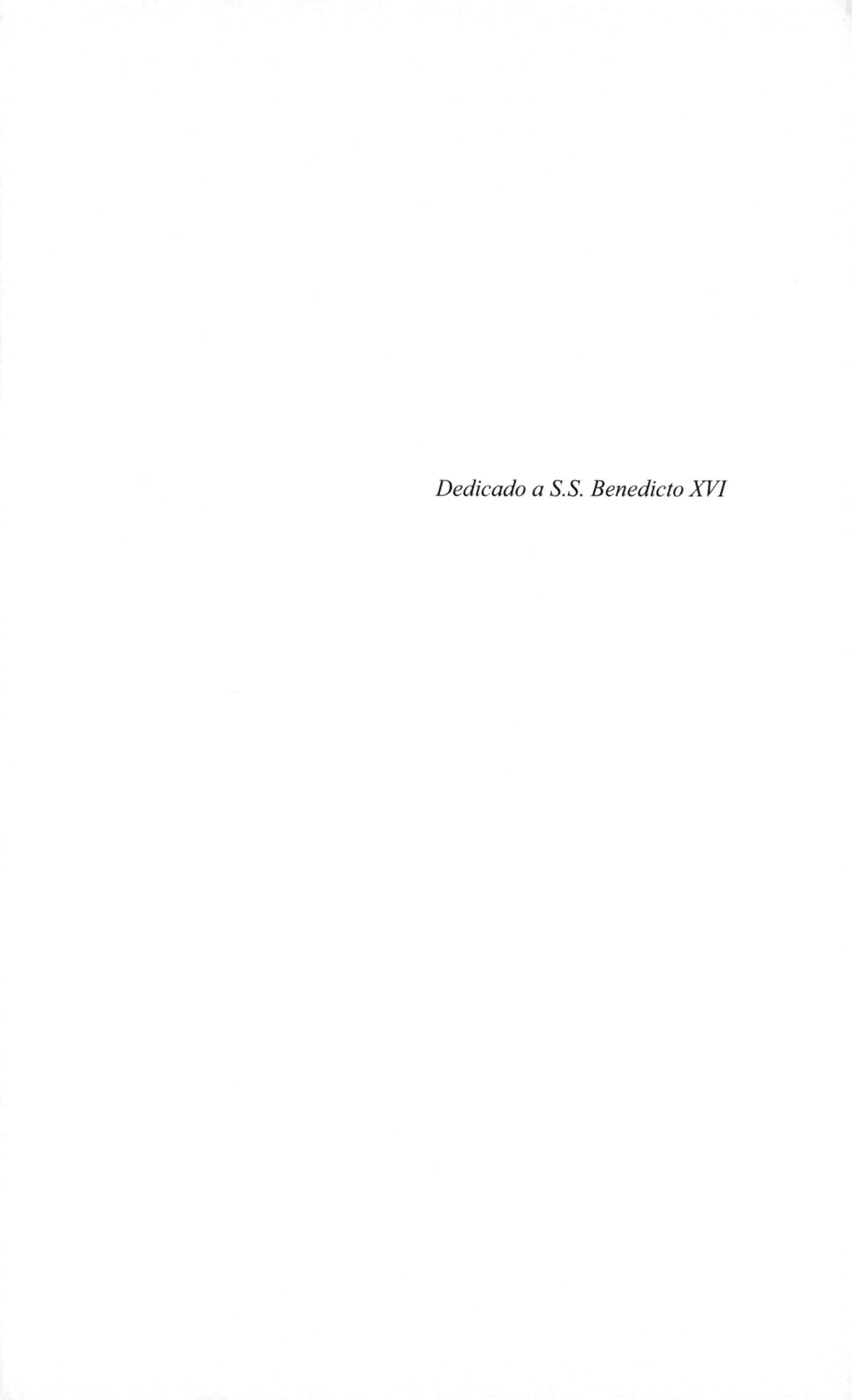

Dedicado a S.S. Benedicto XVI

Agradecimientos

Muy especialmente a mi padre y a mi madre, quienes han apoyado mis estudios desde el primer momento y no han dejado de acompañarme en coyunturas acuciantes.

A mis siempre presentes y entrañables hermanos Santiago, Josefina e Inesita.

A Jorge y Susana.

A Marcelo Imbroglio y a Oscar Juan Ghiso, distinguidos colaboradores de la primera hora

Al Dr. Caponnetto, a cuya deferencia y generosidad debo en gran medida, una vez más, la presente obra; concebida a partir de su constante aliento y paciente seguimiento.

Al Dr. Hugo Verdera, defensor inclaudicable de la Verdad Histórica

Al Lic. Juan Manuel Soaje Pinto, siempre presto a otorgar su tiempo y espacio, generosa y desinteresadamente, a la difusión del pensamiento verdaderamente nacional.

Una gran civilización no es conquistada desde fuera, hasta que no se ha destruido a sí misma desde dentro.

Will Durant

(…) Pero si la Leyenda Negra fuera la única verdad de ese acontecimiento, no se explicaría por qué los indígenas no escriben sus alegatos en el idioma de loas mayas o de los aztecas. Y por qué dos de los más grandes poetas de la lengua castellana, Rubén Darío y Ceéar Vallejo, ambos mestizos, no solo no sintieran resentimiento contra España, sino que la cantaron en poemas memorables. Y tampoco se explicaría por qué la cultura de esta América hispánica, que fue influida por los grandes movimientos Intelectuales y literarios de Europa, no solo ha producido una de las más grandes literaturas del mundo actual, sino que ha influido sobre historiadores europeos.

Ernesto Sábato[1]

No faltaban en América guerras de conquista y de exterminio, venta de esclavos, sacrificios sangrientos, antropofagia, división de clases y en castas, arbitrariedades e injusticias, epidemias y años de hambre y sequía. Cuando Cortés llego a Yucatán encontró gran cantidad de ciudades en guerra entre sí, diezmadas las poblaciones por las luchas, el hambre y la peste[2]

Ricardo Levene

Contra facta non sunt argumenta[3]

Proverbio latino

---

[1] Dialéctica de las Culturas, La Nación 23/11/91

[2] Ricardo Levene, Historia de América, Ed. Jackson, I, p. 269

[3] Proverbio latino ("Contra los hechos no hay argumentos")

PRÓLOGO

Mi joven amigo Cristian Rodrigo Iturralde me pidió gentilmente que elaborara unas líneas introductorias a esta su presente obra. Me honró, en virtud de no sé qué méritos, con la invitación a prologar este su segundo trabajo histórico.

La lectura del mismo, además de lograr capturar plenamente mi atención, significó una verdadera ratificación, una vez más de aquello que, allá lejos y hace tiempo, supo enseñarnos el Padre Leonardo Castellani, al decirnos que «*la Iglesia es el sentido de la historia del mundo*». Por ello, el estudio de la acción de la Iglesia en el decurso histórico, se hace ineludible y está en íntima relación con la tarea propia del católico, que es la de *evangelizar*, llevar la «buena nueva» del Evangelio, oportuna e inoportunamente. Y eso es comprensible de una única manera: evangelizar es dar la forma cristiana a todas las cosas, y eso es lo que hizo la Iglesia en la historia y lo hizo egregiamente en nuestra Hispanoamérica. Por eso, la labor histórica de la Iglesia, si se me permite decir, fue la de impregnar la política, la acción militar, la especulación teológica y filosófica, en suma, todo el orden temporal con el espíritu del Evangelio. Por eso, pudo decir con toda verdad León XIII que la Iglesia «produjo bienes superiores a toda esperanza» donde llego *históricamente* con el Evangelio. Por eso es dable afirmar, con toda veracidad, lo que el autor estadounidense Thomas E. Woods a escrito: «*la civilización occidental debe a la Iglesia católica mucho más de lo que la mayoría de la gente, incluidos los católicos, tiende a pensar. Lo cierto es que la Iglesia construyó la civilización occidental*» (.). Y esto fue palmariamente evidente y por ello innegable en su acción concreta en nuestra Hispanoamérica.

Afirmaba Pío XII que «La Iglesia católica sabe que todos los acontecimientos se desarrollan según la voluntad o la permisión de la *Divina Providencia* y que Dios alcanza en la historia sus propios objetivos (...) Dios es realmente el Señor de la Historia». Por ello, entre el cristianismo y la historia no existe, ni puede existir ninguna oposición, sino una indispensable relación finalística. Es en esta tónica, que nuestro amigo Cristian Rodrigo Iturralde ha realizado esta su obra sobre la Evangelización de Hispanoamérica, y con un espíritu abierto a la verdad, asumió la tarea propia de todo historiador que sea fiel a la esencia de su labor, cual es la de ver y de exponer –tales cuales han sucedido en la medida de lo posible– los hechos, los acontecimientos y las circunstancias, pero en su entronque vital con el pensamiento católico, que sabe, por el auténtico magisterio de la Iglesia católica, «que todos los acontecimientos se desarrollan según la voluntad o la permisión de la Divina Providencia y que Dios alcanza en la historia sus propios objetivos (...) Dios es realmente el Señor de la Historia».

Pues bien, nuestro amigo ha historiado la evangelización de América como un hecho histórico pero partiendo de la realidad de que la *Iglesia* misma es un *hecho histórico*, que comprende la afirmación de la plenitud de su origen divino y su carácter sobrenatural, consolidando así su propia misión, que como tal en su desarrollo son *hechos históricos*. Y estos hechos históricos de la vivencia real de los aborígenes americanos, están tratados con toda certeza y plenamente documentados. Pero además, nuestro autor sabe ubicarlos en el plano en el cual ineludiblemente deben ser comprendidos; la ausencia de Jesucristo y el anhelo de vivenciarlo en su amorosa realidad.

Asume así nuestro autor **la tarea propia del historiador católico**, cual es seguir lo que el Papa León XIII, en el breve *Saepenumero considerantes*, del 18 de agosto de 1883, enfatizó como verdadero código intelectual y moral para el historiador católico. En ese magnífico documento, indispensable, reitero, para la labor histórica del auténtico historiador católico, señala el pontífice que "*el arte de la historia en estos tiempos no parece sino ser una conjura de los hombres contra la verdad (...) Mutilando a menudo, o remitiendo astutamente a la penumbra, lo que forma como los ejes claves de la historia, han dado en disimular por el silencio los fastos gloriosos y las gestas memorables, mientras ocupaban toda su atención en señalar y exagerar lo que con temeridad o menos rectamente se había podido obrar*". Y daba la «regla aurea» para evidenciar la autenticidad histórica de la presencia evangélica, cual es, considero, en sus palabras, el deber insoslayable del historiador católico, consistente en "*esforzarse enérgicamente en refutar las mentiras y falsedades, recurriendo a las fuentes (...) Es necesario que la Iglesia se defienda y que fortifique con más cuidado los flancos atacados con mayor violencia*". Y finaliza señalando que es necesario que, para un católico cabal y bien nacido, "*la primera ley de la historia sea no osar mentir, y la segunda, no tener miedo a decir la verdad*".

La tarea de Rodrigo Iturralde, centrada en esos objetivos precitados, satisface ampliamente la defensa de la verdad, y lo hace valerosamente, ante tanta perfidia contra todo lo católico. El hecho real de los primeros españoles, fue encontrarse en el Nuevo Mundo con horrores, que ellos describen como de perverso salvajismo, pero asumiendo una actitud auténticamente evangélica; no ven a los aborígenes como perversos intrínsecamente, sino como pobres endemoniados, que había que liberar. Y nuestro autor ratifica esta realidad que venimos bosquejando. Encuadra su estudio en dos grandes partes: la situación histórica de los pueblos indígenas a la llegada de los españoles ("*los pueblos precolombinos y el renado del terror*") y en una segunda parte ("*regímenes totalitarios indígenas*"), constituida por la descripción veraz y el análisis de los aspectos propios de la vivencia social, política y ética de los pueblos indígenas. Y lo hace con un profundo aparato historiográfico, que fundamenta claramente sus conclusiones.

Me parece que el hilo conductor de su labor es la sumisión plena a la única comprensión real del hecho histórico de la Evangelización: ella es explicada históricamente en clave teológica y, diría, siguiendo a nuestro querido Padre Castellani, "esjatológica". Este punto central de su elaboración, permite comprender que enfrentó la España católica ante el destino manifiesto querido por Dios para ella. Misión que fue cumplida plenamente. La labor de España fue evangelizadora y, como tal, implicó proporcionar a América de principios y sentimientos cristianos; dándoles un nuevo estilo de vida, de autentica liberación, cual es la del pecado. Y además, logró hacer prevalecer en nuestra América la justicia y los principios cristianos, las normas cristianas, frente al mundo brutal y sanguinario que encontró. Cristian Rodrigo Iturralde muestra con capacidad y profundidad, con un impecable aparato crítico, que la realidad precolombina fue incorporada a la cultura católica y, en consecuencia, al acceso al Reino de Dios. De este modo, se conformo la aparición del nosotros hispanoamericano, es decir, de nuestra real esencia.

Con ello, su contribución es sumamente valiosa, y nos permite afirmar que confiamos que su labor se extienda en el estudio y la propagación de la autenticidad histórica católica, que muchas veces, por desidia e ignorancia, muchos católicos se envuelven en un manto de culpa asumida porque el enemigo les ha vaciado de la verdad. Felicitamos, sinceramente, a este joven estudioso, que en una época de claudicaciones internas se muestra intransigente en la defensa de la verdad. Lo felicito fervorosamente, por su seriedad, por su coraje y por su denuncia de tantos claudicantes ante el enemigo.

Hugo Alberto Verdera

NOTAS DEL AUTOR

La cuestión de la conquista de América sigue siendo, indudablemente, un tema de actualidad. Para unos, su valoración negativa resulta indispensable para apoyar y justificar abiertamente la causa separatista del indigenismo vernáculo y, a la vez, desentender al continente de su filiación hispana y católica hasta hacer su causa antipática -con el claro objeto de someterlo, cual bastardo, a la dictadura del relativismo moral y religioso propuesto por los mandamás del *Novus Ordo Seculorum*-. Para otros, en cambio, la rememoración de la pacificación americana constituye la última gran empresa del hombre medieval, cristo céntrico y moralista, ajeno y contrario al espíritu eminentemente utilitarista propuesto por el renacimiento italiano del siglo XV, racionalista y antropocéntrico, del cual estuvieron imbuidos ingleses, franceses y holandeses -entre los principales- para sus conquistas; donde el valor de una región se medía de acuerdo a los recursos y beneficios materiales que de ella pudieran extraerse.

Entendemos que la intervención de España y la Iglesia en América supusieron la liberación de un continente asfixiado, viciado; rompiendo las pesadas cadenas de la mayoría oprimida por vigorosos y opulentos imperios y la tiranía de sanguinarios ídolos. Copiosos son los estudios acerca de la acción de ejemplar civilización acometida por España, los pontífices y los misioneros –obra sin precedentes en la Historia-, siendo particularmente dignas de mención a este propósito las *leyes indianas* y su posterior codificación; legislación única y *revolucionaria* en su época que, entre otras cosas, abrazaba a los nativos de aquellas tierras como vasallos directos de la Corona, con los mismos o más derechos que los europeos. Siendo casi todas sus instituciones y costumbres respetadas, menos, claro está, aquellas bárbaras, *contra natura*, como las del canibalismo y los sacrificios humanos. Es harto evidente que la civilización cristiana resultó, muy primeramente, un beneficio a los mismos indígenas -como ellos mismos lo entendieron prontamente-; hecho demostrado en la abrumadora cantidad de pueblos aborígenes que abrazaron como suya la causa, luchando codo a codo con los conquistadores españoles contra sus sojuzgadores.

Existen, afortunadamente, magníficas obras acerca de esta realidad, resultando de particular interés aquellas consumadas por don Vicente Sierra, Guillermo Furlong, Cayetano Bruno, Enrique Díaz Araujo, Héctor Petrocelli, Alberto Caturelli, y Antonio Caponnetto, por mencionar sólo unos pocos autores de fuste de nuestro país.

No obstante, creemos que para poder apreciar verdaderamente, en toda su magnitud, la obra española -que tan bien exponen los citados autores-, debemos necesariamente adentrarnos de una forma más o menos pormenorizada en los hechos anteriores a 1492, es decir: observar y examinar con singular detenimiento la tesitura y condición en que se encontraban los pueblos precolombinos. Este es el motivo acuciante que nos llevó a investigar la América prehispánica. Solo así podremos entender la verdadera significación y extensión de la incursión española en el continente.

En esta primera entrega de la obra, concerniente al período prehispánico, procuraremos adentrarnos en las profundidades de aquel *Nuevo Mundo*, como denominaron los hombres de su tiempo a las *Indias Occidentales*.

No es tarea sencilla, por cierto. Pues no tratamos aquí con una o dos culturas particulares, sino con cientos de estas; muchas veces radicalmente disímiles; enfrentadas y/o envueltas en encarnizadas e interminables guerras, refriegas, *vendettas*. No se puede, entonces, generalizar en torno a esta materia y atribuir a unos pueblos cosas que fueron propios de otros. Algunas de estas sociedades fueron más complejas que otras. Unas contaron con algún grado de desarrollo técnico y sentido de justicia, otras vivían en la barbarie total; algunas convivían en asentamientos urbanos sometidos al déspota de turno, otras vivían en las montañas, bosques o selvas, librados a su suerte, y así podríamos seguir *ad infinitum*.

Naturalmente, por razones lógicas y apremiantes de espacio y tiempo, no podremos detenernos en cada una de estas culturas todo lo que quisiéramos, por lo que optaremos –a fuer de hacer la obra lo más didáctica y dinámica posible– centrarnos en los elementos que todas ellas tuvieron de común: lo primitivo; llámese guerra, desesperanza, excesos, superstición, etc.

Haremos especial paréntesis en los pueblos más preponderantes del continente, como los incas, mayas y aztecas, aunque sin dejar de lado completamente a otros pueblos ajenos a la influencia de éstos, como los caribes, guaraníes, chibchas, charrúas o araucanos, entre otros. Iremos penetrando, gradualmente, en el *modus vivendi* de aquellas sociedades que vivían, mayormente, divididas entre ricos y pobres, sumisos y opresores, nobles y plebeyos. ¿Cuáles eran sus creencias y costumbres, vicios y virtudes, yerros y aciertos, leyes –cuando las tenían–?

Para aquellos desprevenidos, tal vez sea conveniente ponerlos en aviso, desde este mismísimo instante, que la América prehispánica que creen conocer, no es tal. No busquen en este ensayo una América atiborrada de rimbombantes colores –como sugieren los estandartes indigenistas-, pues no los hallaran. Aquella *fantasía roussionana*, como llamaba Alberto Caturelli al ficticio paraíso terrenal que imaginaron algunos historiadores, no existió jamás. Un autor insospechado, como el antropólogo Marvin Harris, refiriéndose principalmente a los aztecas, se ve forzado a reconocer que:

> *En ningún otro lugar del mundo se había desarrollado una religión patrocinada por el estado, cuyo arte, arquitectura y ritual estuvieran tan profundamente dominados por la violencia, la corrupción, la muerte y la enfermedad. En ningún otro sitio los muros y las plazas de los grandes templos y palacios estaban reservados para una exhibición tan concentrada de mandíbulas, colmillos, manos, garras, huesos y cráneos boquiabiertos*[4]

Empero, podemos prometer luz, mucha luz sobre estas páginas; que jamás es suficiente cuando su beneficiaria es la verdad histórica. Y para ello nos valdremos de toda la documentación y evidencia disponible hasta la fecha, sin desdeñar ninguna por cuestiones de simpatía o afinidad con tal o cúal causa o pensamiento. Así, recurriremos no solo a las crónicas de los conquistadores y misioneros, sino a las mismas fuentes indígenas -códices, iconografía, memoriales, etc.- y a la evidencia científica dispuesta por la arqueología y la antropología –que no hace más que confirmar cuanto dijeron los primeros cronistas americanos-. Conspicuos autores y cronistas indígenas y/o mestizos fueron, entre otros, Alva Ixtlilxóchitl, Alvarado Tezozómoc y Muñoz Camargo, Juan Bautista Pomar, Francisco Antón Chimalpahin Cuauhtlehuanitzin, Garcilaso de la Vega, Felipe Guamán Poma de Ayala, sin olvidar monumentales obras de obligada consulta para el estudio de las culturas precortesianas como las de Toribio Benavente, Gonzalo Fernández de Oviedo, Cieza de León, José Acosta, Bernardo de Sahagún y Diego Landa; escritas en su mayor parte en base a testimonios de los mismos indígenas.

La *Historia de la América* precolombina es, en general, una historia aciaga, triste, gris, crispada, de sufrimiento, viciada de indecibles torturas, de agobiantes guerras e intrigas, de costumbres *contra natura*, de canibalismo, de sumisión, de superstición, de

---

[4] Marvin Harris, Caníbales y Reyes. Los orígenes de la cultura, Argos Vergara, Barcelona 1983, p. 122.

desesperanza, de despotismo…, que hará recordar no pocas veces a la barbarie y utilitarismo de los regímenes comunistas y de las potencias democráticas *aliadas* nacidas al calor de la II gran guerra.

No obstante, será el lector quien juzgará.

Antes de concluir esta suerte de proemio, debemos señalar que a pesar de haber constituido la brutalidad, en menor o mayor escala, una característica propia y generalizada en casi todos los pueblos del continente, no haríamos justicia a la verdad si prescindiéramos de los distingos tan necesarios y propios a toda obra "histórica". Mas allá de las limitaciones antes mentadas y de la desproporción de sus leyes -entre el delito y la pena-, observamos en algunas de estas culturas –bien pocas en realidad- un esfuerzo por defender algunas cuestiones relativas al orden natural del *cosmos*, como el debido e irrestricto respeto hacia lo que estos consideraron una religión, la condena tajante de ciertas desviaciones morales como la sodomía, y la procuración de cierto orden en su organización social. Luego, cabría destacar también la valentía en grado heroico y honorabilidad de la que usaron no pocos soldados y principales indígenas, principalmente entre tlaxcaltecas, totonecas y texcocanos, combatiendo con denuedo el yugo opresor e imperialista de los aztecas y/o de distintos dictadores aliados o anteriores a estos. Encontramos numerosos y conmovedores relatos de lealtad y desinteresado arrojo entre españoles e indígenas, donde unos salvaban la vida de los otros y viceversa, incluído algunos casos memorables como aquel donde un tlaxcalteca, y luego un texcocano, salvaron la vida del mismísimo gran capitán Cortés. Indígenas a los que la confesión decidida de su nueva fe cristiana frente a sus pares les significó no pocas veces la muerte y el sufrimiento de los más horribles tormentos –incluso a niños-, siendo muchos de ellos beatificados posteriormente por la Iglesia Católica.

La acción libertadora de España y los misioneros no se vio privada de suntuosos y generosos gestos de reciprocidad por parte de los indígenas aliados a la causa de la libertad y de la *Civitas Dei* hispano católica.

Capítulo I

PUEBLOS ORIGINARIOS Y ALGO MÁS

"(...) porque la difusión de la leyenda negra que ha pulverizado la crítica seria y desapasionada interesaba doblemente a los aprovechadores detractores. Por una parte les servía para echar un baldón a la cultura heredada por la comunidad de los pueblos hermanos que constituimos Hispanoamérica. Por la otra procuraba fomentar así, en nosotros, una inferioridad espiritual propicia a sus fines imperialistas...Si la América española olvidara la tradición que, enriquece su alma, rompiera sus vínculos con la latinidad, se evadiera del cuadro humanista que le demarca el catolicismo y negara a España se quedaría instantáneamente baldía de coherencia y sus ideas carecerían de validez".

Juan Domingo Perón[5]

---

[5] Perón, Juan Domingo. Discurso en la Universidad de Buenos Aires en homenaje a Cervantes en 1947. Si bien no suscribimos al movimiento peronista y su doctrina -menos aun a su líder-, consideramos conveniente la cita de marras por dos motivos principales: por provenir justamente de alguien que tuvo muy poco de hispanista, y para recordarle al *neoperonismo* abiertamente progresista y/o marxista la posición de su líder –al menos teórica- con respecto a este punto.

I- Introducción

La denominación *pueblos originarios* es frecuentemente utilizada por los sectores ideológicos del progresismo, generalmente de cuño liberal o marxista, para referirse a los aborígenes americanos. Cuando el adjetivo “originarios” es precedido por el plural del sustantivo “pueblo”, se logra una fórmula mágica (¡*deus ex machina*!) que tiene, las más de las veces, la firme intención de aludir a los aborígenes como los dueños absolutos del continente, implicando, necesariamente, que quienes hoy lo habitamos lo hacemos en calidad de usurpadores. Esta ideología guarda y conlleva a muchos errores, furcios, incontables contradicciones y no pocas incoherencias; varias de ellas verdaderamente de escuela.

A modo de introito a la presente obra, fijemos en este capítulo, si bien muy sintéticamente y con la promesa de ahondar luego, algunos puntos sobre las íes:

a) Originarios ¿de dónde?

Digamos, primero y ante todo, que los sedicentes pueblos originarios no son nativos de América, sino, como prueban incontrovertibles investigaciones aceptadas universalmente (cuestión sobre la cual no existe divergencia), oriundos del Asia, llegados al continente a través del Estrecho de Bering[6]. Por tanto, si alguna restitución de tierra cupiera, esta debería ser en beneficio de la nación de procedencia de sus antepasados; hoy naciones independientes y soberanas del continente asiático (Mongolia, Rusia, etc.).

---

[6] En adición a esto, también se afirma que hubo emigraciones oceánicas por el Pacífico norte y por el Atlántico norte.

Pero no debería concluir aquí el acto *restitutivo*. Acto seguido, nobleza obligaría a éstos a cederlas a las comunidades aborígenes de mongoles y esquimales o a los malayos-polinésicos que por allí anduvieran pululando; y estos, a su vez, tendrán la difícil y fatigosa tarea de rastrear, localizar y revivir al primer *homo sapiens* que habitó el mundo y devolverle la tierra en cuestión (aunque, según la antropología, éste les lleva algo más de 200.000 años de ventaja). Luego, que decida y haga la repartija *terruña* el hombre darwiniano. Este es el intrincado camino propuesto a seguir, siguiendo la lógica indigenista.

b) ¿Y entonces?

Por lo pronto -adelantándonos a las objeciones que no pocos plantearán *a posteriori*- debemos decir que el hecho que los primeros peregrinos asiáticos hubieran arribado al continente 15.000 años a.C. (milenios más, milenios menos) no los habilita, ni a ellos ni ciertamente a sus descendientes, a considerase autóctonos de estas tierras y menos proclamarse sus propietarios absolutos. Pues ¿cuál es el parámetro que se sigue para declarar quien es dueño de la tierra? (en el caso que esto fuera lícito, pues todo pertenece a Dios) ¿El lugar de nacimiento de los primeros peregrinos americanos, el de sus descendientes o el haber llegado primero que otros? Alguien dirá, no sin cierta razón, que 15.000 años son muchos, y ciertamente lo son, pero hay que comprender que no existe una ley universal, moral, natural o jurídica, ni de ningún orden, que establezca que sólo son legítimos dueños de determinado territorio aquellos que lo ocupan hace 100, 1000, 10.000 o 30.000 años. Si se trata de "quién ocupó la tierra antes", entonces España estaría en todo su derecho de reclamar actualmente toda Hispanoamérica, y los descendientes de romanos y griegos casi toda Europa y gran parte de Asia, y así podríamos seguir *ad eternum*. El resultado de seguir consecuentemente este razonamiento y/o criterio sería que deberíamos irnos todos a vivir a otro planeta (aunque tendríamos el mismo problema de "Justos Títulos" con sus *nativos*, los "extraterrestres"). Al adherir o tolerar estas teorías foráneas (no es otra cosa el indigenismo, con casa matriz en Londres), se pone en jaque nuestra misma existencia, nuestro derecho a existir, a ser, a desarrollarnos; contrariando la ley natural de nacer, socializar, vivir y poblar[7].

Mejor entiende la problemática el filósofo Alberto Buela, señalando lo siguiente:

> *La crítica al indigenismo inmediatamente nos demoniza, porque el indigenismo es un mecanismo más de dominación del imperialismo y como tal funciona. Su verborrea criminaliza a quien se opone. Su lenguaje busca despertar sentimientos primarios a dos puntas: se presentan como víctimas y criminalizan a quienes se le oponen o ponen simplemente reparos. Lo grave del indigenismo es que en nombre de las falsas razones de origen que dan ellos, nos quitan, al menos a los criollos americanos, nuestro lugar de origen. Y nosotros los criollos bajo la firma de gauchos, huasos, cholos, montuvios, jíbaros, ladinos, gauchos, borinqueños, charros o llaneros somos lo mejor, el producto más original que dio América al mundo*[8]

---

[7] No deja de ser curioso corroborar que quienes financian y sostienen estas tesis son los mismos que, en forma directa o indirecta, usurparon Palestina en el siglo XX, persiguiendo, desterrando y hasta exterminando gran parte de su población originaria, en beneficio de la "república" teocrática hebrea.

[8] Alberto Buela, El Camino al Infierno empedrado por las buenas intenciones II, Breve sobre indios e indigenistas, 12 de mayo de 2010. Cfr. http://www.defenderlapatria.com/el%20camino%20al%20infierno%20empedrado%20por%20las%20buenas%20intenciones%20II.pdf

c) Opciones: ¿Nos vamos del continente, del planeta o volvemos a la selva?

Decíamos recién, que con el mismo criterio podrían los españoles reclamarnos a los hispanoamericanos el continente, pues no sólo lo ocuparon por más de 300 años antes de la gestación de las independencias, sino que incluso a ellos debemos el desarrollo, conocimientos, construcciones, lengua, costumbres, religión e instituciones con las que contábamos al momento de las emancipaciones continentales. ¿O resulta que 300 años no son suficientes para proclamarse dueño de las tierras? ¿Deberían haber sido 30.000 para poder hacerlo? ¿Quién dispone el número? ¿Deberemos restituir a España solo el continente o también el idioma y nuestro *modus vivendi* occidental? Siendo consecuentes deberíamos todos, entonces, volver a los taparrabos y proceder a sacar filo a los cuchillos de obsidiana y a las puntas de las saetas; si es que pretendemos procurarnos el almuerzo y a la vez evitar ser linchados por tribus vecinas, pasando a ser su minuta proteica. Más doloroso para algunos, tal vez, sean las consecuencias seguidas en el rubro alimenticio: a despedirse de las suntuosas pizzas de muzzarela, los suculentos bifes a caballo, de la leche y de todos sus derivados. Habrá que comenzar a desayunar, almorzar, merendar y cenar maíz y, con suerte,... más maíz. (Y si la casualidad lo permite, algún crustáceo). Como sabemos, las vacas, entre otras cientos de cosas, fueron traídas por los españoles. Si ellos se van, las vacas deberían volar con ellos. Es esto o mudarnos de continente; al menos para quien pretenda seguir con coherencia sus convicciones[9].

---

[9] Curiosos indígenas e indigenistas del siglo XXI: devoradores de milanesas a la napolitana, fumadores compulsivos de *marlboros*, redactando documentos y elevando quejas en el perfecto castellano de Nebrija.

d) ¿Pueblo conquistado por las armas no vale?

De seguro no faltará quien nos achaque cierta hipocresía e ingenuidad, arguyendo que nuestro razonamiento no es válido, *ya que los españoles conquistaron esas tierras a los naturales por las armas*.

En aseveraciones como estas es donde mejor se pone de manifiesto su conocimiento sesgado, selectivo, de la historia y los criterios parcializados de los críticos de la Conquista. Pues no toman en cuenta, u omiten convenientemente, o desconocen (lo que sería más grave aún) que los mismos pueblos que los españoles conquistaron, debían a su vez su existencia a conquistas y exterminios de otras tribus, pueblos aborígenes; rivales o no. Los Aztecas como imperio de la región mexicana y alrededores, sabemos, no existían hace 30.000 años, sino desde poco menos de dos siglos antes que arribaran los españoles. Otro tanto podemos afirmar de los Incas como imperio, por tomar otro ejemplo paradigmático: su comienzo data del siglo XIV. La historia de los pueblos precolombinos esta signada por la marca indeleble de la conquista por las armas, de la sumisión, del extermino, de la persecución, de las alianzas, de las traiciones, de venganza, de sadismo, de intrigas internas y un largo etc.

Si lo que aquí se condena o acusa es la conquista por las armas y la consecutiva imposición de ciertas costumbres a los vencidos (que en el caso español fueron, primeramente, en beneficio de los mismos indígenas, pues, entre otras cosas, se brindó protección al 90% de la población americana que no quería ser exterminada y sometida por el otro 10%), entonces, hablemos claro: no se salva nadie. Habría que juzgar a todos los pueblos de la historia por crímenes de *lesa humanidad* (empleando la dialéctica oficial imperante), empezando por los mismos indígenas, seguidos por ingleses, holandeses, estadounidenses e israelíes.

Mejor lo dice el Profesor Oscar Sulé:

"Nadie enjuicia a los egipcios que absorbieron a los primitivos camitas y levantaron su imperio, legando a la humanidad un gran patrimonio cultural. Ni tampoco nadie enjuicia a los hebreos porque dominaron a los antiguos filisteos y cananeos de las tierras del Jordán transmitiéndonos en cambio nada menos que el monoteísmo como preciosa clave de la existencia humana. Ni que hablar de los griegos que conquistaron a los "pueblos del mar" "pelasgos" y aniquilaron la civilización cretomicenica y luego elaboraron una civilización y cultura de la que después todo el mundo se sentirá heredero, incluso la misma España por Roma y nosotros de alguna manera por España. Nadie enjuició a Roma que liquidó a Etruscos y aposentándose en sus territorios - la actual Italia-, con el tiempo nos dió una gigantesca obra jurídica aprovechada por todo el mundo. Finalmente, el enjuiciamiento se vuelve sobre los mismos aborígenes que en sus sucesivos desplazamientos invadieron tierras de otros indios, aniquilándolos o absorbiéndolos hasta hacer prevalecer al final, como los ándidos, sus técnicas y espiritualidad superior sobre comunidades anteriores".[10]

No obstante, cabe aclarar a este respecto que pocas veces se vieron los españoles obligados a emplear las armas, pues muchas tribus –especialmente las sometidas en aquel momento a los imperios indígenas- aceptaron y hasta buscaron aquel *nuevo orden* propuesto por los españoles y misioneros. Ya no querían saber más nada de aquellos dioses sanguinarios que se tragaban a sus familiares y allegados; se bautizaron de buena gana en la religión de aquel Dios *bueno,* como llamaban a Cristo. Señala el historiador Bancroft[11]:

---

[10] Jorge Oscar Sulé, Iberoamérica y el Indigenismo, I. Artículo completo disponible para consulta en: http://unidosxperon.blogspot.com.ar/2010/12/la-falacia-del-indigenismo.html

[11] Bancroft Works, Historia de México, bajo Trabajos Apostólicos, pp. 174-175. Cita tomada de José Escamilla, Inglaterra protestante y España Católica, EEUU, WestBow Press, 2012 (edición digital).

"muchos –indígenas- fueron profundamente impresionados por la nueva fe, y miraban a los frailes con gran veneración, y se complacían aun con darse cuenta que su sombra cayera sobre ellos, y que se les permitiera entregar una confesión de sus pecados escrita en figuras", haciendo notar a continuación el fervor y adhesión manifestado por los indígenas a esta nueva fe, señalando, entre otros casos, las masivas conversiones y bautismos logradas por el Padre Gante (8000 indígenas por día) y de un sacerdote de Toluca que llegaba a bautizar, en mismo tiempo, a 3000.

Un reputado historiador sajón, señala, además, la importancia de la diplomacia en la gesta española:

> *"La conquista española de América fue marcadamente un logro más de la diplomacia que de la guerra. Tuvo que ser así, puesto que las fuerzas de exploración e invasión fueron tan pequeñas que, de otro modo, no hubieran podido sobrevivir y conquistar. Comparados con la perspicaz diplomacia española, las más famosas armas de fuego, caballos y espadas de acero fueron, a menudo, de menos eficacia"*[12].

e) ¿Fue legal y legítima la incursión de España en América?

España actuó conforme al Derecho internacional y las normas vigentes de aquellos tiempos relativas a la política de descubrimiento. Durante la Edad Media, dice el francés Pierre Chaunu, "imperan las normas establecidas por el uso y la costumbre para la propiedad territorial"[13]. Los derechos de España fueron legítimos; el mismo Derecho Romano establecía que la pertenencia de una tierra

---

[12] Philip Powell, p. 27. Otro erudito, Constantino Bayle, dice al respecto: "los conquistadores españoles podrían haber dado una lección a muchas de las cancillerías europeas" (citado por Powell, p. 27).

[13] Pierre Chaunu, Historia de América Latina, Eudeba, Buenos Aires, 1972, p. 15.

correspondía a quien la descubriese y poblase (principio vigente en la Edad Media). En cuanto a la donación papal de aquellos territorios, señalemos que el derecho público de la Europa medieval reconocía al vicario de Cristo en la tierra el poder de conceder tierras no poseídas aún por ningún príncipe cristiano. Recordemos que con anterioridad, ya había el Papa confirmado a los portugueses sus derechos sobre las costas de África y a Enrique II de Inglaterra la isla de Irlanda, entre otros casos[14].

No obstante, no se conformó España con el amparo del Derecho Positivo, como bien quedó demostrado en las famosas disputas referentes a los Justos Títulos; alentadas por el mismo rey, el pontífice, los misioneros y un selecto grupo de destacadísimos teólogos y juristas; se suspendieron temporalmente nuevas exploraciones y conquistas hasta discutir y analizar profundamente el asunto. Había que cerciorarse de estar actuando lícitamente, cristianamente, es decir, probar que la acción de España y la Iglesia en el continente implicaba una mejora sustancial a la calidad de vida de los naturales americanos. Sólo luego de reunida una abrumadora cantidad de evidencia probatoria -recolectada y proveída, en muchos casos, por los mismos indígenas- del estado de opresión e injusticia en el que vivían los habitantes del continente, resolvió España a continuar su acción evangelizadora, pacificadora y conquistadora en América[15].

---

[14] Clemente VI, en 1344, concedió a Luis de Cerda el principado de las Canarias. A comienzos del siglo XV. Otros casos mencionados en la obra de Vicente Sierra, El Sentido Misional de la Conquista de América, Dictio, Buenos Aires, 1980, pp. 59-60. Consultar al respecto de los Justos Títulos, muy especialmente, la obra del Dr. Enrique Díaz Araujo, *Los Protagonistas del Descubrimiento de América*, Buenos Aires, Editorial Ciudad Argentina, 2001.

[15] Por mencionar un solo caso conocido, en el Perú, el Virrey Toledo ordenó investigar a fondo la situación social en la que vivían las tribus incaicas –estudio conocido comúnmente con el nombre de *informaciones*-, disponiendo luego la preparación y publicación de estas a cargo de

Cabe aclarar asimismo que a la llegada de los europeos sólo una pequeña parte del continente americano estaba habitada, y la mayor parte de las tierras no estaban cultivadas. Recordemos que en 1492 no existían más de 13 millones de habitantes en América –hoy son más de 1000 millones-. Por tanto cabría preguntarse ¿cuáles son las tierras que reclaman? ¿Las que ocupaban y/o las que no ocuparon ni cultivaron ni jamás conocieron?

Sergio de Sanctis, afamado historiador -poco simpático a España-, reconoce lo siguiente: "*Cuando los españoles llegaron, la mayor parte de las tierras estaban sin cultivar... por esto los españoles no despojaron a los indios de sus tierras sino que se limitaron a acaparar superficies incultas que fueron repartidas en concesiones reales... Es necesario subrayar que en términos absolutamente legales, la comunidad indígena fue protegida durante la colonización, aun más, durante los siglos XVI y XVII tomó fuerza poco a poco una significativa orientación jurídica tendiente a sancionar la ilanielabilidad de la propiedad indígena, y a favorecer la restitución de las tierras comunitarias que había sido objeto de expoliaciones por parte de los encomenderos*"[16].

Por otro lado, pero en el mismo sentido, sorprende constatar tan groseras incoherencias en los reclamos territoriales que hasta la fecha realizan varios grupos indígenas, cuando estos –salvo casos excepcionales- jamás permitieron –ni conocieron, en muchos casos- la propiedad privada. No menos curiosa y paradójica resulta la animada defensa que de estas demandas hacen los sectores

---

Pedro Sarmiento de Gamboa. Si bien no pocos acusaron a esta Historia de "parcial" y en favor de los intereses españoles, la cuestión quedó definitivamente zanjada con los testimonios de los mismos indígenas (estudios a los que aludiremos más adelante), que, en muchos casos, fueron más duros que el de los mismos españoles.

[16] Las comunidades de aldea entre los Incas, los Aztecas y los Mayas. Citado por Antonio Caponnetto en su libro Hispanidad y Leyendas Negras, Buenos Aires, Nueva Hispanidad, 2001, pp. 205-206.

marxistoides; enemigos acérrimos y declarados de la existencia de la Propiedad Privada. Omiten deliberadamente -además y como si fuera poco- que entre los indígenas sólo las clases privilegiadas pudieron en algún momento tener derecho a la posesión de tierras y otros bienes.

f) ¿Los pueblos originarios como parte de un mismo todo?

No son pocos quienes en aras de intentar minimizar la labor civilizadora y evangélica de España y la Iglesia Católica en América, pretenden la existencia de una saludable y armoniosa unidad continental indígena hacia 1492. Así entonces, los españoles habrían roto esa unidad perfectamente cohesionada con su llegada, exterminando una misma raza, una misma cultura: la indígena.

Afirmar esto es desconocer completamente la realidad precolombina e historia indígena. Desde la llegada de los primeros inmigrantes asiáticos al continente hasta el descubrimiento de estas *Indias*, habitaron en él un sin fin de distintas razas, etnias, culturas y pueblos, de disímiles lenguas, dialectos y costumbres. Como bien apunta don Vicente Sierra, sintetizando el asunto: "*Las posibilidades culturales de un maya nada tenían de contacto con las de un araucano*". Algunos pueblos resultaron irreductibles por estar acostumbrados a vivir en la más completa anarquía y excesos, mientras otros conservaron cierto grado de organización. Algunas razas se encontraban tan degeneradas fisiológica y psíquicamente – principalmente por la embriaguez- que estaban a punto de extinguirse. Esto, naturalmente, dificultó la aplicación de algunas legislaciones comunes a todos, por tratarse de pueblos y situaciones tan dispares –no sólo geográfica y culturalmente-[17].

[17] Consultar para mas detalle la obra de Vicente Sierra (Sentido Misional..., pp. 131-138) y, particularmente, dos de Guillermo Furlong Cardiff: *Entre los Abipones del Chaco*, Buenos Aires, 1938, y *Entre los Pampas de Buenos Aires*, Buenos Aires, 1938.

Generalmente peleando a muerte unos con otros, motivados por invasiones, venganzas, por mero oficio de hacer la guerra, para procurarse esclavos u otros motivos; llegándose al límite del exterminio de poblaciones enteras. Sólo en la región de la actual república mexicana, coexistieron numerosos pueblos, habitualmente ajenos y enemigos entre sí, como los mayas, zapotecas, Olmecas, totonacas, toltecas, tlaxcaltecas, tarascos, otomíes, chichimecas, tarahumaras, cholulas, tecpanecas, texcocanos, por referir solo unos pocos. En la región andina batallaron a sangre y fuego incas, nazcas, chovís, tihuanacos, moches, araucanos, etc.

No necesitaron, pues, venir los españoles para *destruir* grandes *civilizaciones* indígenas: éstas eran, pues, o bien destruidas y extintas por las hordas invasoras de turno, por sublevaciones internas o simplemente desaparecían misteriosamente de la faz de la tierra, como el caso de los Olmecas, mayas, toltecas[18], teotihuacanos, Tiahuanacos, nazcas, etc. O como el caso del pueblo taino, exterminado por los denominados *indios caribes*. Por tanto, pretender que en tanto indígenas pertenecían estos a una comunidad común solo diferenciadas geográficamente, es, cuanto menos, de badulaque.

Y fue España, de hecho, quien protegió y apoyo aquella "multiculturidad" continental -por utilizar un término tan en boga- siempre en peligro latente bajo los imperios precolombinos expansionistas, sumado a la criminalidad de hordas anárquicas como los caribes. España y los misioneros se ocuparon de elaborar y aplicar distintas legislaciones considerando a cada pueblo particular, a fin de facilitar su transición al nuevo orden, respetando la mayor parte de sus costumbres.

---

[18] Según el protestante Prescott, los toltecas fueron destruidos por las pestes, hambrunas y guerras, tanto internas como externas. Historia de la Conquista de México, pp. 20-21. Casi todos los grandes pueblos desaparecieron o fueron destruidos por las mismas razones (veremos algunos ejemplos más adelante)

g) ¿Bravura Indígena?

Corresponde preguntarse sinceramente a este propósito si resistieron los aztecas e incas estoica y *espartanamente* la ocupación europea como suele creerse. ¿Lo hicieron? Resistieron algunos; no más que eso.

Existe la costumbre de dotar a estos pueblos con rasgos que ciertamente no tuvieron. Suélese así, entonces, dedicar las mas grandes loas al supuesto poderío y genio militar que tuvieron y al valor legendario de sus guerreros.

Cabría recordar que Hernán Cortés conquistó el imperio precolombino más extenso de la historia con sólo 300 hombres en menos de 24 meses y que Pizarro hizo lo propio con 170 hombres, frente a una población de 3 millones de incas y 300.000 guerreros. La relación en número respecto a indígenas y españoles fue siempre, en el mejor de los caos, de 200 a 1, en favor de los primeros. Y cabe a este propósito aclarar una cosa: España no trajo consigo ningún colosal arsenal con tecnología 3D, ni teléfonos celulares lanza granadas, como no trajo sus tanques y misiles, ni la Fuerza Aérea y su regimiento de entrenados paracaidistas, ni sus comandos terrestres o anfibios. A decir verdad, no trajo consigo siquiera a soldados profesionales ni aficionados a la guerra.

Parece ser que la supuesta superioridad de las armas europeas no es más que un mito. En un conocido documental del *Discovery Channel*, los especialistas en armas Ross Hasig y Jack Schultz -luego de la reconstrucción de los hechos y analizando las armas utilizadas por uno y otro bando- llegan a la misma conclusión. Señalan, entre otras cosas, que la ventaja que ofrecía, en principio, a los europeos disponer de armas de fuego fue mínima; pues era mucho el tiempo que se tardaba en recargar el arma luego de cada disparo, por lo que fue casi inútil en los enfrentamientos a corta distancia, donde al parecer la ventaja estaba del lado de los indígenas, cuyas espadas hechas de obsidiana podían cortar a un hombre a la mitad con una o dos estocadas. A esto sumemos que, como hábiles guerreros, se las ingeniaban para que los proyectiles lanzados por las hondas, dardos o flechas, hiciesen blanco en las partes del cuerpo de los españoles que no cubrían sus armaduras de hierro[19].

A diferencia de los aztecas, que eran todos consumados guerreros y hacían de la guerra su vida, entre los soldados españoles, salvo honrosas excepciones, ninguno tenía experiencia previa en guerras ni batallas. Pero ni la clara ventaja geográfica que ofrecía para los aztecas Technotitlan pudo detener a los españoles. Recordemos que la capital de los mexicas estaba establecida en un islote en el lago Texcoco, cuyos únicos accesos a tierra eran unos pocos y angostos puentes artificiales que estos habían construído y que podían levantar en cualquier momento para cerrar el paso de acceso a la ciudad. Antes de llegar aquí, Cortés debió recorrer con sus soldados 400 kilómetros de indómita selva, lleno de peligros, de fieras salvajes, ataques sorpresivos; y todo esto con escasos alimentos. El protestante Pierre Chaunu narra con gran destreza y detalle la tenacidad mostrada por los españoles en la conquista:

> *"Prodigiosa rapidez la de esta aventura maravillosa, cumplida con medios precarios. Cortés partió al asalto del imperio azteca con seiscientos sesenta hombres; Pizarro, al del imperio d los Andes, con ciento ochenta, Los otros grandes devoradores de distancias solo tuvieron a sus ordenes un puñado de aventureros; con esas fuerzas insignificantes*

---

[19] Documental, Unsolved History, temporada 2, episodio 6: *Aztec Temple of Blood*, producida por Peter Karp y dirigida por John Joseph, para el Discovery Channel, 21/1/2004. Citaremos ese documental más adelante en el ensayo. La investigación contó también con la colaboración de los antropólogos Frances Berdan y Barry Issac, los recientemente mencionados especialistas en armas Ross Hasig y Jack Schultz, los diseñadores de torsos artificiales Wsley Fisk y Chris Leigh y el prestigioso cirujano Brendon Conventry. Disponible completo en: http://www.youtube.com/watch?v=sfTMFsniCXM

triunfaron en las emboscadas de un país desconocido, hostil, no hecho a la escala humana. Pizarro pasó reiteradamente de las llanuras palúdicas de las costas a los altiplanos del interior; Orellana recorrió decenas de millares de leguas a través de las selvas del Amazonas, en constante procura de lo desconocido. Estas conquistas fueron realizadas sobre pueblos primitivos del centro de América del Sur y de las islas, pero también sobre otros que, como en el caso de los incas, habían llegado a un grado de perfeccionamiento y organización social rara vez logrado. Esta lucha de puñados de hombres hambrientos y quebrantados por la fatiga, contra multitudes; esta conquista total seguida en todas partes por el hundimiento definitivo de las culturas indígenas y de sus organizaciones políticas logró el triunfo más por la superioridad y arrojo de sus hombres que por su superioridad técnica".[20]

Aunque los españoles tuvieron una ventaja, es cierto; dos a decir verdad. La primera, fue el genio estratégico y la voluntad indomable de un hombre extraordinario: Hernán Cortés. La segunda: sus hombres. Si bien en su mayoría civiles y neófitos en las artes militares, hay que comprender que eran, antes que nada, españoles; y esto es decir mucho. Pues el español de aquellos siglos era moldeado desde la cuna a imágen y semejanza del Arquetipo, esto es, del Caballero Cristiano: a despreciar todo peligro y a rehuir a toda vanidad; a dedicar su vida a los más elevados ideales. El espíritu de cruzada, de reconquista, estaba presente y firme en cada uno de sus gestos, hasta en el más recóndito e íntimo de sus huesos, llenando su alma.

---

[20] Pierre Chaunu, Historia de América Latina, Eudeba, Buenos Aires, 1972, p. 25. Más allá de algunas imprecisiones -como la cantidad de hombres que dice acompañaron a Cortés y las cifras de población que ofrece para América-, y de inmerecidas concesiones a los sajones en su conquista del norte del continente y algunos prejuicios antiespañoles y anticatólicos, su obra resulta de bastante provecho para el estudio de la conquista americana.

Estos hombres no conocían la guerra ni eran muchos de ellos, a decir verdad, grandes moralistas o portadores de una intensa vida espiritual, pero aborrecían las guerras fútiles y conocían y practicaban el honor, la lealtad y la caridad; sobre todo con los vencidos y con las mujeres, ancianos y niños, y esto los hizo los primeros practicantes del Tratado de Ginebra, aun siglos antes de que éste existiera. Ni aun con los pueblos extremadamente belicosos utilizaron Cortés y Pizarro las armas sino como ultimísimo recurso, prohibiendo y castigando severamente los saqueos y el maltrato sobre los vencidos. No necesitaron de ninguna legislación nacional o internacional que regulara el tipo de comportamiento adecuado en tiempos de guerra; ellos lo aplicaron instintivamente, gracias a su formación católica y a la puesta en práctica de sus preceptos cristianos. El Tratado de Ginebra raramente fue respetado desde su promulgación hasta la fecha. España lo hizo siglos antes. Le cabe por tanto este merecido reconocimiento.

Los indígenas, por su parte, no conocían nociones tales como códigos de guerra o misericordia: todo prisionero de guerra era, por norma y en el mejor de los casos, ejecutado en el acto o esclavizado para ser eventualmente torturado y sacrificado ritualmente. Lo mismo sus familias; sus mujeres previamente violadas en forma sistemática y los niños destinados a empalagar la insaciable sed de sangre de los dioses mexicas, mayas o incas.

¿Bravura azteca? Lo cierto es que a veces ni siquiera era preciso el combate cuerpo a cuerpo, pues, como reconocen los mismos indígenas, era suficiente el estruendo de algún humeante cañón para que estos huyeran atemorizados. La creencia que estos constituyeron una suerte de espartanos o cruzados templarios americanos es un despropósito histórico y una afrenta para aquellos grandes pueblos y hombres que murieron y lucharon en grado heroico por los más altos ideales.

Fueron los aztecas, incas y mayas, "feroces" guerreros únicamente cuando guerrearon contra otros pueblos que superaban ampliamente en número y en calidad de guerreros; pueblos que no contaban generalmente con ejércitos regulares y profesionales ni con el armamento o recursos de los grandes imperios.

A los recién mentados, agreguemos tres últimos ejemplos, emblemáticos por cierto, que fundan en gran medida nuestra opinión: 1) Moctezuma II es tomado prisionero por los españoles sin oponer resistencia. Pero lo más grave (a los propósitos de la "hombría" indigenista) es que se convirtió en el portavoz del capitán español instando a los suyos a rendirse. La historia termina con un Moctezuma lapidado y flechado por parte de su misma gente. 2) Cuauhtémoc, último líder azteca, sucesor del recién mencionado (considerado un verdadero guerrero del pueblo por los suyos) intentó huir rápidamente cuando vió que la contienda se tornaba desfavorable, sin combatir –los españoles lo apresaron cuando estaba fugándose en una canoa–. Al sur del continente tenemos el caso del sanguinario rey Inca Atahualpa, tomado prisionero por Pizarro. Todos prefirieron vivir a aceptar la muerte como verdaderos hombres y guerreros; aquellos que no rinden más que su vida, sin renunciar a lo que creen su misión, ni a su pueblo ni a sus ideales. En el año 1319, vencidos los aztecas por la alianza formada entre culhuas, xochimilcas y tecpanecas, fueron sometidos a la humillación de desistir de sus deidades, obligados a entregar todos los símbolos religiosos u objetos que hicieran referencia a ellos.

En contraste, resulta inimaginable suponer a un guerrero católico renunciando a Cristo para no ser ejecutado. El español y cristiano de aquellos siglos aceptaba –y hasta buscaron– la muerte como una gracia que se les presentaba. Arrodillarse ante el enemigo, ante la barbarie y el salvajismo jamás fue una opción. Nadie en la historia ha contado entre sus filas con mayor número y calidad de mártires y guerreros en grado heroico que España y la Iglesia Católica. La gran cantidad de mártires da buena muestra de ello. ¿Su inspiración?: el Evangelio y la Caballería católica. Una de las principales normativas del *Código de la Caballería* –redactado por Raimundo Lulio– ordenaba "*no retroceder jamás ante el enemigo*". Alfredo Sáenz, quien dedicara una de sus grandes obras a esta cuestión, nos explica la cosmovisión de la vida que tenía aquel hombre católico:

> *Antes morir que retroceder. Al fin y al cabo, la muerte por valor es la más gloriosa para un caballero. Más importante es para él la inmolación que la victoria, la sangre ofrecida que la sangre derramada (...). "Combatid, Dios os ayudará": tal es la fórmula que aúna la fuerza del hombre y la ayuda de Dios, la naturaleza y la gracia. No otra cosa quería decir Santa Juana de Arco cuando afirmaba: "Los hombres de armas batallarán, y Dios dará la victoria"*[21].

Al final, Hegel tenía razón: América cayó al soplo de Europa.

h) ¿Y EL ORO DONDE ESTÁ?

"El oro"; cuestión ésta que se ha utilizado como *caballo de Troya* para intentar confundir los verdaderos designios de España en el continente. Típico de la mentalidad marxista de cuño hegeliano el querer explicar, interpretar, todo hecho histórico en móviles materiales (lo que usualmente denominamos "materialismo histórico"). Y es por esta estrechez mental, esta insuficiencia crítica y cognitiva, que no han podido explicar un proceso que continuó por más de 300 años, donde se fundaron cientos de casas de estudios, de oficios, de hospitales, edificios, templos, construyendo ciudades en las regiones más recónditas, inhóspitas y peligrosas del continente donde no había mas riqueza o recursos naturales que unos cuantos yuyos.

---

[21] Alfredo Sáenz, La Caballería, Ediciones Gladius, Buenos Aires, 1991, pp. 162-163. Consultar, en el mismo libro (pp. 169-175) la carta que San Bernardo dirige a los Caballeros del Temple, animándolos a combatir a los injustos agresores e infieles; a no temer la muerte sino a buscarla, en defensa de Dios.

No. Imposible –y por ello inconducente- será intentar explicar la obra de pacificación y población americana con el pretexto que unos pocos aventureros *sedientos de oro* se despertaron un día cierto decidiendo *ipso facto*, desde la espesura de los montes vascos o de las montañas y penillanuras extremeñas, recorrer más de 5000 millas náuticas, liquidando todas sus pertenencias (incluso a precio vil), pidiendo prestado lo que no tenían, alejados de su prole, exponiéndose a todo tipo de peligros sabiendo que era probable que jamás volvieran a la Península con vida o con algún dinero en el bolsillo. Antes bien, más factible era que murieran sin un maravedí. Y la experiencia se encargó de demostrar sus presunciones. Descubrimos por doquier en los anales del descubrimiento, exploración y pacificación americana, conquistadores y adelantados quebrados económicamente y/o comidos por caníbales o liquidados por la hambruna, las guerras, las tempestades y otros mil motivos. Otros, como el mismo Cortés, reinvierten todo lo ganado en nuevas empresas que los llevarán eventual e indefectiblemente a la quiebra y a la muerte. El conquistador español se ubicó en las antípodas de su par europeo, enriquecido por la especulación financiera y la explotación inhumana de los naturales. La del conquistador español, advierte Garcia Soriano, "fue una vejez de privaciones, estrecheces y miserias. Conquistada América, realizada la homérica hazaña y pacificada la tierra, el conquistador se sentía como escapado del tiempo... Fueron muy pocos los que pudieron gozar del fruto de sus trabajos y desvelos en la paz sencilla y tibia del hogar... En cambio, cuántos cayeron en la mitad del camino, padeciendo las terribles torturas de las flechas, arrebatados por los torrentes, despeñados en los abismos, víctimas de las espantosas torturas del hambre o de las fiebres tropicales, o al filo de las espadas de sus propios compañeros... Examinad al azar, las probanzas de méritos y servicios de los conquistadores que solicitan mercedes a la Corona y oiréis la voz angustiada de los viejos soldados, cubiertos de gloria, solicitar al monarca, en todos los tonos de la súplica, el reconocimiento de sus servicios para mitigar su miseria. Los oiréis quejarse de que a sus años no tienen con qué dotar a sus hijas para casarlas con decoro; que no tienen con qué vestir y educar a sus hijos; que salvo un nombre glorioso, no tienen qué otra herencia dejar a sus descendientes. Examinad el Diccionario Autobriográfico de los Conquistadores y Pobladores de Nueva España, y oiréis una interminable queja, una eterna cantinela, en la que el Conquistador pide a la Corona remedio para sus necesidades y miserias. Viejos, enfermos, cubiertos de heridas y rodeados de hijos, soportan las angustias de una estrechez económica que los aplasta, y que es la mejor réplica a la acusación de avaricia con que sus detractores pretendieron lapidarlos…"[22].

Sin dudas, de haber constituído la *materia* su único móvil, bastante más sencillo hubiera sido para ellos probar suerte en otros lugares de Europa, en las costas asiáticas y africanas o en la misma España. 1492 es el año que marca el final de la reconquista española contra el infiel y despiadado invasor musulmán. Ese español, ese católico, infundido de un sentido heroico y servicial de la vida, anhelaba (buscaba incluso hasta enloquecerse) ensanchar los confines e ideales hispánicos -desafiando a la gravedad y la geografía misma de ser necesario; como de hecho lo hicieron-, pero, por sobre todo, estos hombres cristocéntricos ambicionaban mayor gloria para Dios; y esto solo podían lograrlo evangelizando a aquellos extraños paganos que habitaban al otro lado del orbe: en un lugar que llamaban "el Nuevo Mundo".

Afirmar que España vino *nomás* a llevarse el oro riñe completamente con la cuantiosa documentación existente y con los hechos objetivos, verificables, de aquel período. En síntesis, insistir en ello para explicar una empresa que persistió por más de tres siglos, que construyó y civilizó un continente, es una de dos cosas: mala voluntad o severa estultez.

La cuestión del oro fue para España meramente complementaria, secundaria, casi accidental. Si bien el mal de unos no puede

---

22 Manuel García Soriano, *El Conquistador Español del siglo XVI*, Tucumán, URU, 1970, pp. 90-91.

justificar el mal de otros, conviene recordar que los mismos indígenas explotaban a la gran masa perteneciente al pueblo llano en los trabajos de las minas; pues este metal precioso fue igual de estimado entre estos. ¡Y que decir de los ingleses![23] al norte del continente y aun en sus colonias africanas y asiáticas, junto a sus socios (a veces competidores) holandeses –y a veces portugueses-, que no hesitaron un instante en exterminar poblaciones enteras a este propósito.

Ahondaremos algo más en este sentido posteriormente, pero digamos no obstante una o dos cosas acerca de esta trillada acusación: España no encuentra oro sino recién más de medio siglo después de haber puesto pie en América. Si la intención de España hubiera sido meramente comercial, hubiera agotado sus energías y recursos en la construcción de puertos y asentamientos costeros –como hicieron sajones y portugueses-, sin penetrar en el corazón del continente, atravesando indómitas selvas, llevando misioneros y labradores, fundando escuelas, hospitales y universidades; tanto para indígenas como para españoles. Dice don Vicente Sierra:

> *"(...) las ganancias materiales no aparecieron sino mucho más tarde, pues ni el oro abundaba como algunos suponen, ni el trigo, las hortalizas y las frutas aparecieron con solo sembrarlas, ni aumentaron las vacas sus pariciones, ni las gallinas traídas de España pusieron mas de un huevo por día (...) Y al llegar, lo mismo en la México fabulosa, que en el Tucumán donde no había ni raíces para comer, el*

---

[23] Lo singular del caso de nuestros indigenistas "criollos" -incluidos, naturalmente, los mediáticos Galeano y Pigna- es que a fin de inculpar a España con puerilidades como estas, han buscado el vil metal hasta en los bolsillos de Pipo Pescador –sin suerte, por cierto *olvidando* cachear los del Imperio Británico mismo. Aunque, a decir verdad, no podemos decir que nos sorprenda tal descuido si considerásemos las locaciones de las sedes de las entidades indigenistas más influyentes de nuestro país: nada menos que Londres y Bristol, Inglaterra.

conquistador se queda, deja en un rincón las armas y ara o busca quien mueva un arado"[24].

No obstante, reconocemos, difícil será negar que algunos conquistadores fueran movidos en parte por afanes materiales (lo cual no es ilegítimo ni inmoral *per se*), y, en realidad, no debería sorprendernos si nos ponemos en sus zapatos por un momento. Muchos de ellos, lo hemos dicho ya, habían invertido todo cuanto poseían para emprender tan agotador y costoso viaje, llegándose a endeudar grandemente. No hay que olvidar que las conquistas y exploraciones -salvo la de Colón y alguna otra, sufragadas por la Corona- fueron empresas privadas, siendo por tanto natural que estos quisiesen recuperar lo invertido o sacar algún rédito por su esfuerzo. Y es lógico que así fuese, ¿o acaso el que trabaja no merece una retribución? Máxime quien trabaja arriesgando su vida por una causa trascendente y universal. Ingrato e injusto sería de nuestra parte olvidar que hoy habitamos este continente gracias a su arrojo.

Conviene recordar, no obstante, que en general fueron estos hombres profundamente religiosos, mediando además un contrato con la Corona: *"se habían comprometido con los monarcas a difundir el evangelio cristiano entre los indígenas y, naturalmente, a protegerlos y darles buen trato."* Violentar tal acuerdo no solo significaba la rescisión del convenio, sino que acarreaba gravísimas consecuencias para la fama de sus personas (en tiempos donde el honor lo era todo), pudiendo ser multados y encarcelados (como de hecho sucedió algunas veces). Por tanto, actuar conforme al Derecho y al Evangelio estaba en el mejor interés de todos -aun de los avariciosos-. Y para asegurarse que ningún posible abuso de colonos, adelantados o conquistadores pasase por alto, la Corona y la Iglesia tenían sus propios ojos en el continente: los misioneros; predicadores como Fray Antonio de Montesinos y Toribio de Benavente -por nombrar sólo dos grandes protectores de indígenas-, y un sin fin de funcionarios

[24] Vicente Sierra, *El Sentido Misional de la Conquista de América*, Dictio, Buenos Aires, 1980, p. 365.

reales, entre cuyas atribuciones estaba la de supervisar y vigilar el comportamiento de conquistadores, adelantados, colonos, etc.

Por tanto, nada de inmoral o ilícito encontramos en el anhelo material de conquistadores y colonos, puesto que, antes que todo, fueron labradores y constructores. Lo "malo" o reprobable no es el oro en sí o su búsqueda, sino, como enseña el Dr, Caponnetto, "*Cuando apartadas del sentido cristiano, las personas y las naciones anteponen las razones financieras a cualquier otra, las exacerban en desmedro de los bienes honestos y proceden con métodos viles para obtener riquezas materiales".*[25] Conviene aclarar, por si hiciera falta –como ha sido ya largamente probado y discutido- que España no se enriqueció en su empresa americana sino justamente lo contrario. Los mismos impugnadores de la conquista española son quienes se encargan de señalar que el fracaso económico de España se debió, en gran medida, a su falta de políticas y medidas adecuadas para la explotación comercial del continente; relegando lo económico a un segundo y lejano plano. Ingenuamente, algunos historiadores creen tener la prueba de la "sed de oro" española en los cargamentos que de este metal partían a la Península, pero no dicen que a cambio ingresaban al continente un sin fin de mercancías y productos utilísimos para la mejora sustancial en la calidad de vida de sus habitantes. A esto comenta el historiador recién citado: *"(...) además, la explotación minera, fue considerada por la Corona como de utilidad pública, de modo tal que no pocos de sus réditos volvían a América en inversiones institucionales, administrativas o asistenciales"*. De allí la expresión de Bravo Duarte de que *todo el país* (refiriéndose al americano) *fue beneficiado por la minería*[26].

[25] Tres lugares comunes de las leyendas negras, Antonio Caponnetto. Conferencia, Buenos Aires, 1992. Disponible versión escrita en http://www.statveritas.com.ar/Varios/Caponnetto-01.html

[26] Caponnetto, Hispanidad y Leyendas Negras, Buenos Aires, Nueva Hispanidad, 2001, pp. 126-127.

España no participó ni se contagió de la política capitalista, usurera y expoliadora -creada y promovida por protestantes y judíos- practicada por el resto de Europa, sino que la combatió tenazmente, coherente con la doctrina católica[27].

Si por el *vil metal* se inculpa a España, entonces, con mismo criterio, caerían necesariamente bajo el mismo yugo acusatorio todas las naciones modernas, que al momento de su creación o independencia apropiáronse de los recursos de la región (de otra forma no hubieran podido construir ni una mesa).

Refiriéndose al momento de la primera aparición de oro en América, dice don Vicente Sierra:

> *"Es muy explicable que los colonos, a pesar de todo su catolicismo, se dedicaran a recogerlo. Si así no hubieran procedido, y hubieran despreciado al rico metal para preferir continuar plantando repollos o criando aquellos cerdos, sin los cuales no se hubiera conquistado el Nuevo Mundo, pues fueron los cerdos de La Española los que integraban las columnas de abastecimiento de los conquistadores, España seria un país de orates. Y no hubiera fundado un imperio sino una casa de salud"*[28].

i) ¿Indígenas tolerantes y democráticos?

Lo curioso del aquelarre antes mentado de militantes indigenistas en ciertas manifestaciones actuales es que son homosexuales, transexuales, *garantistas*, sufragistas, librepensadores, *derechohumanistas*, filántropos, drogadictos, abortistas, feministas y todo tipo de libertinos quienes sostienen firme y vivamente sus

---

[27] Incluso –como advierte el Dr. Caponnetto- autores marxistas como Vilar, Simiand, Carande, Braufel, Nef y otros, han reconocido que el capitalsimo jamás arraigó en esa España conquistadora.

[28] Vicente Sierra, *El Sentido Misional de la Conquista de América*, Dictio, Buenos Aires, 1980, p. 365.

estandartes multicolores. ¿Sabrán estos donceles que su *modus vivendi* era castigado por gran parte de los pueblos indígenas con la muerte? ¿Sabrán acaso que eran las clases privilegiadas los únicos que tenían derecho a este tipo de desviaciones, vicios y prebendas? ¿Sabrán que los incas penaban con muerte al aborto inducido? ¿Sabrán que aztecas y mayas reservaban la muerte mas cruenta para los sodomitas (homosexuales)? ¿Sabrán, asimismo, que actualmente -mediante los denominados fueros comunitarios, principalmente en Bolivia- indígenas aplican la *ley del talion* con violadores, asesinos, e incluso decretan muerte por linchamiento al pobre diablo que roba algo de pan para comer –al igual que sus emulados Incas-? ¿Y sabrán, por último, que el pueblo, el *proletariado*, que sufrió a flor de piel estos regímenes oligárquicos, era explotado en forma sistemática sin derecho alguno? Habrá que empezar a saberlo entonces…

j) ¿Españoles malos y liberales/demócratas argentinos buenos?

Las represiones más significativas contra indígenas en nuestro país se registran justamente luego de los procesos emancipadores nacionales hispanoamericanos –salvando a Juan Manuel de Rosas-, alentadas por hombres como Sarmiento, Mitre y Roca, que consideraban al indígena como una peste de estas tierras. Por nombrar el caso más conocido, digamos que fue bajo un gobierno democrático y constitucional como el de Julio Argentino Roca cuando se reprimen las violentas intrusiones e incursiones aborígenes en territorio argentino -víctima de constantes saqueos, asesinatos y violaciones-, liberando a la vez cientos de miles de hectáreas aptas para la siembra, el cultivo, la construcción y la población.

Pero, para muchos, no es ésta una cuestión que convenga traer a colación ni discutir demasiado. Y es lógico que así sea; pues de hacerlo se verían forzados a agradecer al General Julio Argentino Roca las suntuosas casas y/o mansiones que poseen en Buenos Aires y sus alrededores; construidas dentro del territorio que éste liberó del terror mapuche/araucano. Conviene recordar, empero –para el que aun no lo sabe-, que no actuó Roca movido por intereses particulares ni libró aquella guerra en soledad, aliado con mercenarios, de espaldas al pueblo y al Estado, fuera de la legalidad. Así lo hace saber el filósofo argentino Alberto Buela, citando a este efecto las palabras de Fredy Carbano: *"Roca no encabezó una campaña privada en 1879. Fue como Comandante en Jefe del Ejército Nacional a cumplir la misión que Avellaneda, presidente de la Nación Argentina, elegido por el pueblo, le había asignado. Y esa campaña estuvo destinada a integrar, a incorporar de hecho a la geografía argentina, prácticamente la mitad de los territorios históricamente nuestros, y que estaban bajo el poder tiránico del malón araucano, cuyos frutos más notables eran el robo de ganado, de mujeres y la provocación de incendios"*[29].

En la misma línea, ofrece el citado filósofo valiosos datos comúnmente omitidos por la Historia progresista: *"La tenaz y reiterativa acusación de genocidio a los españoles por parte de los indigenistas contrasta con el silencio sobre uno de los episodios más terribles y duraderos, la matanza y explotación de indios y negros por parte de las oligarquías americanas ilustradas luego de la independencia. Así durante casi todo el siglo XIX las oligarquías locales masónicas y liberales bajo régimen de esclavitud hicieron desaparecer pueblos enteros como los charrúas en Uruguay, los mayas en México y varias etnias en el Brasil amazónico"*[30].

Que la situación socio económica del indígena ha ido decayendo a niveles insospechados de indigencia a partir de las independencias americanas, no es ningún secreto. Los gobiernos

---

[29] Fredy Carbano, Julio Argentino Roca y la gran mentira mapuche. Consultar documento original publicado en Internet en: http://www.politicaydesarrollo.com.ar/nota_completa.php?id=11113

[30] Alberto Buela, Sobre indios e indigenistas (artículo), Bolpres, 15/5/2010. Cfr. http://www.bolpress.com/art.php?Cod=2010051505. Recomendamos enfáticamente la lectura completa del artículo, donde el filósfo expone magistralmente la gran cantidad de incoherencias de los grupos indigenistas y su clara vinculación al imperialismo anglosajón.

democráticos modernos, actuales, dan clara e irrefutable muestra de ello. Para las democracias y sus régimenes partidocraticos, las comunidades indígenas no tienen ni han tenido históricamente más valor que el de caudal electoral; prometiéndoseles el oro y el moro durante las campañas políticas y olvidándose bien pronto de ellos una vez finalizada la elección. Las gestiones de presidentes como Raúl Alfonsín y los Kirchner, muy particularmente, constituyen claros ejemplos de esto; denunciados y advertidos por las mismas comunidades indígenas. Por cierto que no fue mejor su situación bajo gobiernos marxistas, donde en muchos casos se los persiguió ferozmente, ordenándose su exterminio[31].

k) La última zoncera: la *caucásicofobia* o el ideal "indianista" en la Argentina (y el por qué la población Argentina es blanca)

Podemos llegar a comprender que existan grupos *indigenistas* en México, en Centro América, en el Perú, y en otras partes del continente colombino, pues algunas de las tribus que allí habitaron dejaron algún *legado* –por llamarlo de alguna forma-; una Historia. Lo que nos cuesta concebir, comprender, es el hecho que esta ideología segregacionista vaya penetrando tan fácil en nuestro país, donde –hay que decirlo- no hubo una sola cultura indígena que haya tenido algún logro u organización destacable o meritoria, sino justamente lo contrario: habitaron aquí, casi exclusivamente, hordas criminales y/o totalmente pasivas, improductivas, en casi todo aspecto, sin más ambición que la supervivencia[32]. A menos

---

[31] La situación de los indígenas bajo gobiernos democráticos y marxistas ha sido miserable. Es un tema para tratar en forma minuciosa en alguna próxima obra. Consultar al respecto el caso de los sandinistas y los indios *miskitos*, tratado por Antonio Caponnetto en su citada obra, pp. 155-166

[32] Entiéndase bien el sentido e intención de nuestras palabras con respecto a nuestros indios autóctonos: no pretendemos tratarlos despectivamente y menos demonizarlos (pues no todos actuaron criminalmente) aunque, no obstante, debemos hablar con la verdad en base a hechos verificables,

claro, que creamos conveniente no dar crédito a etnólogos de renombre y consideremos propiamente un mérito el haber habitado parte de la tierra antes que los españoles.

Parece que para algunos ser blanco de raza es un delito incalificable. Así entonces, pretenden éstos hacernos sentir culpables por la composición racial de nuestra república; creyendo tener allí una buena muestra del exterminio de indígenas realizado –supuestamente- por España y, luego, por los hombres de nuestra nación.

Dado que nunca faltan aquellos que buscan atisbos racistas o supremacistas en los escritos que no les son afines, a fin de desacreditar al autor y, por ende, su obra -argumentación *ad hominem*-, conviene aclarar que nada más alejado de nuestra intención el vindicar tales postulados impropios de todo cristiano.

Nos vemos obligados a aludir a esta cuestión y salirle al cruce, ya que no son pocos quienes pretenden que esta mayoría blanca en la población argentina es fruto y consecuencia de, nada menos, un proceso de aniquilamiento sistemático de la raza indígena en estas partes.

En lo concerniente al período español conviene comenzar clarificando que en la otrora región del Río de la Plata y el Paraguay son bien pocas las denuncias registradas hacia los encomenderos u otros españoles–siendo muchos de éstos insignes y ejemplares, como Hernandarias Saavedra-, según informaba en su momento el visitador Alfaro –celoso defensor de los indios-[33] y reconoce el mismo Gandía. Cuando un caso se presentaba, caía encima del infractor un sin fin de normativas y castigos. Luego, es importante señalar que en estas tierras, bastante poco se mezclaron indígenas y españoles,

---

y lo cierto es que, en el mejor de los casos, incluso nuestros queridos tehuelches han desdeñado y rechazado todo tipo de civilización.

[33] Cita en apoyo de esta aseveración, entre otros documentos, los alegatos Bartolomé Fernández Pedro de Toro, procurador de la Provincia de Paraguay. Citado en Vicente Sierra, *El sentido misional…*, p. 376.

trayendo como consecuencia una menor presencia de mestizos. Pero esto tiene una explicación. El español no se ha mezclado tanto aquí porque el indígena de estos lares rechazó, directa o indirectamente, la asimilación completamente. A falta de una o algunas autoridades centrales, el indio vivía en los montes, alejado de todo intento de civilización y, por ende, de los españoles; sin más ambición para sí y su familia que la supervivencia, entregándose desembozadamente a todos los vicios y excesos. Luego -no es un dato menor-, hay que considerar la cantidad de indígenas que habitaban el territorio que hoy comprende la República Argentina: no más de 200.000 de los 13 millones de indígenas existentes en el resto del continente.[34] En lo referente al período pos hispánico, registramos guerras entre las tropas nacionales e indígenas chilenos *–mapuches-araucanos-*, a causa de la usurpación de tierras de éstos últimos y de sus crímenes contra la población nativa; tanto indígena –los tehuelches, principalmente- como argentina. Décadas antes de esto, un gaucho rubio apodado *El Restaurador* mantuvo un encomiable trato con la mayoría de éstos, intentando su integración a la sociedad, y más aun: salvó la vida de, probablemente, decenas de miles de estos, extendiendo la vacuna antivariólica entre las tribus salvajes, en donde ésta enfermedad hacía estragos[35].

Si además de todo lo mencionado tomamos en consideración las grandes inmigraciones europeas de fines del siglo XIX y del XX (alentadas por el Estado Argentino), queda perfectamente explicado el crecimiento de la población blanca con respecto a la indígena.

---

[34] Antonio Serrano y Angel Rosenblat, dos de los mayores estudiosos de la historia precolombina, aseguran que la población indígena en lo que hoy es Argentina era menor a 300.000 habitantes, por tanto vemos un enorme vacío. Serrano, Origen y formación del pueblo argentino, p. 474, Vol. Investigaciones y ensayos 13, Academia Nacional de la Historia, Bs. As., 1972.

[35] Por ello, Juan Manuel de Rosas fue nombrado miembro honorario de The Royal Jennerian Society for the Extermination of the Smallpox, de Londres.

I) ¿POR QUÉ TANTAS LOAS Y RECONOCIMIENTOS A LOS INDÍGENAS?

La verdadera finalidad de los movimientos indigenistas no es ciertamente filantrópica ni pedagógica. Si bien este asunto será tratado al final de la obra, conviene ir descubriendo que es lo que se esconde detrás de todas estas repentinas reivindicaciones de la cultura indígena.

El respeto y protección de los indígenas y de cualquier otra comunidad, minoritaria o no, está garantizada por la misma Constitución Nacional, y está bien que así sea. Pero, uno de los problemas surge cuando, como dice el Dr. Caponnetto, *no son sus sentimientos los que tratan de entender y encauzar sino sus resentimientos los que quieren movilizar revolucionariamente.* Y es así que, movidos por esta energía negativa y hasta destructiva, estas comunidades comienzan a pretender lograr una excesiva autonomía –avasallando los derechos de la mayoría- con el claro objeto de separarse de la nación para constituir una propia. Además de la irracionalidad e injusticia histórica que supone tal petición, las consecuencias que generarían para nuestra nación serían gravísimas; la fragmentaría en varios estados indígenas independientes -pues cada "cultura" indígena querrá sin dudas su parte-. No sorprende al respecto que la sede central de la Comunidad Mapuche se encuentre en Bristol, Inglaterra (http://www.mapuche-nation.org/) y sus principales ideólogos sean sajones. Que el imperio británico, históricamente, ha intentado debilitar, dividir y/o destruir, cada vez que pudo, las soberanías de los pueblos para reinar, exprimir sus economías y lograr concesiones territoriales, especialmente en los hispanos, no es nada nuevo[36], como hemos dicho. Lo curioso del

[36] No hay más que ver en la historia fundacional de la patria. La independencia Argentina y de los demás países hispanoamericanos fue financiada por la Corona Británica para destruir a su principal enemigo, España, y pasar así a beneficiarse del libre comercio, apropiarse de la banca y erradicar el elemento hispano de nuestra cultura (siendo Rivadavia, Moreno y Sarmiento sus principales mancebos).

caso mapuche es que no sólo no son originarios de Argentina –provienen de Chile– sino que para establecerse aquí exterminaron sin piedad a los autóctonos de nuestras tierras, los tehuelches. Es de hacer notar, que ni se les exige la restitución del territorio usurpado a los descendientes de algún sobreviviente tehuelche (alguno debe haber quedado) ni que paguen los delitos cometidos, sino que, como colofón de esta tragicomedia, pretenden el reconocimiento de un estado soberano mapuche en territorio argentino. ¿Es que acaso tratamos con bodoques?

Veremos más adelante algo más acerca de estos sedicentes autóctonos de nuestras tierras.

m) No se entiende ¿Cuál es el reclamo de los indígenas/indigenistas?

Contrariamente a lo que no pocos creen –merced de la propaganda victimizadora de los *naturales*-, los indígenas argentinos tienen los mismos derechos que cualquier otro ciudadano. Que sepamos, todos los grupos que habitan la nación, minoritarios o no, están regidos por una misma Constitución, que entre otros derechos asegura a todos el libre acceso a la educación, a los hospitales, al trabajo digno y remunerado, a la participación ciudadana en todas sus formas –política, económica, cultural, etc.-, al ejercicio de cualquier culto o religión y un largo etc[37]. Incluso, a los indígenas, se les ha asignado grandes extensiones territoriales donde viven hace siglos sin que nadie los perturbe (¿a que viene entonces tanto reclamo de tierras?). Si existe un aislamiento, es

[37] Los pueblos aborígenes cuentan con los mismos derechos y obligaciones que cualquier otra minoría y ciudadano argentino. La misma Constitución Nacional reconoce *la preexistencia étnica y cultural de los pueblos indígenas ARGENTINOS, concediéndoles derechos a una educación bilingüe e intercultural, reconociéndoles a sus comunidades personería jurídica para poder obtener la posesión y propiedad comunitaria de las tierras que tradicionalmente "ocupan"* (…).

porque así lo han elegido históricamente, a fin de no mezclarse, "contaminarse", con la civilización occidental. Por tanto, no existe sobre ellos ninguna particular opresión estatal ni de ningún otro agente. El hecho que muchos de ellos estén sumidos en un estado de pobreza o indigencia no es prueba alguna de cierta política segregacionista, pues pobres, desposeídos, lamentablemente, sobran en todos los rincones del país; y los hay de ojos celestes, rubios, pelirrojos, negros, amarillos, morochos, altos, bajos, descendientes de españoles, italianos, ucranianos, alemanes, etc. Es claro entonces, que el sufrimiento no es patrimonio exclusivo de los indígenas, sino de gran parte del pueblo argentino.

La solución democrática –y en general de todos los gobiernos a partir de la independencia, salvando a Rosas- es la indiferencia: "*no los molestamos mientras no nos molesten y vayan a votar cada cuatro años. Si se mueren de hambre, no estudian, no trabajan o se matan entre Uds., problema suyo*". La solución hispano católica fue bien distinta: la caridad (la caridad bien entendida; aquella que ordena salvar al individuo del error aun contra su propia voluntad). Intentó por todos los medios lícitos posibles incorporar al indígena a una misma comunidad, mostrándole los frutos y beneficios que seguían de ello (económicos, sociales, habitacionales, organizacionales, alimenticios, culturales, familiares, de solidaridad, etc.). Bien pronto lo entendieron muchos de ellos; particularmente en el caso de las reducciones jesuíticas, que defendieron con su vida cuando intentaron destruirlas distintas hordas tribales, portugueses y mercenarios varios. Bien decía el P. Castellani con su particular estilo: "*porque te quiero te aporreo, dice el paisano; esto no lo entiende un sentimentalista*"[38].

---

[38] Las Ideas de mi Tío el Cura, Leonardo Castellani, Buenos Aires, Editorial Excalibur, 1984, p. 94. Recomendamos la lectura del capítulo IX, donde mediante una ocurrente parábola explica el sacerdote el sentido de la verdadera caridad, que nada tiene que ver con modernos conceptos como la "filantropía".

¿Qué resultó mejor a los indígenas? ¿El paternalismo afectuoso, integrador, pacificador y protector hispano católico, la opresión, extermino y sojuzgamiento de los imperios precolombinos, las persecuciones marxistas o la indiferencia y utilitarismo democrático?

n) Mapuches *For Export*, neologismos, terroristas y británicos

¿Quiénes son estos mediáticos y pretendidos indígenas argentinos, de donde vienen y que pretenden? Según se ha probado ya suficientemente, en forma irrebatible, los auto intitulados mapuches fueron tribus invasoras y homicidas integradas por indígenas foráneos (araucanos chilenos), que no aparecen en la escena territorial argentina sino hasta bien entrado el siglo XIX[39], exterminando y desterrando por la fuerza a los aborígenes autóctonos de nuestras tierras. Llegaron a instalarse en las mismísimas puertas de Buenos Aires, viviendo a costa de malones, saqueos, atracos, asesinatos, violaciones, rapto de mujeres, y destruyendo e incendiando las poblaciones de nuestros naturales -particularmente de los tehuelches-. En esta campaña depredadora de pillaje e irrupción contaron con el apoyo de milicianos chilenos y guerrilleros realistas de los Pincheira, como hace notar Roberto Porcel[40]. Debemos al General Julio Argentino Roca y a nuestro Ejército (apoyados unánimemente en su misión por toda la

---

[39] Según Alberto Buela, *éstos llegan a La Pampa a partir de 1770 y eran pehuenches de Ranquil (hoy Chile) y se instalan en pleno cladenar (montes del Caldén) de la Pampa central, llamada también Mamil Mapu (país del monte*). El Camino al Infierno empedrado por las buenas intenciones II, Breve sobre indios e indigenistas, 12 de mayo de 2010.

[40] Roberto E. Porcel, Diario Río Negro – viernes 14 de agosto del 2009. El autor es miembro de número de la Academia Argentina de la Historia y se ha ocupado de la temática en distintas obras y artículos. Cfr. http://www.defenderlapatria.com/pueblos%20originarios%20y%20los%20posteriores.pdf

ciudadanía, incluidos los tehuelches) la liberación y pacificación del territorio usurpado[41].

Al respecto resulta particularmente interesante el testimonio ofrecido recientemente por Roberto Chagallo, descendiente directo de Tehuelches, donde, luego de denunciar los varios miles de hermanos suyos *asesinados en manos de Mapuches,* se pregunta: "*¿saben los estudiosos entendidos que en 1806, el invasor Araucano Choroy con una Poderosa caballería y lanzas arrasaron a la infantería Tehuelche, que se defienden con boleadoras?*". No escapan a su conocimiento las verdaderas intenciones ni rostro del enemigo interior y exterior[42] que vindican a estos indígenas chilenos:

> *"Desde 1670-1902 los invasores Ngulucles/Araucanos chilenos, misteriosamente, sorpresivamente e intempestivamente se les cambia el nombre por Mapuches y esto sí denota un verdadero interrogante; catalogada como maniobra política chilena y que era una de tantas estratagemas experimentadas.*

---

[41] Conviene hacer notar asimismo que antes que de ellos se ocuparan nuestras tropas nacionales, los araucanos -hoy llamados mapuches- fueron ferozmente combatidos por nuestros indígenas autóctonos, que se vieron afectados por las expediciones de rapiña y enajenación territorial de estos invasores.

[42] Éstos son algunos de los principales funcionarios de la organización *Mapuche Nation* (el apellido que más se asemeja a un araucano es SMITH; hecho harto sugestivo que habla por sí sólo): Reynaldo Mariqueo (Secretario General); Nina Dean - (Asistente Secretario General); Gemma Swistak - (Tesorero); Colette Linehan - (Administradora); Madeline Stanley. -(Coordinadora de Voluntarios). Equipo Legal: Andrea Rubio - (Licenciada en Derecho); James Watson - (LLM); Gillian Melville - (LLM); Tanya Roberts-Davis. Equipo Derechos Humanos: Rachel Dixon-Warren (Coordinadora); Cécil Jagoo; Barbara Chambers. Traductores: Madeline Stanley; Katy Brickley; Kitty McCarthy; Heidi Walter; Sabine Patrolin; Barbara Chambers; Laetitia Le Cordier; Anna Harvey SEDE DE ENLACE MAPUCHE INTERNACIONAL: 6 Lodge Street - BristolBS1 5LR Inglaterra. Tel/Fax: + 44-117-9279391. E-mail: mil@mapuche-nation.org (datos extraídos del sitio virtual oficial de éstos: www.mapuche.nation.org).

(...) Luego del Litigio Fronterizo con CHILE 1902 era muy corriente enviarnos araucanos adiestrados a confundir a convertir a los Puelches a su causa, aprovechando la ignorancia o escasez de conocimientos en política de estos. Además, del Poder Universal manejado por ingleses, franceses, rusos y norteamericanos que promueven con astucia, habilidad y con alternativas -recursos está desintegración etno-cultural y territorial de la República Argentina"[43]

Sabemos, lo dice claramente la Constitución Nacional, que para que un grupo indígena pueda ser considerado argentino, debe reunir las siguientes condiciones: 1º) Que se trate de comunidades indígenas originarias. 2º) Que las tierras las hayan ocupado tradicionalmente. 3º) Que las estuviesen ocupadas al momento de su sanción[44]. Los denominados *mapuches* no reúnen ninguna de las condiciones requeridas. Queda claro entonces que estos no son argentinos, ergo,

---

[43] Carta de Roberto Chagallo al director de la publicación La Angostura Digital, publicada por ese medio en la sección Carta de Lectores el 10/04/13. en referencia a un artículo anterior. (10/04/13). Cfr. http://www.laangosturadigital.com.ar/v3.1/home/interna.php?id_not=33721&ori=web. No obstante, resulta curioso que éste viva actualmente en la ciudad de Miami, EEUU. En apoyo a éste, Roberto E. Porcel envía una nota al mismo medio *titulada Los Mapuches y los "genocidios de nuestros indios del sur" (Tehuelches)*, publicada el 16/04/13. Artículo completo en: http://www.laangosturadigital.com.ar/v3.1/home/interna.php?id_not=33837

[44] (..) Cabe resaltar que la Constitución hace referencia a las tierras que ocupaban al momento de su sanción (15 de diciembre de 1994). Este concepto fue ratificado por el artículo 1º de la Ley 26.160 sancionada el 1º de noviembre del año 2006. Tomado de Roberto E. Porcel -Miembro de número de la Academia Argentina de la Historia-: Conferencia pronunciada por invitación de INIFTA, en la Universidad Nacional de La Plata, Facultad de Ciencias Exactas -auspiciada por el CONICET-, el viernes 23 de octubre del 2009, a las 18 hs. Recomendamos consultar sus libros sobre la temática. Hemos tomado los pasajes citados del sitio de la publicación *Notashistoricasporcel*, 22-6-2010. Cfr. http://notashistoricasporcel.blogspot.com.ar/2010/06/aborigenes-argentinos.html

sus reclamos de reconocimiento territorial en nuestra nación no son válidos. Más antes, deberían pedir perdón a nuestros autóctonos tehuelches por sus campañas de exterminio y usurpación.

¿Y que tienen que ver aquí los británicos? El adagio *Divide et impera* pertenece, como bien sabemos, a Julio César, pero bien podríamos atribuírselo, más cercano a nuestra era y particularmente en el ámbito político, a Maquiavelo. Su aplicación fáctica más perfecta, a la Corona Británica en sus maniobras seudo diplomáticas y tácticas *extra muros*. Sus agentes "nativos" o quinta columna en nuestro país (en este caso concreto): los mapuches. Al menos esto es lo que sugiere la prolija hilación de ciertos hechos; objetivos y verificables[45].

La palabra "mapuche", como bien advierte Jorge Mones Ruíz, fue creada para un fin específico: "Esta voz del antiguo *arauco* no corresponde a ningún tipo étnico ni parcialidad, ni familia o cultura, sean estas designaciones empleadas tanto en especial como en general". No encontramos registros de esta denominación hasta comenzado el siglo XX. Prosigue diciendo el licenciado en Estrategia y Organización:

> *"Este término fue creado por estudiosos chilenos y agentes ingleses interesados, quienes propiciando la palabra mapuche para aplicarla a los indígenas, tanto de Chile como de Argentina, hacían desaparecer viejas etnias como los araucanos, pampas, huiliches, pehuenches o tehuelches, aglutinando bajo el nombre de "mapuches" a todas las parcialidades que eran argentinas, borrándolas de los valles*

[45] No constituye ningún secreto que los británicos contribuyeron en forma determinante a la disgregación de la América española, organizando y fomentando su independencia respecto de España. Su afán de dominación territorial, económica, cultural y política en el continente es cuestión ya probada y reconocida sobradamente. Por tanto, no debería sorprender su apoyo, a veces explícito, a grupos insurreccionales, levantiscos, insertados en las naciones. Esta política, sabemos, la han aplicado en todo el mundo y en toda su historia imperialista.

cordilleranos y de la Patagonia , para lograr la posesión de un vasto y fecundo territorio argentino, que siglos antes había sido invadido por araucanos chilenos".

La "creación mapuche" igualaba a todos y era, y es, una expresión que muchos desprevenidos no llegan a entenderla. Fue un "invento geoestratégico" y hoy es un problema potenciado por intereses foráneos. El almirante Fraga refiere la "cuestión Mapuche" como una circunstancia de particular relieve en el planteo geopolítico y geoestratégico de la Patagonia. Es dable destacar que la supuesta "nación mapuche" abarca una zona que incluye bajo una misma región una porción de territorio chileno y argentino (en este último caso en la provincia de Neuquén y su proyección del otro lado de los Andes)[46]

¿Y que pretenden acaso los mapuches? Como ellos mismos se han encargado de afirmar en sucesivas oportunidades, pretenden la creación de un Estado Mapuche -autónomo completamente- dentro de nuestro país[47]. Varias organizaciones mapuches están reclamando el reconocimiento del derecho de autodeterminación, argumentando que les corresponde en tanto "pueblos originarios". Refiriéndose al Lobby mapuche en Europa, leemos en el diario La Nación lo siguiente: "*A través de alianzas con partidos independentistas de Europa, entre ellos Batasuna, embajadores mapuches buscan apoyo para llevar adelante en Chile el modelo de autonomías vigente en España, como paso previo a la plena independencia*"[48].

---

[46] Lic. Jorge Mones Ruiz, Los Mapuches no son un pueblo originario. Cfr. http://www.defenderlapatria.com/Los%20mapuches%20no%20son%20un%20pueblo%20originario.pdf.

[47] Citado por Alberto Salvini en artículo titulado "Mapa del Nuevo Pais Mapuche", donde denuncia las pretensiones territoriales de este grupo que aspira a expropiar un cuarto de la actual extensión territorial argentina y chilena. Cfr. http://politicaydesarrollo-archivo.blogspot.com.ar/2009/09/malon-mapuche-en-el-siglo-xxi-ii-parte.html.

[48] La Nación, Domingo 10 de febrero de 2008, sección "Enfoques".

Según los últimos informes al respecto, los mapuches han expropiado a la fecha centenares de campos, instalaciones y miles de hectáreas, reclamando nada menos que otras ¡cientos de miles más! (nada menos que un cuarto de la actual extensión territorial de la República Argentina)[49]. El 16 de agosto del 2009, informaba el diario argentino *La Nación*:

> *El resurgimiento del indigenismo puede observarse a simple vista en hogares y establecimientos rurales de Jujuy, Neuquén y Río Negro, donde cada vez más se ve flamear la bandera del Tawantinsuyu (Imperio Inca), en el Norte, y la de los mapuches, en el Sur. Esos símbolos hablan de un anhelo más amplio que un simple lugar donde vivir: se refieren, prácticamente, a una "región independiente (...) Hace bastante que corre el rumor del ingreso de activistas mapuches chilenos para participar en los conflictos en campos argentinos (...)*

Por cierto, no tratamos aquí con reclamos pacíficos ni militantes inofensivos. Su metodología terrorista viene causando terror en la sociedad argentina y, muy particularmente, en la chilena. Chile no escapa a las ambiciones territoriales de los mapuches. Las prebendas de las que gozan estas hordas criminales son ilimitadas. Un caso reciente sacudió a la ciudadanía chilena, cuando el Estado de aquel país autorizó al presidiario y asesino mapuche Celestino Córdova festejar el año nuevo mapuche en el interior de la cárcel invitando a tal propósito a más de 100 comensales. Recordemos que Celestino Córdova está en prisión por haber asesinado, junto a otros indígenas, a un matrimonio (Luchsinger-Mackay), el 4 de enero del

---

49 http://www.defenderlapatria.com/argentina%20y%20chile%20conflicto%20mapuche.pdf. Por otro lado, el diario La Nación, informaba el 26 de octubre del 2008 acerca de la usurpación de tierras en el Parque Nacional Nahuel Huapi. Cfr. http://www.lanacion.com.ar/1063348-denuncian-a-mapuches-por-usurpar-tierras

2013. Como informa un diario de aquel país, también se le imputa participación en otro ataque armado en esa misma comuna, el 22 de diciembre de 2012[50]. Según estadísticas oficiales, sólo en 2012 se contabilizaron 287 denuncias por amenazas, incendios, tomas y atentados explosivos en las zonas de Chile pretendidas por los mapuches, incluyendo dos muertes: la del sargento de carabineros Hugo Albornoz y la del parcelero Héctor Gallardo[51].

Los nexos y vinculaciones directas existentes entre los mapuches y organizaciones, manifiestas y ostensiblemente terroristas, como FARC, ETA[52] y Madres de Plaza de Mayo son claras; quienes,

---

[50] El Mercurio, Chile, 25-8-13. Cfr. http://www.elmercurio.com/blogs/2013/06/11/12521/Caso-Luchsinger-inaceptable-ceremonia-en-la-carcel.aspx

[51] Diario la Nación, domingo 27 de enero de 2013, sección "Enfoques". Cfr. http://www.lanacion.com.ar/1548992-araucania-violenta-la-otra-cara-del-reclamo-mapuche

[52] Son varios los medios escritos y orales, independientes o no, que vienen denunciando las maniobras mencionadas. Política y Desarrollo publicaba el 18-8-09 lo siguiente: "Según informa El Mundo este martes, la policía chilena ha acusado a la organización proetarra Askapena de enseñar el manejo de las armas a los rebeldes mapuches que en estos días se han enfrentado a las fuerzas de seguridad del país andino. De hecho, creen que este grupo vasco quiere convertir a estos indigenistas en una especie de grupo terrorista. Askapena-Comités Vascos de Solidaridad con los Pueblos se autodenomina una ONG que dice pertenecer al Movimiento de Liberación Nacional Vasco y que insta a los movimientos indigenistas a la lucha por lo que consideran una sociedad "más justa". El conflicto con los mapuches se inició en los años 90 aunque se ha recrudecido en los últimos días después de el principal líder indigenista muriera en un tiroteo con la Policía. Posteriormente, sus seguidores atacaron comisarías y oficinas del gobierno con armas de fuego. En este sentido, las autoridades chilenas barajan varias hipótesis sobre la procedencia de las armas utilizadas, ya sea en un barco pesquero o a través de Argentina. Sin embargo, los servicios secretos apuntan a que tanto militantes de Askapena como terroristas de las FARC están instruyendo a los denominados "weichafes" en el uso

entre otras cosas, imparten a los primeros entrenamiento militar, armamento y financiación económica[53]. Grave error constituiría subestimar a este supuesto pueblo originario, sus intenciones y el oficio y determinación de sus militantes: no tratamos pues con grupos dispersos y desorganizados, sino, propiamente, con un ejército autosuficiente, extranjero y enemigo asentado en el corazón mismo de nuestra querida, pretendida y envidiada Patagonia[54].

De no zanjar el asunto prontamente y con determinación, la Argentina –y en alguna medida Chile- se verá sumida en un

---

de las armas. Consultar también investigación e informe aparecido en el diario "El Mercurio" de Santiago de Chile, 15 de octubre de 2002, titulado VINCULACIONES INDÍGENAS: LA RED INTERNACIONAL DE APOYO: EL LOBBY DE LOS MAPUCHES VIAJEROS.

[53] Uno de los principales mecenas de la Mapuche *Organization* es la Fundación Rockefeller, como puede verificarse en su mismo sitio. Reynaldo Mariqueo y Rafael Railaf son los "embajadores" de los grupos mapuches en Europa. Mariqueo está al frente de Mapuche International Link, con sede en Inglaterra, y Railaf dirige la Fundación Folil, en Holanda. Algo similar, pero con fondos del Estado Nacional, sucede al norte de nuestro país, en la Provincia de Jujuy, con la organización Tupac Amarú. En un artículo muy interesante aparecido en el diario La Nación del domingo 10 de febrero de 2008, se denuncian las redes de grupos terroristas -separatistas- europeos con los mapuches. Recomendamos su lectura Íntegra. Disponible en: http://www.lanacion.com.ar/985914-autonomias-el-lobby-mapuche-en-europa y en http://www.argentinosalerta.org/node/753

[54] En Carta de Lectores publicada por conocido diario argentino, decía lo siguiente un afligido ciudadano argentino: "Llama mi atención, como el doctor Porcel señala, que ninguna autoridad haga nada, y que los fiscales y jueces, agrego yo, dejen de aplicar de oficio las medidas cautelares destinadas a hacer cesar los efectos del delito de usurpación cometido por estos señores y se sirvan ordenar a su vez la restitución del predio a la Dirección de Parques Nacionales, predio cuyo uso y goce corresponden a todos los argentinos, por ser un bien del dominio público". Diario La Nación, domingo 10 de febrero de 2008, Carta de Lectores firmada por Eduardo Zabaleta de Chubut.

escenario similar al español, donde el terrorismo, la sangre y los movimientos destructores de la unidad nacional son moneda corriente.

o) ¿Qué hacer?

Todo ser humano tiene derecho a ser respetado y a tener las mismas oportunidades que el resto. Por tanto, los indígenas y sus pueblos deben ser respetados y protegidos por la Nación, en tanto y en cuanto, lógicamente, no conspiren contra la soberanía de ésta ni atenten contra sus tradiciones y cultura. Es por esto que el separatismo indígena, como cualquier otro intento de separatismo (sea indígena, marxista o del signo que fuere), debe ser rechazado y combatido sin cuartel. Máxime cuando gran cantidad de estos grupos –como los mapuches chilenos en nuestro territorio- son financiados por potencias extranjeras; principalmente por Inglaterra, como hemos ya mencionado.

Dicho lo dicho, hemos de dar lugar ahora a los capítulos ulteriores de la obra, donde procuraremos tratar más hondamente estos y otros asuntos vinculados y relacionados estrechamente.

Capítulo II

SOBRE CIVILIZACIONES

La civilización es un movimiento y no un estado, un viaje y no un puerto.

Arnold Joseph Toynbee

No hay civilización alguna sin estabilidad social. Y no hay estabilidad social sin estabilidad individual

Aldous Huxley

Todo es resultado de un esfuerzo. Sólo se aguanta una civilización si muchos aportan su colaboración al esfuerzo. Si todos prefieren gozar el fruto, la civilización se hunde

José Ortega y Gasset

a) "Civilización o salvajismo"

Por cierto que mucho agua nos separa de Sarmiento y de su falsa dialéctica. Máxime cuando sabemos que tal sofisma, tan celebrado por algunos, tuvo como objeto reducir la riqueza cultural española, criolla y mestiza al estado de barbarie, exaltando al mismo tiempo al utilitarismo y relativismo sajón. Es claro -sus biógrafos y sus acciones no nos dejarán mentir- que Sarmiento operaba movido por un fanatismo ideológico, político y antirreligioso patente; de otra forma resulta inexplicable para un hombre de letras desconocer la rica y determinante influencia cultural que tuvieron en Europa y el mundo España y sus mejores hombres -especialmente durante el denominado Siglo de Oro español-. Uno de los grandes méritos de España en ese sentido fue, sin dudas, haber extendido estos conocimientos y disciplinas al pueblo todo, rehuyendo a la educación clasista y exclusivista propuesta por las potencias protestantes. Pareciendo responder al profesor sanjuanino, comenta uno de los más conspicuos historiadores argentinos del período, Guillermo Furlong:

> *Quienes han fraguado y popularizado la leyenda relativa a la barbarie y rudeza de los conquistadores y colonizadores hispanos, han olvidado que esos hombres venían de un país donde las ciencias y las artes habían llegado a esplendores inusitados, donde la cultura, aun la filosófica, era algo tan del pueblo como lo son hoy las noticias de policía, donde la atmósfera impregnada del saber humano y divino, y donde hasta las lavanderas y lacayos se interesaban por lo grandes problemas del espíritu*[55].

Contrariamente a Sarmiento, procuraremos aquí estudiar lo mejor posible a los actores que calificamos, y prometemos hacerlo libre de cualquier apriorismo o pasión desmedida.

Hecha entonces la debida aclaración, creemos que más allá del acuñamiento que del *término* ha hecho el "padre del aula", para el caso de la América precolombina, cabe la disyuntiva mentada –o al menos su discusión-.

Si bien corresponde aquí hablar propiamente acerca de los rasgos esenciales de estos regímenes despóticos, consideramos oportuno este preludio dada la existencia de personas que insisten

---

[55] Citado por Vicente Sierra, *El Sentido Misional de la Conquista de América*, Ediciones Dictio, Buenos Aires, 1980, pp. 509-510.

en dotar y adornar aquellos pueblos con virtudes o características que jamás le fueron propias ni que jamás buscaron. La primera de ellas, el primer error -generalizado de forma tan grotesca que ha terminado por imponerse sin discusión- consiste en denominar a estas organizaciones precolombinas -más o menos primitivas, pero primitivas al fin- como "civilizaciones" o, lo que es aun más equívoco, "civilizadas". Deberemos comenzar, si bien sintéticamente, por realizar una pequeña pesquisa sobre el asunto.

Notamos, como decíamos hace un momento, que no pocas veces se utiliza el término "civilización" muy ligera y elegantemente, en forma indiscriminada y sin rigor, para referir –generalmente en forma idílica- a determinados grupos humanos sin más merito que haber habitado una misma región, compartido ciertas costumbres comunes y rasgos propios distintivos de otros pueblos. Una vez más el relativismo, simplismo, propio de la Era de Acuario y de la Escuela *Gramsciana*, ha confundido la semántica y cedido el término a las connotaciones modernas y múltiples acepciones permitidas –generalmente como estrategia ideológica-, tomando por asalto a la etimología misma.

Si aceptáramos el uso consagrado del término "civilización", nos encontraríamos con la sorpresa que todos los pueblos, etnias y razas del mundo, distintos a otros cultural o religiosamente, fueron y son necesariamente civilizaciones. Pues el uso moderno del vocablo permite eludir una cuestión fundamental –al menos a la concepción grecorromana del término, adoptado y mejorado luego por la *Civitas Dei* cristiana-, que es la esencia misma de su etimología: los medios y los fines empleados o perseguidos por el sujeto en cuestión. Se emplea la palabra sin tomar en cuenta si los pueblos a los que califica como "civilizaciones" tuvieron o tienen como meta, fin, el bien común, o si acaso han logrado, adquirido, propuesto o fomentado un estado u organización "civilizada", esto es: elevando su nivel cultural primitivo y *la formación y comportamiento de personas o grupos sociales*, según propone el diccionario de la Real Academia Española, en su acepción segunda para tal vocablo.

¡Cuantas veces nos hemos topado con expresiones como las siguientes!: "*las grandes civilizaciones mayas o aztecas que... (...)*", u otras como: "*la civilización chibcha o wichi habitó... (...)*". Entendemos que denominar como tales a aquellos pueblos precolombinos es equívoco -o cuanto menos confuso, si no se establecen los distingos y aclaraciones pertinentes-.

Por lo pronto, vayamos diciendo, siguiendo nuevamente una fuente siempre segura -el diccionario de la RAE- que civilización *es el estadio cultural propio de las sociedades humanas más avanzadas por el nivel de su ciencia, artes, ideas y costumbres*. El *Oxford Dictionary*, en la misma línea, dice que *civilizar* es sacar a algo o alguien de un estado bárbaro o salvaje.

Intentando refutarnos, hablaran algunos de los conocimientos astronómicos de los mayas, de la organización política de los aztecas o del arte y construcciones incaicas, por mencionar algunos rasgos rescatables de estos pueblos, que ciertamente tuvieron. Pero, por otro lado, hay que tener en cuenta que la sola existencia de algún orden u organización política, o de un arte refinado y bien trabajado, o de algunos conocimientos precisos y útiles, no son necesariamente indicativos de una sociedad civilizada. Si estos elementos o *conquistas* logrados por estos pueblos, que pueden haber significado algún progreso comparativamente a su estado anterior, no son acompañadas de una política que fomente y apoye la formación integral del ser humano, cultural, social y espiritual, propugnando una justicia social y leyes respetuosas del orden natural, no pueden ser consideradas civilizaciones, pues atentan contra el bien común, condición *sine qua non* de toda civilización bien nacida. ¿O acaso la civilización greco-romana es particularmente estimada y revindicada por su Partenon y su Coliseo? No; es su filosofía, sus justas leyes, su organización, su justicia social, su respeto irrestricto hacia el orden natural y hacia el orden en general lo que merece, ante todo, nuestro elogio y admiración.

Aun si aceptáramos los conocimientos técnicos o culturales como únicos parámetros validos para medir el grado de civilización de un determinado grupo humano en un contexto y tiempo histórico concreto, el *americanismo* resultaría ampliamente derrotado. Calificaría aun menos si los comparásemos con sus pares aborígenes de ese mismo tiempo histórico ubicados en los confines del orbe, como aquellos del continente asiático, africano u oceánico, que, entre otras cosas, muchos conocían el hierro, la escritura y habían domesticado a casi todos los animales útiles para el trabajo.

Incluso si concediéramos la catalogación propia de una perpectiva teórica-marxista (de cuño materialista), notamos que varios estudiosos distinguen entre tres períodos étnicos (o grados de desarrollo), siendo el de *civilización* el más alto que una sociedad puede lograr. El más bajo es el estado de *salvajismo*, seguido por el de *barbarie*. A cada uno de estos últimos dos divide el antropólogo Lewis Morgan[56] en tres subgrupos: estado inferior, medio y superior. Las sociedades que incluye en el estadio superior de barbarie son aquellas que, entre otras cosas, ya trabajaban el hierro y contaban con alfabeto fonético. En el estadio medio de barbarie agrupa a las que habían logrado la domesticación de animales, el cultivo a base de riego, el empleo del adobe y de piedra en la arquitectura. Aquí ubica Morgan a algunas tribus indígenas de México. Aunque si consideráramos que la domesticación de animales raramente fue conocida en Mesoamérica, su estadio debería ser aun menor. Lo cierto es que la mayor parte de las tribus indígenas -aceptando la categorización dispuesta por Morgan- vivieron en un estadio medio a inferior de salvajismo, pues vivían al día, de recolección, dispersos, desorganizados; raramente lograron una subsistencia a base de pescado, y no todos conocían el arco y la flecha. Este esquema resulta bastante preciso para medir sociedades en base al nivel técnico y de calidad de vida alcanzada.

Si de medir el estadio de los pueblos en categorías sociales y morales se tratara, deberíamos ubicar a los pueblos precolombinos

[56] Lewis Morgan (1818-1881) fue un etnólogo y reputado antropólogo; particularmente influyente en las teorías y doctrina marxista.

en el de *barbarie*, que (del latín *barbaríes*) significa rusticidad, falta de cultura, fiereza, crueldad (primeras dos acepciones ofrecidas por el DRAE).

Por tanto, podemos hablar, distinguir, algún grado de progreso en algunos de estos pueblos americanos a través de los siglos, pero este reconocimiento con respecto a un estado anterior no implica *per se*, necesariamente, que hubieran superado su condición original primitiva o salvaje. Digámoslo sencillamente: que una sociedad o tribu avance o vaya avanzando, lentamente o a pasos agigantados, no quiere decir que sea de hecho "avanzada". En el caso de los pueblos precolombinos esto es harto sencillo de inteligir y probar pues, en ese mismo tiempo histórico, como recién dijéramos, las sociedades aborígenes del África y Asia estaban muy por delante, en todo sentido, con respecto a las americanas.

En síntesis, digamos que una civilización propiamente dicha debe ser, ante todo, sólida, íntegra y equilibrada en sus partes. Sus piernas que son la religión y la justicia, deben ser anchas y fuertes. Sus brazos, la ciencia y la cultura, largos y trabajados, y todos deben actuar coordinada y mancomunadamente para que el cuerpo no se desplome. Así como un cuerpo completo cuenta con -entre otras cosas- dos brazos y dos piernas, una civilización no puede carecer de una o más de sus partes, de sus soportes, pues no existe tal cosa como "medias civilizaciones".

No hay que engañarse. Los imperios inca y azteca han sido extraordinariamente sobrevalorados. Hagamos saber, como corolario, que el primero apenas pudo sobrevivir 100 años y el segundo, 200. Los otros grandes pueblos o imperios precolombinos anteriores -si bien algunos pudieron subsistir por más tiempo- terminaron por desaparecer sin dejar, algunos, rastro de su paso por la Tierra.

El historiador protestante Pierre Chaunu, planteándose las razones del sorpresivo y rápido derrumbe del mundo indígena al contacto con el español, concluye que se debió a una debilidad congénita de la humanidad indígena[57]. Mas adelante, en el mismo ensayo, menciona como factor decisivo al respecto la relativa juventud de la humanidad indígena con respecto a otros pueblos: "*el carácter insular del Nuevo Mundo, alejado del ombligo eurasiático de la especie humana, explica la juventud de la humanidad precolombina y, por consiguiente, su debilidad*"[58].

Merced de la desmedida reivindicación de estos pueblos, cada día es más frecuente encontrar autores que proponen equiparar la cultura de éstos a la de la civilización Occidental -incluso a veces, ubicándola por encima-. En el fondo, sabemos que infundadas aseveraciones como estas responden claramente a una posición ideológica, y conviene refutarlas prescindiendo de todo eufemismo, más allá de lo antipático que pueda resultar a algunas conciencias. Dicho esto, vale preguntarse: ¿cuál fue el aporte cultural, material y/o espiritual de estos pueblos a la humanidad? ¿Qué trascendió de estos pueblos hasta la actualidad? De los griegos aun conservamos su filosofía; de los romanos su Derecho, de algunos pueblos de Medio Oriente heredamos gran parte de sus conocimientos medicinales y también importantes conocimientos filosóficos; a la Cristiandad debemos prácticamente todo; desde el forjamiento de Europa, su derecho y jurisprudencia, su arquitectura, sus universidades, filósofos, pero sobre todo, la obligación de actuar conforme al Evangelio, practicando la caridad, la misericordia y el perdón; aun con nuestros enemigos.

¿Qué sobrevivió de la América precolombina? Literatura y filosofía es claro que no, pues apenas si utilizaron algún tipo de escritura para memorar su propia Historia. Legado religioso o espiritual, *Deo Gratias*, tampoco; pues ni Ud. ni nosotros estaríamos seguramente vivos, ya que hubiéramos sido destinados

---

[57] Pierre Chaunu, *Historia de América Latina*, Eudeba, Buenos Aires, 1972, p. 8.

[58] Ibídem, p. 9.

a calmar la insaciable sed de sangre de aquel aquelarre de ídolos. ¿Algún conocimiento científico, técnicas innovadoras o inventos útiles, tal vez? Tampoco. Salvo que consideremos los quipus, los dardos venenosos, la chicha, el pulque o los cuchillos de vidrio volcánico –obsidiana- como aportes inestimables para nuestro quehacer diario.

Algo debe decirnos este dato.

b) La civilización católica

Aun si aceptáramos otorgar momentáneamente a algunas de aquellas culturas la calificación de civilizaciones -por el solo hecho de haber poseído alguna organización y leyes-, la tentativa no prosperaría si la comparásemos con la que consideramos la más humanamente perfecta y deseable de todas: la *Civitas Dei*; tratada exhaustiva e inmejorablemente por San Agustín.

No tratamos aquí, por cierto, con un modelo utópico e imposible de realizar en la Tierra; como aquellos propuestos por pacifistas, marxistas y progresistas -que desconocen las limitaciones de la naturaleza humana-, sino todo lo contrario. La *Cristiandad medieval*, caracterizada por una increíble vitalidad, es tal vez el mejor ejemplo de ello, donde encontramos la organización social más perfecta que existiese jamás; regida por santos y piadosos reyes como San Luis Rey de Francia, San Fernando de Castilla y León, Alfonso X, Enrique V, luego emulados –muy particularmente- por los Reyes Católicos y los Austrias. Y que no se diga que solo se promovió el desarrollo de las ciencias sagradas –lo que no es poco, ciertamente-, sino que creó y difundió la cultura superior en todas las regiones del orbe donde estuvo presente, como las universidades de Oxford, Bolonia, Salamanca, Alcalá, etc. Observamos en ella una organización casi perfecta; donde cada persona o grupo tenía su función específica en la sociedad, que cumplían eficientemente. "*La Edad Media,* dice el jesuita Alfredo Sáenz, *entendió la sociedad como dividida en tres grandes sectores, no por cierto enfrentados entre sí sino armónicamente cohesionados: los que oran, los que trabajan y los que combaten*"[59]. En este sentido ahonda algo más aquel magnífico monarca que fue don Alfonso X El Sabio:

> *"Defensores son uno de los tres estados, por que Dios quiso que se mantuviese el mundo. Pues así como los que ruegan a Dios por el pueblo, son dichos oradores; y asimismo los que labran la tierra y hacen en ella aquellas cosas por que los hombres han de vivir y de mantenerse, son dichos labradores; asimismo los que han de defender a todos son dichos defensores... Y esto fue, porque en defender se ocultan tres cosas: esfuerzo, honra y poderío (...)"*[60].

Era esta una sociedad donde no existían modernas realidades como la exclusión o discriminación –en su sentido lato- por motivos sociales o económicos. Donde el Estado aplicaba el principio de subsidiariedad, respetando y favoreciendo la autonomía de los distintos organismos e instituciones sociales –especialmente los cuerpos intermedios-, cuidando la integridad y constitución de las familias y promoviendo la dignidad de la persona; proporcionando a sus súbditos seguridad y justicia social, pero sobre todo un sentido de pertenencia y responsabilidad hacia una misma comunidad, que más que regional era ante todo celestial, trascendente. Donde la primera preocupación y función de los monarcas, siempre atentos al prudente consejo de los pontífices, era asegurar la felicidad y salud del pueblo, física y espiritual, y el ejercicio de sus derechos, castigando severamente a quienes atentaran contra ello. Es así que vemos a hombres arquetípicos como Luis IX de Francia recorriendo de incógnito su reino, de a pie o caballo, a fin de asegurarse que sus

---

[59] Alfredo Sáenz, *La Caballería*, Ediciones Gladius, Buenos Aires, 1991, pp. 33-34. A este propósito conviene consultar también su obra *La Cristiandad y su Cosmovisión*, Gladius, Buenos Aires, 2007.

[60] Alfonso X El Sabio, *Las Siete Partidas*, 2da Partida, título XXI, ley 1.

funcionarios y distintas autoridades estuvieran obrando honesta y justamente con el pueblo. La misma actitud y preocupación observamos en monarcas posteriores, como la venerable Isabel la Católica y su esposo Fernando, atendiendo muchas veces ellos mismos las causas judiciales y alejando de sus cargos a no pocos magistrados cuando entendían que estos actuaban injustamente o en detrimento del pueblo[61]. ¿Alguien se imagina a un presidente o a un Primer Ministro en la actualidad escapando de sus cómodos aposentos, recorriendo –sin cámaras ni prensa- las harapientas y rajadas calles de periféricos poblados palpando las realidades tangibles y necesidades inmediatas de su gente? La respuesta es obvia, como evidente es que no es éste un mal propiamente moderno ni extra continental: Los *Moctezumas* y *Atahualpas*, al igual que nuestros contemporáneos, llegaban incluso a la ostentación más grosera de sus riquezas, mostrándose indiferentes a la suerte de sus pueblos. Era aquella, la medieval, una sociedad profundamente cristo céntrica, desde el rey hasta el último de los labradores, donde toda acción –hasta la más insignificante- era animada por un sentido íntegramente religioso y trascendente de la vida, totalmente opuesto al radical racionalismo, pragmatismo y utilitarismo propuesto siglos después por el *homus aeconomicus* protestante –luego iluminista-, que abrirá las puertas al capitalismo disgregador y deshumanizador que hasta hoy perdura.

El modus vivendi de aquel hombre medieval, profundamente religioso, es sintetizado magníficamente por un articulista de esta forma:

> "*La piedad cristiana, que ha animado hasta hoy la vida espiritual de los pueblos católicos, se configuró en los siglos de la Cristiandad. Esta vida de piedad comportaba en primer término la asistencia a Misa en domingos y fiestas de precepto, un deber que existía ya desde mucho tiempo atrás; el concilio*

---

[61] Ambos casos citados de *La Inquisición: un tribunal de misericordia*, Cristián Rodrigo Iturralde, Vórtice, 2011.

IV de Letrán (1215) reguló ahora la obligación de la confesión y comunión anual. Los ayunos y abstinencias representaban una considerable actitud penitencial para los fieles cristianos, que pagaban también el diezmo de las cosechas, con el fin de ayudar al mantenimiento económico de la Iglesia. La piedad eucarística, la devoción a la Virgen y a los santos, ocuparon un lugar eminente en la espiritualidad de la época. En esta época comienzan grandes tradiciones eclesiales como la procesión del Corpus Christi, el rezo del rosario, las peregrinaciones, las expresiones religiosas en el arte"[62].

Naturalmente, para el salvaguardo de aquel orden, de aquella sociedad, debían existir fuerzas dispuestas a defenderlo. Ejércitos compuestos por hombres, pero no de cualquier tipo, sino cristianos cuidadosamente escogidos; portadores de una serie de virtudes y habilidades que los hacían singulares, sujetos a estrictas normativas y disciplinas. Nos referimos a la Caballería Cristiano católica, creada y regulada por egregios varones como Raimundo Lulio y San Bernardo, con su arquetipo fijado en Godofredo de Bouillon; esto es, el *soldado misionero*: la Cruz y la Espada.

Corresponde a la Cristiandad lo que acertadamente denomina Sáenz *la cristianización de la guerra*. Es decir, actuar, ante la inevitabilidad de éstas, lo más cristianamente posible, empleando la caridad y la misericordia con el enemigo cada vez que las circunstancias lo permitiesen, y evitar por todos los medios las guerras fútiles o privadas (bastante comunes entre señores feudales y entre nobles). Si bien la Cristiandad medieval buscó y promovió siempre la paz en sus dominios, hubo momentos en que, agotadas todas las instancias anteriores posibles, no quedó mas remedio que tomar las armas para procurar la defensa territorial y la integridad física y espiritual de los suyos.

---

62 El apogeo de la cristiandad, Artículo. Cfr. http://es.catholic.net/conocetufe/358/804/articulo.php?id=9884

La guerra siempre ha sido algo horroroso a la Iglesia y los suyos, pero, queramos o no, las guerras y el mal son y siempre serán una realidad –negar esto es negar la misma naturaleza humana, corrompida por el pecado original-. Y ante la inevitabilidad de estas, supo distinguir la Iglesia entre aquellas justas –y aun necesarias- y las injustas. El mismo San Agustín, apóstol de la paz, proclamó un principio elemental a este respecto: *la guerra se hace para lograr la paz*[63]. Hay guerra justa, escribe el obispo, *cuando se propone castigar a un pueblo que se rehúsa a reparar una acción mala o a restituir un bien injustamente adquirido*[64]. San Ambrosio enseñaba en este sentido que *es perfecta justicia defender con la guerra la patria contra los bárbaros o proteger a los débiles en el país, o ayudar a los enemigos contra los ladrones.* Esta doctrina de la *guerra justa* o *legítima defensa,* fue mejor tratada por Santo Tomas[65], vigente actualmente en el Catecismo de la Iglesia Católica[66]. La Caballería cristiana, sintetiza Sáenz, *es la consagración de la condición militar o, al decir de Gautier, la fuerza armada al servicio de la verdad desarmada.*[67] Todas las órdenes católicas del medievo estuvieron revestidas del mismo espíritu y consagradas a mantener y/o buscar aquella *tranquilidad en el orden* sobre la que se expedía el obispo de Hipona.

Por ello no debe sorprender encontrar en el santoral y entre los hombres mas estimados por la Iglesia a guerreros y soldados como San Jorge, San Teodoro, San Demetrio, San Sergio, San Sebastián, San Mauricio, Santiago “Matamoros”, San Luis, San Fernando, Godofredo de Bouillon y un largo etc.

---

[63] De Civitate Dei, I, XIX, cap. VII.

[64] Quaestiones Heptateuchum VI: PL 34, 781.

[65] Suma Teológica, II-II, 188, 3, c. Citado en Alfredo Sáenz, ob. Cit., p. 38.

[66] CIC: 2308-2309, 2263-2267.

[67] A. Sáenz, *La Caballería*, Ediciones Gladius, Buenos Aires, 1991, p. 35

Tal vez nadie haya explicado mejor los beneficios emanados de la Cristiandad que Don Calderón Bouchet, Antonio Caponnetto y el recién citado P. Alfredo Sáenz. Así describe León XIII aquel orden casi perfecto:

> *"Hubo un tiempo en que la filosofía del Evangelio gobernaba los Estados. Entonces aquella energía propia de la sabiduría cristiana, aquella su divina virtud había compenetrado las leyes, las instituciones, las costumbres de los pueblos, impregnando todas las clases y relaciones de la sociedad; la religión fundada por Jesucristo, colocada firmemente sobre el grado de honor y altura que le corresponde, florecía en todas partes secundada por el agrado y adhesión de los príncipes y por la tutelas y legítima deferencia de los magistrados; y el sacerdocio y el imperio, concordes entre sí, departían con toda felicidad en amigable consorcio de voluntades e intereses. Organizada de este modo la sociedad civil, produjo de bienes superiores a toda esperanza. Todavía subsiste la memoria de ellos y quedará consignada en un sinnúmero de monumentos históricos, ilustres e indelebles, que ninguna corruptora habilidad de los adversarios podrá nunca desvirtuar ni oscurecer"*[68].

El principio de subsidiariedad tiene su origen en la Doctrina Social Católica; singularmente en la doctrina de Santo Tomás. Este principio, practicado y difundido por distintos pontífices a lo largo de la historia, fue claramente señalado por el recién citado y celebre pontífice -León XIII-, en su magnífica encíclica *Rerum Novarum*, en referencia a la injusticia social en que vivían las clases trabajadoras, oprimidas por una minoría adinerada y poderosa. Años después, en 1931, en ocasión al 40 aniversario

[68] Inmortale Dei, 28. Creemos que nadie ha tratado mejor este período histórico de prosperidad que el P. Alfredo Sáenz; especialmente desde su Cosmovisión de la Cristiandad (Gladius, Buenos Aires, 2007).

de tal recordado documento, el Papa Pío XI redacta la no menos significativa encíclica *Quadragesimo Anno* - que refiere, tal vez, a un contexto social más amplio-, denunciando todas las facetas del totalitarismo y las distintas vetas de explotación del individuo. En esta encíclica, explica el pontífice:

> *"Como no se puede quitar a los individuos y dar a la comunidad lo que ellos pueden realizar con su propio esfuerzo e industria, así tampoco es justo, constituyéndose un grave perjuicio y perturbación de recto orden, quitar a las comunidades menores e inferiores lo que ellas pueden hacer y proporcionar y dárselo a uña sociedad mayor y más elevada, ya que toda acción de la sociedad, por su propia fuerza y naturaleza, debe prestar ayuda a los miembros del cuerpo social, pero sin destruirlos y absorberlos (Q.A.79; p.93)."*

Al respecto de esta encíclica nos dice un entendido lo siguiente[69]: *"El panorama histórico que antecede a la encíclica es que se vivía cada vez y en mayor escala una actitud de indiferencia, no sólo hacia Dios, sino también ante las miserias ajenas. El liberalismo filosófico nutría con sus ideas al sistema económico que conocemos como capitalismo liberal. La utopía de los idealismos socialistas, principalmente de origen marxista, fomentaba las inconformidades y los reclamos de los trabajadores y los empujaba a la lucha de clases. Se necesitaría estar ciego para no ver la pobreza escandalosa de los asentamientos humanos en los barrios proletarios, la carencia de lo necesario para vivir dignamente, esas familias no vivían, subsistían. La moral individual, la resignación de algunas personas y la exhortación a la generosidad de los ricos con los desposeídos es la voz de algunos autores por despertar una conciencia social. Si bien hay que recordar que varios eclesiásticos y laicos habían precedido, denunciado y actuando con sentido social"*

---

[69] Hemos tomado la cita del sitio virtual *Catholic.Net*. Cfr. http://es.catholic.net/empresarioscatolicos/484/1382/articulo.php?id=44408

Es un error creer que la inmensidad de un imperio constituye un mérito o una virtud *per se*; es decir: algo que de por sí merezca una admiración tal que débase reivindicar en forma desmedida, sin matices, aclaraciones o distingos de algún tipo. Más bien, como logra advertir San Agustín, ésta puede ser una muestra de la corrupción del mismo: en un orden político justo, un estado no buscaría absorber en sí a los demás estados vecinos, sino que más bien se esforzaría en mantener la concordia con ellos (ciu. IV 15)

Y no nos referimos necesariamente aquí a los aztecas o incas, sino a casi todos los grandes imperios de la historia. El mejor ejemplo que podemos ofrecer a este propósito es el del Imperio Romano, en su tiempo de máximo esplendor -que todos celebran indiscriminadamente-. No es suficiente a una civilización propiamente dicha el poseer un grado relativamente alto de cultura, de leyes, orden y grandes extensiones territoriales centralizadas en un poder único y organizado; es necesario medir sus intensiones y propósitos, y el verdadero grado de equilibrio y justicia política y social logrado para todos sus miembros, sin exclusión de nadie. Caso contrario, estaríamos frente a un régimen, cuanto menos, oligárquico y despótico.

San Agustín, desde su monumental obra *De Civitas Dei*, lo advierte desde su acabado análisis del imperio romano, interpretando la "grandeza" romana, en gran parte, a partir del binomio afán de poder – deseo de gloria (*libido dominandi- cupiditas glorae*). En el capítulo IV de la obra recién mencionada, que titula *De la guerra o la paz que tiene la ciudad terrena*, señala:

> *La ciudad terrena, que no ha de ser sempiterna, porque cuando estuviere condenada a los últimos tormentos no será ciudad, en la tierra tiene su bien propio, del que se alegra como pueden alegrar tales cosas; y porque no es tal este bien, que libre y excuse de angustias a sus amadores, por eso la ciudad de ordinario anda desunida y dividida entre sí con*

pleitos, guerras y batallas, procurando alcanzar victorias, o mortales o, a lo menos, efímeras; pues por cualquier parte que se quisiese levantar haciendo guerra contra la otra parte suya, pretende ser victoriosa y triunfadora de las gentes, siendo cautiva y esclava de los vicios; y si, cuando vence, se ensoberbece, es mortífera.

Pero si considerando la condición y los casos comunes se aflige más con las cosas adversas que le pueden suceder, que se alegra y regocija con las prósperas que le acontecieron, entonces es solamente perecedera esta victoria pues no podrá, por ser eterna, dominar siempre aquellos que pudo sujetar venciendo.

Pero no es acertado decir que no son bienes los que apetece esta ciudad, puesto que, en su género ella misma es un bien, y más excelente que aquellos otros bienes. Para gozar de ellos desea cierta paz terrena, y con tal fin promueve la guerra; pues si venciere y no hubiere quien resista, tendrá la paz, que no tenían los partidos que entre sí se contradecían y peleaban por cosas que juntamente no podían tener.

Esta paz pretenden las molestas y ruinosas guerras, y ésta alcanza la que estime por gloriosa victoria, y cuando vencen los que defendían la causa justa, ¿quién duda que fue digna de parabién la victoria, y que sucedió la paz que se pudo desear?

Estos son bienes y dones de Dios pero si no haciendo caso de los mejores, que pertenecen a la ciudad soberana, donde habrá segura victoria en eterna y constante paz, se desean esto bienes, de manera que ellos solos se tengan por tales y se amen y quieras más que los que son mejores, necesariamente resultarán de ello miseria o se acrecentarán las que ya existan.

Apunta el mismo obispo que las virtudes romanas no son virtudes en sentido propio, sino más bien vicios útiles con apariencia de virtud: formas de la vanidad (como la *cupiditas gloriae*) que refrenan a otros vicios y permiten cierto éxito terreno, pero que no están orientadas a Dios, sino a la gloria del hombre (ciu. V 14-15; 19)

Importante es saber y recordar, como hemos dicho líneas atrás, que no tratamos aquí con una utopía. Hemos dejado consignado claramente al respecto casos donde éste régimen justísimo pudo ser aplicado con felices resultados para las sociedades y sus miembros todos.

Capítulo III

LA LEYENDA NEGRA

La leyenda antihispánica en su versión norteamericana (la europea hace hincapié sobre todo en la Inquisición) ha desempeñado el saludable papel de válvula de escape. La pretendida matanza de los indios por parte de los españoles en el siglo XVI encubrió la matanza norteamericana de la frontera Oeste, que tuvo lugar en el siglo XIX. La América protestante logró librarse de este modo de su crimen lanzándolo de nuevo sobre la América católica.

Pierre Chaunu

a) Semblanza de la Leyenda Negra

"Árbol de odio" es como intituló el historiador y catedrático norteamericano Philip Powell a la infundada leyenda negra arrojada sobre España y la Iglesia Católica (particularmente en cuestiones como la Inquisición y la conquista de América). Ciertamente no ha sido este el único autor que advirtiera y denunciara tal vil maniobra. Existen sobre el tema numerosas y excelsas obras concebidas por hombres de distinto signo, nacionalidad, religión y condición[70], y todas convergen en lo mismo: en señalar a la leyenda negra como la acción conjunta de propaganda –deliberadamente- antiespañola realizada por protestantes y judíos –muy particularmente- en tiempos de auge del imperio hispano (*donde no poníase el sol*); con la firme intención de desprestigiarlo y generar levantamientos y rebeliones en sus dominios y áreas de influencia. En síntesis, esta maniobra respondía a cuestiones políticas y territoriales; más, especialmente, a motivos económicos y religiosos. No hubo mentira que la imprenta de la sociedad comercial judeo-protestante no estuviera dispuesta a publicar y difundir masivamente por toda Europa.

Aunque, es cierto, no solo fueron extranjeros los que cargaron contra la potencia peninsular. Éstos contaron con su quinta columna de nativos; agentes foráneos que facilitaron en gran medida su tarea; traidores como Bartolomé De las Casas, Guillermo de Orange, Antonio Pérez -entre los más notorios-, sumado a un importante contingente de marranos. Para la cuestión americana, sin dudas fue el primero de ellos quien mayor daño causó a su patria con sus patrañas, tergiversaciones y exageraciones de los hechos.

En el año 1493 un hombrecito nacido en Sevilla llegaba a América acompañando al Almirante Cristóbal Colón en su segundo viaje. Dueño de un carácter iracundo e intratable, portador de un indómito orgullo, bien pronto se hizo de enemigos en el continente; particularmente de aquellos que gozaban de una situación política, social y/o económica mas ventajosa que la suya. Astuto, pronto entendió que la mejor forma de hacerse un nombre y deshacerse de quienes consideraba sus enemigos era mediante la difamación.

---

[70] Este tema lo hemos desarrollado en la obra La Inquisición: Un tribunal de misericordia (Vórtice, Buenos Aires, 2011). Allí remitimos, además, a los trabajos más completos sobre la materia, como los de Thomas Walsh, Schaefer, Jean Dumont, Julián Juderías, Enrique Días Araujo, Antonio Caponnetto, Rómulo Cabria, Menéndez Pelayo, Menéndez Pidal, García Morente, Joseph Pérez, etc.

Así entonces, tomando unos pocos casos aislados y circunstanciales –de los que ninguna empresa humana está exenta–, comenzó a hacer circular la voz de que todos los encomenderos explotaban inhumanamente a los indígenas, extendiendo luego esta acusación contra cualquiera que osaba contradecirlo o llamarlo a la calma y paz. En sus narraciones *históricas*, es necesario aclarar, no existen palabras o nociones tan necesarias para la Historia como la capacidad de diferenciar; distinguiendo lo normativo de lo meramente circunstancial o excepcional. Tampoco, asimismo, vemos en él atisbo alguno de rigor científico –cuestión esta en la que coinciden sin excepción todos los historiadores-. En cambio, observamos claramente de sus fojas una notoria voluntad para la especulación y zigzagueantes y hábiles giros literarios para la narración de ciertos hechos. Su notoria y deliberada exageración de los hechos narrados es otra característica señalada por sus biógrafos, aun por aquellos que le guardan cierta simpatía. Narra desde sus voluminosos tomos cientos de crímenes y abusos, pero jamás ofrece precisiones elementalísimas como la mención de los autores materiales de los hechos o del lugar ni cuando estos sucedieron.

No hay historiador sensato, cualquiera su posición –católico, protestante, ateo o judío- que no lo haya desacreditado como fuente y denunciado su odio inaudito hacia España. A este hombre debemos atribuir la creación de la denominada *Leyenda Negra* de la Conquista de América. Su nombre era Bartolomé de las Casas.

Ciertamente, no emprenderemos aquí y ahora la tarea de señalar cada uno de sus *furcios*, mentiras y *españolísimas* exageraciones – como las llamó un autor-, pues la extensión propuesta para este trabajo nos lo impide y además, más importante, ya se han ocupado de ello sobradamente don Menéndez Pidal, Carlos Pereira y, en nuestro país, muy especialmente, el Dr. Enrique Díaz Araujo.

Bástenos señalar que su tristemente celebre *Brevísima relación de la destrucción de las Indias* (1552) logró decenas de ediciones, siendo traducida a numerosos idiomas; muy particularmente, como era de esperar, en las regiones protestantes. A veces, como bien apunta Molina Martínez[71], *no hacía falta leer, ni siquiera saber leer, para empaparse de la crueldad hispana*, pues algunas ediciones, como la latina de 1598, incluían 17 grabados del protestante Teodoro de Bry donde se reproducían crudamente escenas en donde los españoles aparecían como monstruos a*paleando indígenas.*[72] Por ello supo lamentarse Julián Juderías, escribiendo:

> *Pero –sentencia- es muy triste decirlo. El iniciador de esta campaña de descrédito, el que primero lanzó las especies que tan valiosas iban a ser para las filosóficas lucubraciones de nuestros enemigos, fue un español: El P. Las Casas. Un español el que pintó la conquista de América como una horrenda serie de crímenes inauditos. Es indudable que hizo con su Descripción de la destrucción de las Indias un daño gravísimo a su patria...*[73]

El gran historiador argentino Rómulo Carbia, concluye lo siguiente:

---

[71] Artículo *La Leyenda Negra Revisitada: La Polémica Continúa.* Revista Hispanoamericana. Publicación digital de la Real Academia Hispano Americana de Ciencias, Ar es y Letras. 2012, nº 2. http://revista.raha.es/articulo1.pdf. El citado autor Philip Powell reproduce también, en su obra, algunos de estos grabados.

[72] Rómulo Carbia incluyó al final de su libro una reproducción de las mismas, con los textos de la Brevísima en los que se basó De Bry para su composición. Con ello pretendió poner de manifiesto la clara intencionalidad divulgativa y antiespañola del grabador holandés. Cfr. CARBIA, Rómulo: Historia de la leyenda negra hispanoamericana. Buenos Aires, 1943. De la misma existe una edición reciente con Estudio Preliminar de Miguel MOLINA MARTÍNEZ, publicada por Marcial Pons-Fundación Carolina, Madrid, 2004.

[73] Julián Juderías, *La Leyenda Negra*, Editora Nacional, Madrid, 1960, p. 250.

Diciendo que es un desorbitado que, a veces, toca los límites de la vesania, no se dice, sin embrago, lo bastante. Vivió fuera de quicio sin duda alguna... Tengo por cosa así la singularidad del típico modus operandi suyo, constantemente presente en sus alegatos en los que es fácil comprobar un hecho censurable: el de que por afán de lograr impactos, Las Casas no se detiene ante nada, y lo mismo mutila un texto o interpola en él pasajes fraudulentos[74]

Dice del dominico, el santanderino Marcelino Menéndez Pelayo:

Sus ideas eran pocas y aferradas a su espíritu con tenacidad de clavos; violenta y asperísima su condición; irascible y colérico su pensamiento; intratable y rudo su fanatismo de escuela; hiperbólico e intemperante su lenguaje, mezcla de pedantería escolásticas y de brutales injurias...[75]

¿Qué es la Leyenda Negra? Citemos la opinión de algunos prestigiosos historiadores.

El recién citado Julián Juderías nos dice:

Por leyenda negra entendemos el ambiente creado por los fantásticos relatos que acerca de nuestra Patria han visto la luz pública en casi todos los países; las descripciones grotescas que se han hecho siempre del carácter de los

---

[74] op. cit., p. 50. Un insospechado como José María Pemán reconoce las exageraciones y mala voluntad de De Las Casas, como también lo supieron ver sus contemporáneos De Balboa, Alvarado, Ojeda, Jiménez de Quesada, etc. Ver lo que dijo cada uno de estos en Vicente Sierra, E*l sentido misional...*, p. 374. Al respecto, conviene consultar la gran obra de Enrique Díaz Araujo "*Las Casas, visto de costado*", Fundación Elías de Tejeda y Erasmo Pércopo, Madrid, 1995.

[75] De los historiadores de Colón", en Estudios y discursos de crítica histórica y literaria. Santander, 1942, T. VII, pp. 91 y ss.

españoles como individuos y como colectividad; la negación, o por lo menos, la ignorancia sistemática de cuanto nos es favorable y honroso en las diversas manifestaciones de la cultura y del arte; las acusaciones que en todo tiempo se han lanzado contra España, fundándose para ello en hechos exagerados, mal interpretados o falsos en su totalidad... En una palabra, entendemos por leyenda negra, la leyenda de la España inquisitorial, ignorante, fanática, incapaz de figurar entre los pueblos cultos, lo mismo ahora que antes, dispuesta siempre a las represiones violentas; enemiga del progreso y de las innovaciones; en otros términos, la leyenda que, habiéndose empezado a difundir en el siglo XVI, a raíz de la Reforma, no ha dejado de utilizarse en contra nuestra desde entonces, y más especialmente en momentos críticos de nuestra vida nacional[76]

Julián Marías entiende que:

La leyenda negra consiste en que, partiendo de un punto concreto, -supongamos que cierto- se extiende la condenación y la descalificación a todo el país a lo largo de toda su historia, incluida la futura. Esto es lo que se inicia para España desde el siglo XVI y se condena en el siglo XVII y adquiere nuevo ímpetu a lo largo de todo el XVIII y reverdece con cualquier pretexto, sin prescribir jamás[77]

Luciano Pereña hace una interesante reflexión al respecto:

Con el V Centenario del Descubrimiento de América parecía haber llegado el momento de acabar de una vez con la leyenda negra. Sin embargo, oscuras fuerzas políticas y económicas hicieron fracasar aquel proyecto que degeneró,

---

[76] La leyenda negra. Estudios acerca de España en el extranjero. Junta de Castilla y León, Salamanca, 2003, p. 24

[77] La España inteligible, Razón histórica de las Españas, Alianza Editorial, Madrid, 1985, p. 202.

finalmente, en un ataque feroz contra la España de la conquista y contra la Iglesia católica de la evangelización. Se ha conseguido -en palabras de Julián Marías- convertir uno de los hechos más importantes y gloriosos de la historia universal en algo negativo, que proyecta una luz siniestra sobre el Nuevo Mundo, antes continente de esperanza. Se ha cedido, con extraña pasividad o docilidad, a una alianza de tres elementos: ignorancia, estupidez y malevolencia[78]

Un insospechado como John Elliott comenta lo siguiente:

Una cosa es apuntar que ciertos rasgos específicos de la sociedad colonial hispanoamericana, por ejemplo la corrupción endémica, arrojaron una sombra funesta sobre la historia de las repúblicas poscoloniales, y otra hacerla denuncia generalizada de que "la herencia española" fue la raíz de sus tropiezos y tribulaciones. En varios sentidos esta denuncia no es más que el modo en que se ha perpetuado hasta la era poscolonial el solemne mecanismo de "la leyenda negra", cuyos orígenes se pueden ubicar en los años tempranos de la conquista y colonización ultramarina

Ha sido –aun lo es– tan evidente y grosera la mala fe contra España, que incluso autores izquierdistas como Carlos Fuentes y, más sorprendente aún, Jorge Abelardo Ramos, debieron rechazar la mentada leyenda negra por pueril, denunciando al mismo tiempo su clara filiación sajona y protestante. Decía este último: "Con Motivo de la celebración del V Centenario del Descubrimiento de América, se han multiplicado las manifestaciones, ingenuas a veces, pérfidas otras, de repudio a la España de la Conquista y la evangelización. Por el contrario se glorifica a las razas indígenas. Ciertos cantantes, como Victor Heredia, con liviano caudal histórico, condenan las supuestas matanzas de 50 millones de indios por parte de los

---

[78] La leyenda negra: arrepentirse ¿de qué?", Alfa y Omega, núm. 126, Madrid, 1998, p. 27.

españoles durante la colonización. Y hasta las llamadas "juventudes políticas" declararon fecha fasta el 11 de octubre y nefasta el 12 de octubre. En un congreso de americanismo celebrado en Bogotá, la mayoría de los concurrentes, formado por anglosajones y europeos en general, condeno la "crueldad española" en la Conquista y rehusó fijar la sede del siguiente congreso de americanistas en España. Prefirieron designar a Holanda, que saqueó durante tres siglos la Indonesia, y no dejó ni un hijo ni una Iglesia ni una cultura ni una lengua en su secular expoliación. Todo esto tiene un sentido. El imperialismo anglosajón (calvinista) combate a la Iglesia Católica, no en nombre de la libertad de los indios americanos, sino a causa de la lucha por la influencia de los imperios anglosajones en América. Esto ya era viejo en tiempos de Felipe II"[79].

b) El modus operandi de la Leyenda Negra

No son pocos quienes, desconcertados, se preguntan como es posible que luego de toda la documentación existente –dispuesta no sólo por las crónicas de los hechos sino por la arqueología y la antropología misma- persista aun esta versión calumniosa, adulterada, falsificada, de la historia de España en el continente. Es harto evidente que existe una voluntad consciente y dirigida para que esto así sea. Así lo entiende también el filósofo e historiador Antonio Caponnetto, desmarañando el embuste, denunciando que "no es sólo, pues, una insuficiencia histórica o científica la que explica la cantidad de imposturas lanzadas al ruedo. Es un odium fidei alimentado en el rencor ideológico. Un desamor fatal contra todo lo que lleve el signo de la Cruz y de la Espada"[80].

---

[79] En diario Clarín, Buenos Aires, 2/11/1998 (página 14). En la misma línea se expresó Carlos Fuentes (revista del diario La Nación, Buenos Aires, 2/7/1995) y Juan José Sebrelli, en su libro *El asedio a la modernidad. Crítica del relativismo cultural*, Buenos Aires, Sudamericana, 1992.

[80] Tres lugares comunes de las leyendas negras, Antonio Caponnetto. Conferencia, Buenos Aires, 1992.

Por ello se torna necesario estudiar la metodología utilizada a tal propósito, a fin de poder detectar el embuste, distinguir lo cierto de lo falso, para eventualmente poder estar en condiciones de formar un juicio propio y certero de los hechos investigados.

¿Cómo transformar una falacia en verdad inconcusa? ¿Cómo imponer a la sociedad determinado pensamiento o política sin que ésta, muchas veces, se percate de la maniobra? ¿Cómo operan estos orfebres del engaño?

La respuesta pareciera simple. Algunos contestaran que basta con repetir una mentira incesantemente (como sugería Voltaire); más, a decir verdad, no siempre el asunto es tan sencillo. Muchas veces se hace preciso emplear una táctica algo más compleja, dirigida y orientada no ya exclusivamente a la mera difusión de un determinado error, sino a alterar, dañar, confundir, engañar, la capacidad crítica y racional del individuo, despojándolo de todo atisbo de esa *rara avis* de inteligencia que es el sentido común –que actúa como escudo y defensa frente a los ataques de la *propaganda*-. Es decir, un método que trascienda la cuestión meramente etimológica e histórica; un *modus* que repercuta necesariamente en el *ser* del hombre; que genere en el hombre aquellas consecuencias ontológicas que denuncia lúcidamente el Dr. Caponnetto, advirtiendo que *expresarse mal es señal de que pensamos mal; y pensar mal es señal de que estamos mal*[81].

Refiriéndose al sofisma de homonimia, señala que estos surgen *debido a la incorrecta utilización de los significados, sea por equivocidad semántica o por suposiciones o conjeturas torcidas*, citando a éste propósito un ejemplo de la obra *Sofismas* de Camilo Tale:

> *La facultad más característica del hombre es la inteligencia. El chimpancé posee inteligencia, luego el hombre y el chimpancé son lo mismo*[82]

---

[81] En ob. Cit., pp. 16-17.

[82] Ob., cit., p. 8

Entonces, con criterio similar, algunos creen poder colegir que España y la América precolombina, en tanto civilizaciones y/o culturas, son y fueron lo mismo.

Para que una mentira pueda prosperar y consolidarse verdaderamente, según muestra la experiencia, hace falta una cuidadosa mezcolanza de verdades a medias, omisiones, tergiversaciones, equívocos semánticos, eufemismos, factores distractivos, etc., que la recubran de una necesaria capa de veracidad. El envoltorio o *packaging* es fundamental a este respecto. Y para exaltar lo superfluo, nada mejor que recurrir a *argumentos sofísticos*.

Para hacer un poco de historia y remitirnos a las fuentes primigenias, conviene memorar que sobre la cuestión se han escrito, especialmente en la llamada escuela socrática, donde sus discípulos, mediante predicas públicas y/o distintos escritos, denunciaban enérgicamente a los dirigentes y acólitos de una prominente secta del infundio que se dio en llamar *sofista*. Una secta relativista que, personificada luego en Pericles -según enseñara el filósofo rumano-argentino Stan Popescu[83]-, logró en menos de un siglo subvertir los valores morales, la idiosincrasia y la Historia de Atenas; fomentando el sacrilegio y la profanación, corrompiendo y debilitando los lazos familiares, atrofiando la creatividad, degradando el pensamiento filosófico y vaciando al hombre de sus contenidos espirituales. Enemiga furibunda de todas las definiciones y precisiones, esta vitoreada democracia griega logró pronto imponer el mito de igualdad, libertad y fraternidad –precursora de la revolución jacobina del siglo XVIII- donde, de acuerdo al prisma del reinante relativismo, cobardes y valientes, eruditos e iletrados, víctimas y victimarios, debían ser igualmente estimados. Así, en un breve lapso, se perdió la percepción de los límites y necesarias distinciones que permitía al

[83] Consultar, muy especialmente, su obra cumbre *Autopsia de la Democracia, Un estudio de la Anti-Religión*, Editorial Euthymia, Buenos Aires, 1984.

hombre *detectar el umbral que lo separaba de la hybris o del pathos de la akrasia* (incontinencia, debilidad)[84].

Debemos al profesor Antonio Caponnetto una de las mejores síntesis de estos tratados y conceptos y de su aplicación en la actualidad. Desde su *Metodología de Estudio y de Exposición Oral*[85], apoyado en los grandes clásicos y eruditos del lenguaje, denuncia varias de las argucias empleadas usualmente por los escribas vernáculos. Distingue allí cuatro fases o métodos que emplean usualmente aquellos que pretenden ocultar o tergiversar ciertos hechos históricos. Éstos son, a saber, el *reduccionismo*, la *dialectización*, el *emocionalismo* y la *matematización*–generalmente dados en ese orden específico-. Explica:

> *El reduccionismo consiste en reducir la realidad. La realidad puede ser reducida, o bien porque yo encubro una parte de la misma, o bien porque introduzco de manera forzosa en esa realidad algún elemento que le es ajeno.*
>
> *Una vez reducida la realidad viene la dialectización, la faz disyuntiva. Presento dos polos, casi siempre artificialmente enfrentados y obligo a optar por uno de ellos.*
>
> *Una vez que la realidad fue reducida y dialectizada, viene el emocionalismo. Acallo la razón y hago hablar a las emociones, en lo posible desbordadamente. Aquí entran en juego esas figuras retóricas que decíamos antes.*
>
> *Y una vez que la realidad fue reducida, dialectizada y emocionalizada viene la matematizacion. Porque ya se sabe que para el común de la gente los números mandan. Hay que hacer hablar a las cifras, aunque sean ficticias (...).*

Luego, nos ofrece el autor un claro ejemplo:

---

[84] Ob. Cit., p. 25.

[85] Editorial UCALP, Buenos Aires, 2011.

Cuando se aprobó en la Argentina la ley del divorcio, se empezó primero por el reduccionismo. Toda la riqueza matrimonial fue reducida intencionalmente en un solo punto; la supuesta o real incompatibilidad entre el hombre y la mujer. Todo lo demás no contaba. Esa compleja, valiosa y rica realidad matrimonial quedaba reducida a una sola cuestión.

Después venía la dialectización. En un polo se presentaba al hombre como victimario, y en el otro a la mujer, como la oprimida; o viceversa, pues para el caso daba lo mismo.

A continuación irrumpía el emocionalismo. Había que hacer hablar a los sentimientos de las víctimas. Hablaba el marido infiel o la mujer maltratada. Cada quien exhibía desbordadamente sus sensaciones. Lo anómalo quedaba convertido en norma.

Por último intervenía la cuantofrenia o numerolatría, al decir de Sorokin. La manía de reducirlo todo a una cifra mágica. Alguien dijo que había "dos millones de parejas que no podían rehacer su vida por ausencia de una ley divorcista", y no hizo falta más. El número se impuso con la fuerza de un dogma.[86]

Difícil será negar que con respecto a la denominada Conquista de América se procediera de igual forma. Toda la labor civilizadora, creativa y caritativa de España y los misioneros quedó reducida a la existencia de ciertas conductas desaprensivas o abusos cometidos por algunas personas –de aquellas que nunca faltan entre seres humanos - en algún determinado momento (volvieron, por tanto, norma a lo que constituyeron claras excepciones). Los grandes y sanguinarios pueblos indígenas, opresores de la población, eran ahora presentados como arquetipos de libertad, y sus regímenes, como poco más que democráticos (se omiten deliberadamente sus sobradamente probados crímenes y rasgos totalitarios). Tiranos

---

[86] Ob. Cit., pp. 18-19.

como Moctezuma o Atahualpa, increíblemente, pasan ahora a ser víctimas; son, súbitamente, poco más que dos monjitas a los que, sin decir siquiera *agua va*, los molieron a golpes imprevistamente unas *camisas negras* que por allí pululaban. Finalmente, el número mágico del que hablaba el historiador antes citado. En éste caso, el *genocidio*: 90 millones de indígenas ultimados a manos de -200.000- españoles.

Sobre las consecuencias seguidas de esta *bastardización* del lenguaje, propuesta, muy particularmente, por la revolución cultural *gramsciana,* se han expedido ya suficientemente y en forma clara Rafael Gambra[87] y el citado Caponnetto.

Por tanto, tómese debida nota de las precauciones necesarias para evitar que los tan en boga eufemismos y/o equívocos semánticos confundan y obnubilen nuestro sentido crítico.

c) Felipe Pigna: otro agente criollo de la *CommonWealth*

Si bien para la historiografía académica y científica seria el autor de marras pertenece a un género que podríamos calificar de *personajes menores* (vocero circunstancial de la Historia Oficial), nos vemos forzados a traerlo a esta disputa –si más no sea sucintamente-, puesto que, ayudado por los *mass media*, ha logrado esparcir sus desvaríos y errores por doquier, logrando estado público.

Lo peligrosidad de autores como el recién mentado no reside propiamente, tanto, en la difusión de una Historia sesgada y tergiversada –pues, embusteros, lamentablemente, jamás han faltado; incluso en nuestra Academia Nacional de Historia[88]-

---

[87] *El Lenguaje y Los Mitos*. Rafael Gambra. Publisher, Speiro, 1983.

[88] Sobre el tema recomendamos consultar, muy particularmente, la obra del Dr. Antonio *Caponnetto Los Críticos del Revisionismo Histórico* (tres

sino en su calculado direccionamiento hacia la porción del pueblo llano o iletrado; es decir, a aquellos que normalmente no tomarían un libro de Historia en sus manos. El estilo de escritura de Pigna es ágil, sin dudas; algo más propio, a decir verdad, de novelistas que de historiadores. El problema es que estos *Best Sellers* se presentan como manuales insustituibles de Historia. Hoy, el común denominador de la gente los acoge como referentes, citándolos sin pausa. Y no se trata solamente de hombres crecidos, sino de niños, adolescentes y jóvenes universitarios. Salvo por los directamente panfletarios, no se tiene recuerdo de autores tan reñidos con la investigación científica como Galeano[89] y Pigna. Hábiles desarrolladores de falacias, han echado mano a todos los recursos sofísticos útiles a su objeto; algunos de los cuales ya hemos enunciado.

El título elegido para éste apartado no es arbitrario sino necesario y ampliamente fundado. ¿Responde Pigna, directa o indirectamente, a intereses británicos? Es claro que así es, pues, según enseñanza evangélica, *lo que no siembra desparrama*. Demos algunos ejemplos probatorios o, cuanto menos, sugestivos de ello.

Todos conocemos la fascinación de Pigna por Mariano Moreno, y la dedicación que ha puesto en salvar a éste personaje de la merecida ignominia en la que se encuentra sepultado -llegándolo a llamar *el primer arquitecto de la idea de nación-*. Haciendo un poco de memoria, recordemos brevemente que, como es sabido, Mariano Moreno –al igual que Rivadavia- fue desembozado

---

volúmenes), editado por el Instituto Bibliográfico Antonio Zinny, Buenos Aires, 1998 (tomo primero).

[89] Principalmente su archi conocido libro "Las Venas Abiertas de América Latina", publicada por primera vez en 1971. Eduardo Galeano es un adinerado escritor uruguayo marxista, admirador del régimen totalitario cubano y su líder, Fidel Castro.

y activo agente de los intereses británicos en el Río de la Plata (José María Rosa lo llamó "abogado de los intereses británicos")[90]. ¿Quién fue realmente este prócer *pignista* y jacobino?

Digamos, por lo pronto, que fue Moreno quien ordenó el fusilamiento de aquel patriota cabal que fue don Santiago de Liniers, sirviéndose para ello nada menos que de cincuenta soldados ingleses. La impiedad y crueldad de Moreno encontró, naturalmente, gran oposición en patriotas viriles como Manuel Belgrano, que se negaban a acatar las medidas terroristas de éste, que, entre otras criminalidades, ordenaba, el 22 de septiembre de 1810, *arcabucear a todos los sospechosos vecinos del Paraguay* y matar al Obispo y al Gobernador. El 29 de septiembre, ratificando anterior misiva, decía a Belgrano que "la junta no deja lugar a la compasión o a la sensibilidad (…) ". A Castelli le encomendó que dejara a sus soldados hacer "estragos con los vencidos para infundir terror en los enemigos", ordenando el 18 de noviembre de ese mismo año que "pasara por las armas irremisiblemente" a todos los disidentes. La semblanza de este soldado *robespierrano* ha sido trazada por historiadores de fuste y de todo signo, como Enrique Díaz Araujo[91] e incluso por autores insospechados de hispanofilia como Ramos Mejía y Vicente Fidel López, quien lo define como un "carácter detestable, hombre cortado por el molde de los más furiosos guillotinadotes de la Revolución Francesa".

Curioso resulta, asimismo, que Pigna, cual indigenista, no condene en forma terminante y tajante a aquel intenso *odiador* de indios y gauchos que se llamó Domingo Faustino Sarmiento. Aquel que, en misiva a Mitre, le aconsejaba: "No trate de economizar sangre de gauchos. Éste es un abono que es preciso hacer útil al país.

---

[90] *Rivadavia y el imperialismo financiero*, Pena Lillo, p. 16.

[91] De un artículo de su autoría hemos tomado las citas correspondientes a Mariano Moreno (*La Incultura Presidencial, el terrorismo morenista*, Revista Cabildo, 3ra época, año XIII, número 103):

La sangre de esta chusma criolla, incivil, bárbara y ruda es lo único que tienen de seres humanos". El mismo Pacho O'Donnell reconoce que: "Sarmiento estaba convencido de que no se podía construir un país a la europea, que era lo que él entendía por "civilización", con los orilleros, los indios, los gauchos, los mulatos, que eran los reales pobladores de nuestro territorio. La gran incógnita de Sarmiento era cómo deshacerse de esa "chusma"[92]. La falsa dialéctica *sarmientina* de civilización o barbarie, sabemos, vinculaba a los primeros con los estadounidenses y británicos y a los segundos con los indios, gauchos y criollos. No obstante, nuestro *Felipillo* considera a Sarmiento como el educador por antonomasia y "uno de los grandes pensadores de la argentina"[93]. Pigna, al mejor estilo delascasiano, generaliza y no distingue casos particulares; asevera, acusa y no prueba, dando como verdades firmes ciertas interpretaciones que no son más que eso: lucubraciones propias. Siempre, por supuesto, en la forma más desfavorable a España y la Iglesia posible. Incluso, cada tanto, Felipe se da el gusto de desafiar a las leyes de la física, como cuando hace saquear una nave al pirata Thomas Cavendish un año antes de que esto sucediera o cuando hace aparecer al obispo Victoria en dos lugares al mismo tiempo… Y como estos, podríamos citar varios casos más[94]. También se ha hecho tiempo Pigna para extender sus preocupantes desvaríos al período poshispánico, llamando a Mariano Moreno "el primer desaparecido de la historia Argentina", por el sólo hecho de haber sido su cadáver arrojado al mar (¿?)… ¿Es que tratamos propiamente con una acémila? Si esto no es una burda intentona de manipulación de la Historia nacional, ¿qué lo es?

---

[92] En entrevista ofrecida a la Revista la Universidad, Edición 54: Especial Domingo F. Sarmiento (Año VIII-Nº54,1 de septiembre de 2011. Crf.).

[93] Íbidem.

[94] Estos y otros horrores históricos en Pigna fueron advertidos por el Dr. Cardinali, en un artículo de abril de 2006, puede consultarse integro en el sitio virtual oocities.org. Cfr. http://www.oocities.org/ar/ediciones2001/Docs/2006_04_14_CardinaliVsPigna.htm#_Toc132789002

Por tanto, con ejemplos como estos, no sorprende que el mediático Felipe Pigna coincida con los autores sajones más fanáticamente imperialistas en su misión cultural y política antihispánica (curioso, por cierto, de quien se define asimismo como *antiimperialista…*).

Aunque Pigna pareciera ir por más. No pretende ser mas papista que el papa ni más incoherente que *montonero democrático*, pero si más sajón que los mismos ingleses. Al menos esto es lo que puede colegirse de otros tantos hechos, algunos realmente desconcertantes –aun tratándose de Pigna como citar al comienzo de su *opera prima* (*Los Mitos…*) a John Lennon (¿?).

A partir de rarezas como estas; de mescolanzas de literatura, rock, viajes interdimensionales, mandarinas vietnamitas e historia, es que podemos comenzar a entender sus libros, o los incontables *furcios* en éstos manifestados. Y no hablamos ya propiamente de su deliberado constructivismo ideológico, ni de su notoria deficiencia de razonamiento ni tampoco de su manifiesta tendenciosidad en el tratamiento de ciertas cuestiones históricas, sino de errores cuasi escolares; como los referidos al Estrecho de Magallanes y la supuesta primera fundación de Buenos Aires[95]. A este respecto, refutando a Pigna y a algunos de sus acólitos en conocida disputa, expresa un descontento Cardinalli:

> *Cualquier historiador es libre de considerar a Magallanes un héroe de la Hispanidad o bien un monstruo sanguinario. Eso es axiológico. Pero afirmar que Magallanes le puso su nombre al estrecho, no es opinión, es un error*[96].

---

[95] Consultar especialmente el artículo de Ricardo Guillermo Cardinali, *Felipe Pigna y el Paraíso Perdido* (cfr. http://www.pensamientonacional.com.ar/docs.php?idpg=0002_cardinalli_pigna_2.html).

[96] *Felipe Pigna: El nuevo taita oficial de la historia* (cfr. http://www.psicofxp.com/forums/politica-economia-sociologia.146/702854-felipe-pigna-nuevo-taita-oficial-historia.html

Felipe Pigna, cual *mercader del pensamiento manufacturado*, se ha constituido en uno de los referentes mas afamados del Pensamiento único, que es, ante todo, apátrida, antihispánico y anticatólico.

Y así, el grado de antihispanidad ha llegado tan lejos, que se ha propuesto recientemente eliminar el Día de la Hispanidad del calendario nacional, ya que, según Felipe Pigna, *es algo ofensivo para nuestra identidad y un muy mal ejemplo para las nuevas generaciones porque se está celebrando el genocidio, el robo, el saqueo, el secuestro y el asesinato en masa.* Otros sugerían pasar el feriado nacional para el día anterior con el nombre de "último día de la libertad"[97]. Aunque sin dudas, en este caso, el premio se lo lleva nuevamente el protagonista de esta notícula: condena sin matices a la hispanidad y la gesta española, pero salva de aquel "horror" a los Cervantes, Quevedos, Hernandarias y a los Góngora[98]; justamente cuatro de los baluartes de aquella *Hispania* imperial y católica. Cervantes, recordemos, había sido destacado soldado a las ordenes de Juan de Austria -sirviendo nada menos que a Carlos V en la famosa e inolvidable Batalla de Lepanto (1571)[99].

Tal vez, lo de Pigna sea la investigación meteorológica de la Revolución de Mayo y las probanzas científicas acerca de la existencia de una industria *paraguística* en aquellos días patrios.

---

97 Consultar al respecto el artículo de Federico Gastón Addisi Reflexiones sobre un 12 de octubre distinto. Atacar nuestra identidad para quedar en la orfandad. Cfr. https://sites.google.com/site/federicoaddisi/articulos/hispanidad. También recomendamos una conferencia del Dr. Antonio Caponnetto titulada Tres lugares comunes de las leyendas negras (Buenos Aires, 1992). http://www.revista.unsj.edu.ar/revista54/nota_detapa.php

98 En entrevista de Leandro Rosso a Felipe Pigna para el sitio *Aula Intercultural*. Cfr. http://www.aulaintercultural.org/spip.php?article3439

99 En el prólogo de la segunda parte del *Quijote*, describió aquella contienda como *la más alta ocasión que vieron los siglos pasados, los presentes, ni esperan ver los venideros.*

Algo sabemos de seguro: Pigna no leyó a Cervantes ni a su alter ego don Quijote, que exclamaba que *los historiadores que de mentiras se valen habían de ser quemados como los que hacen moneda falsa.*

Una suerte para Pigna…

d) La Leyenda Negra de la que no se habla

Modernamente se ha insistido en difundir la supuesta barbarie española para, entre otras cosas, ocultar las atrocidades cometidas en mismo tiempo histórico por los sajones –muy particularmente-. Resulta lógico, por tanto, el gran desconocimiento que existe entre el común denominador de la gente en cuanto a la conquista en el norte del continente; del exterminio sistemático de indígenas ordenado por los británicos y de sus políticas excluyentes y ofensivas hacia éstos. En el año 2004, André Flahaut, a la sazón Ministro de Defensa de Bélgica, sorprendió a más de uno declarando públicamente que en América del Norte se había cometido el mayor genocidio que conoce la historia, señalando los 15 millones de indígenas ultimados por ingleses y estadounidenses[100]. En realidad, el dato no era nuevo y estaba ampliamente documentado, pero había permanecido hábilmente encubierto por las cancillerías de ambas naciones.

Recordemos que al momento de la llegada de los británicos al continente, habitaban en él numerosas tribus como los Cherokees, Shawnees, Pequot, Apaches, Iroqueses, Mohegans, Chiricahuas, Creeks, Seminoles, Siouxs, Cheyennes, Navajos, Comanches, etc. Prontamente, aquellos que pudieron huir de las armas británicas, fueron desplazándose de la costa este hacia el oeste e interior de los actuales EEUU. Pero en 1803, el presidente estadounidense Jefferson, comprando Louisiana a Napoleón, desterró nuevamente

---

[100] Agencia de noticias IPS, Montreal, 9 ago 2004.

a los indígenas que allí habitaban; empeorando su situación poco después con la adquisición de los territorios arrebatados a México en 1840. A este respecto, recordemos el *Acta de Remoción de los Indios* ratificada por el, a la sazón, presidente de los EEUU Andrew Jackson, en 1830, que forzaba a los nativos indígenas –a punta de cañón- a trasladarse hacia el oeste, pereciendo en el camino gran parte de éstos por la fatiga, el maltrato y el cambio climático. El biólogo francés Jean-Luis Berlandier, después de viajar a Texas y realizar una amplia investigación, escribió en 1830: *"De las 52 tribus indias identificadas en la investigación de campo de los franceses en 1678 en esta región, sólo quedan cuatro y no hay vestigio de las demás"*[101]. Varios autores sostienen que la población indígena menguó –de1800 a 1900, aprox.- de 10 millones a unos cuatrocientos mil. Entre las masacres legendarias de indígenas podemos mencionar las de Sand Creek, Rodilla Herida y Wounded Knnee.

Entre los colonos británicos prevalecían básicamente dos posturas, aparentemente antagónicas, con respecto al tratamiento de la *cuestión india*. Unos, los extremistas, entendían que debían exterminarlos sistemáticamente sin piedad ni concesiones. Otros, los "moderados", tenidos como humanistas, creían que el destierro era la solución adecuada. Estos últimos justificaban su teoría en dos razones principalmente, convergentes entre sí: en la clara superioridad de la raza blanca –que los indígenas debían reconocer o marcharse- y en que aquel exilio constituía, en definitiva, un beneficio para los mismos indígenas, ya que, alejados de los centros urbanos y/o dominados por colonos, podrían preservar mejor su cultura.

Es claro que ninguna de estas políticas tendía siquiera tímidamente a la posibilidad de asimilación del elemento indio a la nueva *polis* sajona.

---

[101] Citado en IRIB World Service, *Un vistazo a los DDHH en EEUU*, 4 de abril del 2012. Cfr. http://spanish.irib.ir/an%C3%A1lisis/art%C3%ADculos/item/122671-un-vistazo-a-los-derechos-humanos-en-eeuu-xix

William Bradford, gobernador de Plymouth, ve con beneplácito el exterminio de los indígenas, expresando con total naturalidad lo siguiente:

> *"Fue una terrible visión contemplarlos friéndose en el fuego y los ríos de sangre que apagaban éste, y lo horrible que eran la peste y el olor que salían; pero la victoria pareció un dulce sacrificio, y dieron la alabanza por ello a Dios, que había actuado de una manera tan maravillosa en su favor, encerrando a sus enemigos en sus manos y dándoles una victoria tan rápida sobre un pueblo tan orgulloso e insolente"*[102].

En el año 1637, un día después de la masacre de indígenas pertenecientes a la tribu Pequot, declaraba el gobernador de Massachusetts Bay:

> *"Un día de agradecimiento, agradeciendo a Dios que se han eliminado más de 700 hombres, mujeres y niños. Está escrito en la Ley que "este día cuarto debe ser un día de celebración y agradecimiento por haber sometido a los Pequots"*[103].

En las siguientes décadas, señala Robert Jensen, profesor de periodismo de la Universidad de Texas, perecería el 95 por ciento de los indígenas americanos de Estados Unidos[104]. Según el profesor indígena Ward Churchill, la población nativa norteamericana fue reducida de unos 12 millones en 1500 a sólo 237 mil para 1900. *"Puesto de manera simple –escribe Jansen-: el Día de Acción de Gracias es el día en donde la cultura blanca*

---

102 Citado en artículo titulado *Thanks giving Day Massacre*. Cfr. http://www.thepeoplespaths.net/history/ThanksgivingDayMassacre.htm

103 David Brooks, Periódico La Jornada, 27 de noviembre de 2009, p. 23

104 Citado en artículo de David Brooks, *El Día de Acción de Gracias 36 millones de estadounidenses padecen hambre*, La Jornada, 29/11/2008.

dominante (y tristemente la mayoría de la población no blanca, pero no indígena) celebra el inicio de un genocidio que fue, de hecho, bendecido por los hombres que elogiamos como nuestros heroicos padres fundadores".

La brutalidad contra los indígenas y la concepción que de ellos tenían los sajones –casi sin excepción-, incluso entrado el siglo XIX, se patentiza y podría sintetizarse en las aseveraciones de un afamado historiador estadounidense de aquellos tiempos, Francis Parkman (1823-1893), cuando refiriéndose a los indígenas sostiene: *"(...) por lo tanto eran destinados a disolverse y desaparecer ante los avances de la potencia americana...no hay nada de progresivo en la rígida, inflexible naturaleza de un indio. Él no puede abrir su mente a la idea de progreso...".*[105]. Los mismos *westerns* estadounidenses confirman esta imagen estereotipada del indio. Recordemos que la denominada *conquista del Oeste* procedió de acuerdo a un plan fijado de exterminio cuidadosamente fijado.

Las pestes y epidemias que diezmaban a los indios eran interpretadas como una clara y favorable señal de Dios hacia ellos, los colonos, que liberaba del mal a la tierra destinada a los justos. Así, en 1621, Edward Winslow calificaba de "maravillosas pestes" aquellas *enviadas por Dios* contra los indios. En 1634, comenta John Winthrop: *"acá, casi todos mueren por la viruela, y de tal modo el Señor evidencia nuestro derecho a esto que poseemos".*

Sobre la cuestión de la infundada leyenda negra se han expedido honestos historiadores estadounidenses y británicos, como el ya citado Philip Powell, quien fuera presidente de la Conferencia Nacional de Historia Latinoamericana de su país y funcionario del Departamento de los Estados Unidos. Advirtiendo esta injusticia histórica, luego de más de 30 años de minucioso estudio de la materia, concluye:

[105] Citado por Philippe Jacquin en Los Indios de Norteamérica, Siglo XXI Editores, Madrid, 2006, p. 96.

La creencia común de que la conquista española en América estuvo sistemática y profundamente caracterizada por singular crueldad, codicia, rapacidad y corrupción general, no se corrobora con la evidencia. Digámoslo lisa y llanamente: No existe nada en toda la historia española que pruebe que los españoles de entonces o de ahora puedan clasificarse como más crueles, más ambiciosos o más corrompidos que otros pueblos. No creo en la existencia de ningún intelectual respetable que, libre de prejuicios raciales y religiosos, pueda contradecir esta afirmación[106]

La brutalidad británica al norte del continente ha sido legendaria, como reconocen asimismo otros prestigiosos historiadores. Dice Hyland al respecto: *"El reinado de Isabel fue uno de los más cruelmente bárbaros, en comparación con las medidas represivas de María, que eran insignificantes al lado de este. Y a este reinado, sucedió otro de igual crueldad, bajo Jacobo I... El pueblo (en el tiempo de Carlos I) había sido formado en estos métodos crueles de sus gobernantes anteriores y llegó a ser tan feroz como sus reyes Enrique, Isabel o Jacobo"*[107]. Desde *su Books of the Brave*, señala el historiador Leonard: *"Del estudio de la Europa contemporánea (esto es, en particular, la del siglo XVI), se desprende claramente el patrón universal de crueldad, intolerancia e inhumanidad que caracterizaba la vida social, religiosa y económica del continente. El humanitarismo era, por aquel entonces, un simple concepto de relaciones humanas aún en estado latente y sin desarrollar, siendo por el contrario universal el desprecio de los derechos inherentes al individuo. Para un conquistador, el comportarse de forma compasiva hacia el conquistado, se consideraba generalmente, como un signo*

---

[106] Ob. Cit., pp. 20-21.

[107] George Kieran Hyland, *A Century of Persecution under Tudor and Stuart Sovereigns from Contemporary Records*, New York, 1920, p. 9.

de debilidad"[108]. Por su parte, Toynbee, hace notar lo siguiente: "*Los hábitos del 'terror' adquiridos por los ingleses durante su prolongada agresión contra los últimos celtas, en las montañas de Escocia y los pantanos de Irlanda, cruzaron el Atlántico y se practicaron sobre los indios norteamericanos*"[109].

No sorprende que entre los británicos, a diferencia de los españoles, los asentamientos continentales hayan sido casi exclusivamente costeros, con el fin de agilizar y facilitar el objetivo puramente mercantilista de la Corona.

No obstante, esta crueldad y utilitarismo sajón resulta lógico, coherente, presumible, si tomamos en consideración y atendemos a cuatro factores fundamentales:

- Mientras América del norte fue poblada mayoritariamente por criminales que la Corona Británica expulsaba de sus dominios –así, de hecho, se pobló Australia- y por minorías que huían de las persecuciones del Estado de su Majestad y/o de otras sectas rivales, España reservó el poblamiento del continente casi exclusivamente a hombres probos, sobre los que no pesara ningún delito o mala fama y que desearán trabajar por el bien común de la comunidad (las cédulas reales de poblamiento expedidas por la monarquía española no dejan mentir). Muchas veces eran los mismos colonos los que pedían al rey que ratificara y extendiera estas medidas incluso hacia descendientes de herejes e infieles hasta la cuarta generación[110]. Los motivos eran claros, como

---

108 Leonard Irving, Books of the Brave: Being an Account of Books ando f Men in the Spanish Conquest and Settlement of the Sixteenth-Century New World, Harvard University Press, Cambridge, 1949, p. 8.

109 Toynbee, *Study of History*, citado en Leonard, *Books of the Brave*, p. 10.

110 En real cédula expedida por Fernando el Católico, citada en Vicente Sierra, El Sentido Misional…, p. 48.

podemos colegir de la carta enviada por Fernando a Diego Colón el 3 de mayo de 1509, donde dice: *"por cuantos Nos, con mucho cuidado deseamos la conversión de los indios a Nuestra Santa Fee Catholica, como arriba digo, y si de allá fueran personas sospechosas en la Fe, podrían impedir algo a la dicha conversión, no consintáis ni deis lugar a que allá pueblen ni vayan moros, ni herejes, ni judíos, ni reconciliados, ni personas nuevamente convertidas"*[111]. Recordemos que en aquellos tiempos, muy particularmente, eran los judíos y moros en su mayoría furibundos enemigos de la fe católica y de España; convirtiéndose falsamente al cristianismo -no pocas veces- con el fin único de destruir por *dentro* a la Iglesia y a España, actuando como quinta columna de las potencias enemigas protestantes, mahometanas, etc. (como hicieran ya en el año 720, favoreciendo la invasión árabe a la Península), según han reconocido suficientemente, incluso los autores judíos. Vale aclarar que gran parte de los herejes mencionados y denunciados eran clérigos y sacerdotes cristianos (aun *cristianos viejos*), sin mácula de sangre judía o mora, lo que prueba que ningún atisbo racista –como muchos pretenden- hubo en tales ordenanzas[112].

- Las potencias imperialistas europeas no españolas – particularmente ingleses, holandeses, belgas, franceses y, a veces, portugueses- contaban, al momento de su incursión al continente, con un nutrido y escalofriante prontuario de matanzas y torturas en el resto del mundo; particularmente en sus colonias e incursiones asiáticas y africanas -que continuaron incluso hasta tiempos recientes-.

---

[111] Íbidem

[112] El asunto lo he desarrollado bastante en el libro *La Inquisición, un tribunal de misericordia*, editado en Buenos Aires por Vórtice en el año 2010.

No sorprende, por tanto, el trato de éstos hacia los indígenas americanos. Las masacres posteriores de ingleses a malayos y chinos fueron escalofriantes; hecho que el mismo LeRoy Beaulie reconoce, diciendo que (estos) "no fueron hechos aislados y excepcionales"[113]. Lo mismo podemos decir de su incursión en la Australia continental y en Tasmania, exterminando prácticamente a toda la población indígena (en la denominada *Guerra negra*). En cuanto a los belgas, refiriéndose a la colonización del Congo, señala un historiador inglés, Harold Spencer, que *15 millones de seres humanos están allí sometidos a un régimen que implica la esclavitud en el presente y probablemente la exterminación en el porvenir de un número de vidas que asciende, según cálculos moderados, a 100.000 por año, efectuado mediante mutilaciones, asesinatos y matanzas dirigidas por autoridades que se dicen cristianos*[114]. El profesor Jan Vansina, de la Universidad de Wisconsin, antropólogo y etnógrafo que ha estudiado con detenimiento la población de la zona, afirmó que entre 1880 y 1920 la población del Congo se redujo "por lo menos a la mitad"[115]. Por cierto, tampoco estuvieron exentos de crueldades los franceses y portugueses; eliminando los primeros gran parte de la población indígena de Canadá y explotando a los nativos de sus colonias en Asia y África. Los portugueses, por su parte, se encargaron de competir con estos en crueldad en Asia, África y aun en América, siendo bien conocido

---

[113] Citado por Vicente Sierra, El Sentido Misional…, p. 379.

[114] Harold Spencer, The Great Congo Iniquity, The Contemporary Review, Londres, 1906.

[115] Jan Vansina, prólogo a Vangroenweghe, Daniel, *Du Sang sur les lianes*. Bruselas, Didier Hatier. Citado en Hochschild, p. 345. Jim Zwick considera que una cifra de 10.000.000 de víctimas mortales durante el dominio de Leopoldo puede acercarse bastante a la realidad.

y documentado el exterminio y feroz persecución de los indígenas guaraníes de las reducciones jesuíticas[116]. Cuenta Cunninghame Graham: "Mientras los jesuitas organizaban sus reducciones en las provincias del Guairá y sobre los ríos Paraná y Uruguay, un nido de halcones miraba hacia los neófitos de las mismas y los consideraba pichones que se engrosaban para ser devorados por ellos. Allá en Sao Paulo de Piratinga en el Brasil, a unas 800 millas de distancia, venia a la vida una comunidad extraña. Poblada primitivamente por aventureros y criminales portugueses y holandeses (...)" [117]. Estos criminales, luego de tomar por asalto la reducción del Padre Anchieta en Brasil y exterminar a sus habitantes, utilizaron el lugar como base logística; desde donde partían al Paraguay para sus campañas de destrucción.

- El inglés, el holandés y el francés, muy particularmente, estaban imbuidos de la doctrina eminentemente individualista y utilitarista propuesta por el renacimiento italiano; movimiento que no llegó a afianzarse en España (o, al menos, con sus mismas características). El español, contrariamente, es un continuador del ideal medieval, religioso y tradicionalista; consciente de las consecuencias del pecado y atento a la voz de la consciencia. La autocrítica ha sido uno de los rasgos mas salientes y destacables de los españoles –del primero al último- como podemos colegir claramente del hecho que el mismo Carlos V organizara y apadrinara las famosas disputas, controversias, sobre el asunto de Indias, a fuer de cerciorarse de estar actuando cristianamente; de estar aplicando las políticas correctas para América, y corregir aquellas que urgían ser modificadas en beneficio de los indígenas.

---

[116] El hecho fue mencionado por primera vez por el misionero alemán Sepp; particularmente en su obra Continuación de las labores apostólicas (Buenos Aires, Eudeba, 1973), en las páginas 39 a 50.

[117] Ídem, p. 40.

- Su religión, tal vez, es lo que mejor explica su comportamiento en el *Nuevo Mundo*. Los protestantes, sabemos, cualquiera su rama, creen suficiente la *fe* para lograr la salvación, subestimando o anulando completamente el valor de las *obras*. Dicho sencillamente, poco o nada importa la coherencia entre el comportamiento público y privado; poco o nada importa seguir los preceptos evangélicos y ayudar el prójimo y/o desposeído o la rectificación de ciertas actitudes. El hecho de creer y tener *fe* les asegura un lugar en la inmortalidad junto a Dios. Por otro lado, y no menos sugestivo, conviene mencionar que la riqueza material es vista entre los protestantes como una señal positiva –casi determinante- de Dios hacia ellos (doctrina de la predestinación).

Si bien en forma breve e incompleta, consideramos pertinente la mención de este lado oculto de la historia y sus actores principales; que son, curiosamente, los más enérgicos impugnadores de la obra española en el continente americano.

Capítulo IV

REGÍMENES TOTALITARIOS INDÍGENAS

(...) El mundo precolombino, desde el punto de vista político, ofrece un panorama de generalizado y cerrado autoritarismo, donde fenómenos emparentados con la representación popular brillan por su ausencia; y mucho más si de rebelión popular se trata. Son esquemas obturados, sin posibilidad de apertura o forcejeo hacia la apertura, pues los hombres involucrados en ellos no tienen la menor idea de prerrogativas frente al imperio del que conduce.[118]

Héctor Petrocelli

(El aborigen) era, en general, un mundo pobremente tecnificado, abrumado por el fatalismo cosmogónico de sus creencias[119]

Morales Padrón

---

[118] Héctor B. Petrocelli, *Encuentro de dos mundos. Lo que a veces no se dice de la Conquista de América*, Rosario, Didascalia, 1992, cap. III. Consultar su versión digital en: http://argentinahistorica.com.ar/intro_libros.php?tema=6&doc=101

[119] Francisco Morales Padrón, cit. en Hector Petrocelli, ob. Cit., cap. III.

La antropofagia americana, negada por hipercríticos de otros tiempos, es la característica más sobresaliente de la mayor parte de las culturas indígenas del Nuevo Mundo[120].

Enrique de Gandia

Con fines didácticos nos hemos impuesto a este propósito dividir a los pueblos indígenas en dos categorías mayores. Trataremos primeramente a las culturas mejor organizadas y a los pueblos e indígenas sujetos a estos regímenes despóticos. Luego, pasaremos breve revista sobre algunos pueblos que se mantuvieron ajenos a ellos –principalmente por cuestiones geográficas-, siendo en su mayoría pueblos nómades y/o recolectores. No obstante haberse cometido grandes abusos de poder, excesos y prácticas bestiales en todo el continente, es de creer que la mayor organización y centralización que tuvo el primer grupo favoreció la opresión masiva del pueblo llano y la generalización de sus peores vicios.

Hemos dicho ya, pero no hace daño repetirlo, que no pretendemos aquí realizar un estudio exhaustivo de los pueblos precolombinos que habitaron el continente antes de la llegada de los españoles, ni tampoco ahondar en cada uno de los rasgos y peripecias de las culturas que hemos elegido abordar. Es intención nuestra que se pueda, a lo menos, observar sus rasgos totalitarios y características genéricas, remitiendo para su estudio pormenorizado a distintas fuentes de interés que encontrará el lector en las notas ubicadas a pié de página y en la bibliografía asentada al final del ensayo.

[120] Historia Crítica de los Mitos y Leyendas de la Conquista Americana, Centro Difusor del Libro, Buenos Aires, 1946, p. 48.

1) El Crimen Organizado: régimen oligárquico y despótico inca, azteca y maya

> *Se decapitaban mujeres mientras danzaban, se ahogaban niños, se quemaban seres humanos anestesiados previamente o se los asaeteaba; en oportunidades se les quitaba a los sacrificados el pellejo que vestían luego los sacerdotes*[121].

> *Las religiones aborígenes reducen al indio a cumplir un destino prefijado, dependiendo del capricho y voluntad de dioses y hechiceros o jerarcas de turno. No existe valor de la vida humana, ni libre albedrío ni noción de igualdad, como entre los cristianos. La protesta es un derecho que enseñaron los misioneros y lo aplicaron varias veces*[122].

Introducción

- Previo a comenzar propiamente esta introducción, conviene a nuestro propósito ir familiarizándonos con algunos términos y conceptos a los que aludiremos con frecuencia a lo largo y ancho del presente ensayo. Tomaremos las definiciones que al respecto arrojan la reputada Enciclopedia Espasa Calpe y el Diccionario de la Real Academia Española:

Totalitarismo: Ideología o régimen que concentra la dirección de cualquier aspecto de la vida civil y política en el estado.

Déspota: Persona que abusa de su poder o autoridad sin ninguna consideración hacia los demás.

Absolutismo: El término absolutismo hace referencia al poder ejercido de forma autoritaria y sin límites.

---

[121] Morales Padrón, Francisco, Manual de Historia Universal, t. V, Historia General de América, Madrid, Espasa-Calpe,1962, p. 62

[122] Luis Alberto Sánchez, Breve Historia de América, Buenos Aires, Losada, 1978, p. 28

Imperialismo: Doctrina o sistema político y económico que pretende el dominio político, económico o militar de un estado sobre otro u otros[123].

Fatalismo: Concepción que afirma la estrecha dependencia de lo que acaece y de las acciones humanas respecto a una causa absoluta y necesaria, identificada a menudo con la divinidad. La RAE, algo más precisa en este punto, nos dice: (en su primera acepción): "Creencia según la cual todo sucede por ineludible predeterminación o destino y (en su segunda acepción) actitud resignada de la persona que no ve posibilidad de cambiar el curso de los acontecimientos adversos".

Sojuzgar: Someter, dominar o mandar con violencia.

Superstición: Forma de creencia o práctica contraria a la razón y ajena a la religiones organizadas. El DRAE nos dice, en su segunda acepción, que es *la fe desmedida o valoración excesiva respecto de algo.*

Pesimismo: Disposición o propensión a ver y a esperar las cosas en su aspecto más desfavorable.

Resignar: (Según el DRAE, en su tercera acepción) Someterse, entregarse a la voluntad de alguien y (en su cuarta acepción) "conformarse con las adversidades".

- Resulta indudablemente llamativo el hecho de que a pesar de la sustancial evidencia existente en torno a esta cuestión, existan aun grupos y/o personas que insistan en aludir a estos imperios, particularmente al incaico, como suerte de estados subsidiarios o paraísos terrenales –y hasta democráticos-, donde todos los hombres vivían felices, sin preocupaciones, tomados de la mano, con el estomago lleno y un libro bajo el brazo. No es eso lo que muestra, ciertamente, la realidad de los hechos.

---

[123] http://espasa.planetasaber.com/default.asp

Menester es hablar claro y a este respecto corresponde señalar dos o tres cosas. Bajo estos absolutismos teocráticos jamás existió la libertad de consciencia ni expresión ni la pluralidad de partidos políticos ni elecciones libres ni el derecho a protesta. A decir verdad, no existió ningún tipo de libertad. No existían nociones tales como igualdad o fraternidad. Cualquier desobediencia o disidencia de pensamiento era considerada una grave ofensa y castigada sistemáticamente con la muerte, precedida muchas veces de tortura. El pueblo raso, la clase trabajadora, *proletaria*, que comprendía la mayor parte de la población, no tenía más derecho que tomar alguna ración de alimento diario de lo que cultivaba para su sustento y recibir alguna vestimenta rudimentaria para el trabajo.

Y no es que los jerarcas y las clases dirigentes imperiales consideraran en forma particular la salud del pueblo y el bienestar físico del individuo obedeciendo a motivos morales o humanitarios, sino, más bien, a otros de índole plenamente utilitaria; pues sabían –es una obviedad- que no asegurar su subsistencia iba en contra de los propios intereses imperiales, como procurar estar abastecido de una numerosa fuerza trabajadora capaz de realizar las distintas y pesadas labores materiales necesarias al Estado expansionista. Lógicamente, ni el rey y sus familiares y allegados, ni los nobles y las otras clases privilegiadas, iban a *arremangarse* y hacer el trabajo forzado y agobiante de las minas, de los caminos, de las calzadas o de las construcciones. ¿Cómo se cree acaso que construyeron los incas Machu Pichu y los aztecas la Pirámide del Sol y sus múltiples palacios? ¿Fueron acaso Moctezuma, Tezozómoc o Atahualpa? No. Fueron construidas y edificadas por mano de obra esclava, proveniente del pueblo llano y de las guerras. ¿Trabajo remunerado? ¿Plusvalía? ¿Aguinaldo? ¿Sindicatos? ¿Vacaciones? ¿Feriados? ¿Beneficios? ¿Horas extras? Nada de ello existió jamás en estos imperios sedicentemente socialistas –en su acepción estricta y/o distribucionistas; al menos para la desgraciada masa del pueblo.

Los sectores privilegiados, cual capitalismos de izquierda y derecha, antiguos o vernáculos, vivían en la abundancia; casi siempre en detrimento del pueblo y ostentando desembozadamente su condición superior frente a éstos. En cuanto a su alimentación, su dieta era variada; consistente en exquisitos manjares y alimentos de gran contenido energético, mientras, del otro lado, la población sencilla, basaba su alimentación en el maíz y otros vegetales de insuficiente contenido proteico y vitamínico. Esto repercutía, naturalmente, en su estado de salud, dejándolos débiles, dóciles, predispuestos a múltiples enfermedades. Además, a diferencia de los nobles que iban calzados, estos iban siempre descalzos (al menos bajo los aztecas). Hernán Cortés, al entrar en la capital mexica invitado por Moctezuma II, se impresionó grandemente al presenciar los inmensos banquetes que cada día se servían en el palacio principal al rey, la corte y sus invitados. Los nobles, a su vez, todos los días, recibían pescado fresco recién traído de la costa.

Otro "beneficio" de pertenecer a las altas clases era que les estaba permitida la práctica poligámica (muy estimada entre los indígenas). ¡Algunos tenían un harem con 100 mujeres![124] Era tal el estado general de miseria, que muchas veces los plebeyos se veían obligados a dar a sus hijas como concubinas (prostitutas) a los nobles y/o a venderse ellos mismos como esclavos. Estos casos fueron muy frecuentes en casi todos los pueblos indígenas. Además de un deliberado clasismo, detectamos en estos pueblos un racismo institucionalizado, que, entre otras cosas, prohibía terminantemente la cruza entre nobles y plebeyos a fin de mantener puro e impoluto el linaje -generalmente asociado al *status* social-; o entre un pueblo y otro, como el caso de los tepanecas, quienes consideraban a los mexicas una raza inferior. Lamentablemente, han sido tantos y tan variados los excesos y vicios de estos regímenes, que no terminaríamos nunca de enumerarlos.

La deficiente alimentación de las masas bajo los regímenes indígenas no es un factor menor sino de vital importancia para

[124] Henri Lehmann, Las culturas precolombinas, Buenos Aires, Eudeba, 1986, p. 114

comprender a estas sociedades y su destino fatal. Este hecho, raramente es mencionado, y cuando lo es, se lo subestima o bien se evita analizar las razones a que verdaderamente respondía. Se ha descubierto, a través de estudios realizados y confirmados por boca de los mismos indígenas, la existencia de diversos métodos empleados para controlar la voluntad de la población. Como se utilizó frecuentemente a la religión -con sus dioses severos, amenazadores y sanguinarios- para someter a las masas, también está probado el empleo de complejos y rebuscados sistemas dirigidos a estupidizar y docilizar al individuo, verbigracia, la deformación intencionada de cráneos o mismo algunas prácticas de trepanación frecuentemente realizadas. Por tanto, no debería sorprender que pueblos que fueron capaces de llegar a tales extremos utilizaran la alimentación con fines semejantes: se les da lo justo para sobrevivir, pero no demasiado para que puedan relajarse, sentarse, pensar y dedicar tiempo al ocio y a la contemplación de la realidad. Reservaremos, no obstante, el tratamiento de estas cuestiones a capítulos posteriores.

Por su parte, el francés Pierre Chaunu señala la incapacidad para trabajar conjuntamente que mostraron la mayor parte de las tribus indígenas, sumado al fatalismo de su religión:

> *Ninguna cohesión entre pueblos, ninguna cohesión social interna-la propiedad individual no apegó al hombre al suelo-, una civilización que, como en el caso azteca, no cree en sí misma y que opone al optimismo cristiano el pesimismo fundamental de su mitología cruel (...)*[125]

A continuación nos centraremos en los rasgos totalitarios generales de tres de los pueblos precolombinos más importantes del continente, dejando de lado deliberadamente –salvo por alguna mención al pasar- para su posterior tratamiento, otras cuestiones

---

[125] Pierre Chaunu, Historia de América Latina, Buenos Aires, Eudeba, 1964, p. 9

esenciales y específicas de su cultura, como la frecuente práctica del canibalismo, pederastia, sacrificios masivos de hombres, mujeres y niños, mutilaciones corporales, trato dispensado a la mujer, etc. -por mencionar sólo algunas-.

a) Aztecas

Introducción

El de los aztecas es un caso particularmente interesante. No ciertamente por sus supuestos aportes a la humanidad y elevado desarrollo cultural, sino por la sobrevaloración de la que ha sido objeto. Todavía un estudio superfluo del período permite colegir claramente esta nuestra aseveración

Una considerable parte de la historiografía –generalmente "dirigida"- se ha encargado de sobredimensionar grotescamente sus capacidades, incluso en detrimento de otras culturas más determinantes que habitaron la región y el continente.

La visión idílica comúnmente aceptada de esta sociedad, suele ser, ante todo, intencionada, y no reflejo de un estudio imparcial y sereno de los hechos. Así entonces, se nos presenta la América azteca como una suerte de paraíso semejante al propuesto desde aquella ciudad utópica de Tomás Moro; interrumpida súbitamente por el *vil* yugo de la civilización occidental.

Qué han tenido elementos rescatables no lo negamos, como tampoco negamos la existencia de ciertos conocimiento útiles y avanzados considerando el período y la región. Pero, por otro lado, conviene saber distinguir entre un mérito propiamente logrado, y un reconocimiento surgido en comparación a otros; es decir, de entre la comparación de lo malo con lo menos malo no puede surgir algo bueno. Si los pueblos periféricos torturaban a un cautivo 24hs al día y los aztecas 22 no significa que, de hecho, hubieran sido por ello menos crueles o sanguinarios. Recordemos a los brutales persas y los bárbaros germánicos del siglo V que conquistaron grandes pueblos e imperios y tuvieron algún grado de organización y conocimiento, como lo tuvo en el siglo XX el comunismo –de otra forma no hubieran podido persistir en el tiempo ni haber logrado tal desproporcionada expansión-, pero nadie en su sano juicio ha ido tan lejos aun de aventurarse a reivindicar a estas culturas como modelos de sociedades. La gran interrogante aquí es la siguiente: ¿por qué se insiste entonces en reivindicar a un pueblo sobre cuya conflictiva historia pesa el acometimiento del holocausto más grande que conoce la humanidad hasta la fecha? (80.000 personas ejecutadas en sólo cuatro días y millones en algo más de un siglo).

En cuanto a sus tan vitoreados logros en el terreno de la ciencia y/u otras disciplinas conviene aclarar una o dos cosas. Ocasionalmente tratamos aquí con logros propios, ya que casi todos sus conocimientos y técnicas las habían recibido en herencia o bien copiado de pueblos anteriores a ellos como los teotihuacanos o mayas, aunque muy especialmente de los toltecas; y a su vez, todos estos de los Olmecas. La escritura (no fonética), el papel y el calendario utilizado por éstos (con alguna variación) provinieron en realidad de toltecas y mayas. Las más acabadas obras arquitectónicas son de origen Olmeca, maya, teotihuacano y tolteca (dependiendo el juicio y preferencia del autor), al igual que gran parte de su organización social-política, costumbres y tradiciones. A decir verdad, más allá del ingenioso sistema de *chinampas* o "jardines flotantes", empleado y creado (¿?)[126] por estos, su agricultura fue más bien deficiente –como prueban las grandes hambrunas, migraciones y necesidad de nuevas conquistas-. Entrando ahora en el ámbito religioso, hay que decir asimismo que -exceptuando a Huitzilopochtli- ni sus dioses principales fueron

[126] Parece que, según varios autores de fuste, este sistema atribuído a los aztecas había sido empleado por culturas anteriores a estos.

propios; como Quetzalcoatl ("la serpiente emplumada"), venerado desde la antigüedad por varias otras culturas; particularmente en Tula y Cholula. Por lo general, el panteón de divinidades aztecas, no eran más que dioses "prestados" a quienes a veces les imprimían alguna impronta propia o incluso tergiverzaban completamente. En definitiva, en lo esencial, fueron los mexicas una copia mediocre y alterada de culturas anteriores. Dice Soustelle que cuando estos bárbaros arribaron al Valle de México, copiaron las costumbres de tribus sedentarias como los toltecas: " (estos) *Adoptaron su estructura política-social, los dioses y las artes de sus predecesores: la ciudad-estado con su consejo y dinastía, las dignidades y las órdenes caballerescas, los cultos campesinos, el calendario y los sistemas de escritura, la poligamia, el juego de pelota*"[127].

Pero no es por esto tan criticable, sino por sus intenciones. La peculiaridad *mexica* no reside ciertamente en la fusión y absorción de los mejores elementos de estas sociedades; lo sorprendente aquí es lo opuesto: *la increíble capacidad evidenciada en potenciar considerablemente sus peores vicios –incluso llegando a institucionalizarlos-, verbigracia, las guerras ininterrumpidas, los sacrificios humanos, la antropofagia, el esclavismo, los beneficios de los estratos superiores a costas del pueblo, etc.* El resultado de tal política queda a la vista de todos: *no lograron sobrevivir más de doscientos años.*

Sólo un historiador absorto en lo superfluo podrá sorprenderse por la gradual degeneración que fue experimentando el Estado Azteca a través del tiempo hasta la llegada de Hernán Cortés. Prestemos especial atención a la acción fundacional del naciente Imperio.

Por hacer el cuento corto, corría el año 1325 cuando el rey de la poderosa tribu vecina de Culhuacán, Cóxcoc, admirado del

---

[127] Jacques Soustelle, *Barbarie y Civilización*, en Miguel León-Portilla, *De Teotihuacán a los Aztecas. Antología de fuentes e interpretaciones históricas*, México, Universidad Nacional Autónoma de México, 1977, p. 231

valor de los aztecas, había aceptado el pedido de éstos de casar a su hija con un noble mexica. Unas horas antes de los festejos y de la celebración formal del compromiso, cinco nobles aztecas llevaron a la novia a un antiguo templo de ceremonias diciéndole que allí lo esperaba su futuro esposo. Al comprobar a su llegada que el lugar estaba vacío, y conforme la adolescente comenzó a sospechar algo raro, los cinco nobles la tomaron de las piernas y brazos, la colocaron en una piedra, y con afilados cuchillos de obsidiana le abrieron el pecho y le extrajeron el corazón -todavía palpitante-, siendo finalmente la joven víctima desollada. Cuando llegó el rey, a lo que debería haber sido la celebración de la boda nupcial de su primogénita, encontró, en cambio, a uno de los nobles vistiendo la piel de su hija, *todavía brillante* –supuestamente en honor al dios de la fertilidad-. El monarca, estupefacto, horrorizado, sin poder creer lo que sus ojos estaban viendo, ordenó inmediatamente la feroz persecución y exterminio de aquellos mal vivientes. Éstos huyeron sin perder tiempo, vagando por semanas, escondiéndose atemorizados. Después de mucho peregrinar y huir llegaron finalmente al lugar del que harían su hogar; un islote en el lago Texcoco[128]: Technotitlán. Este hecho espeluznante y homicida marcó el principio de su naciente imperio[129].

Breve Historia

A fuer de ofrecer un cuadro general –no exhaustivo- de la geografía mexicana y los pueblos que la habitaron históricamente, comencemos diciendo que el inmenso territorio mexicano se

---

[128] En el lago Texcoco vieron una señal del dios: un águila, en un nopal, devorando a una serpiente; y fundaron allí la ciudad de Tenochtitlán, que significa donde está el nopal silvestre.

[129] El episodio fue narrado por varios cronistas indígenas y recordado por historiadores varios. Entre ellos, consultar George C. Vaillant, *La Civilización Azteca*, México, Fondo de Cultura Económica, 1955, pp. 79-92

divide básicamente en dos grandes regiones: la montaña y la llanura. Encontramos allí los mas diversos climas y características geográficas; volcanes, densos valles, zonas desérticas y desiertos, mesetas, algunos lagos y ríos, fuertes vientos y, dependiendo la época y la región, fuertes heladas, calores agobiantes, intensas lluvias, etc.

En la costa este, sobre el Golfo de México, se ubicaron los totonacas, huestecas, tabascos y Olmecas. Al oeste, sobre el Pacífico, los tarascos, mixtecas (cuya capital era Cholula) y zapotecas (siendo Monte Alba su capital histórica). Entre ambos extremos, casi en el corazón de México, a orillas del lago Texcoco, poblaron los toltecas, otomíes, texcocanos, mexicas, teotihuacanos, tepanecas, etc[130].

Los mexicas o tenochcas, generalmente conocidos por el nombre de aztecas, fueron una tribu de nómadas proveniente del norte del continente (no se sabe exactamente de donde[131]) que logró su

---

130 Muchos autores agrupan y consideran a varios de los pueblos mencionados como toltecas (200 a.C a 1200 d.C.), sea por haber sido creados a instancias de inmigraciones de éstos, por haber estado emparentados en algún momento o mismo por haber recibido una influencia decisiva de éstos, como el caso de los aztecas. Por otro lado, algunos consideran a Teotihuacan (200 a.C.-900 d.C.) y Tula (900-1116) como un mismo lugar, una misma cultura (algunos creen que ambas ciudades fueron construidas por los toltecas, pero recientes estudios giran en sentido contrario). Como estos casos existen varios. No obstante, no es objeto de nuestro trabajo entrar en estas disputas, disquisiciones, ni establecer minuciosas distinciones entre unos y otros, pues, a fin de cuentas, sin desconocer algunas diferencias que existieron entre los pueblos que habitaron el Valle de México, podemos afirmar que tuvieron una cultura común; particularmente los nahuas (al menos en sus generalidades).

131 Según la leyenda, éstos dicen provenir de un mítico país llamado *Aztlán*. Hasta la fecha no se ha podido establecer con certeza la locación de este lugar. Hay quienes sostienen que este lugar es puramente mitologico, que no existe ni jamás ha existido. No hay seguridad de los lugares en que se detuvieron los aztecas antes de llegar al Valle de México.

asentamiento definitivo en 1325[132], en Tenochtitlan, que se convertirá en capital de este vasto imperio. Previo a su arribo y asentamiento definitivo, durante el transcurso de su peregrinación, se detuvieron en varios lugares de la región, como Tula (donde estuvieron por casi 9 años), Zumpango (aquí permanecieron por espacio de 7 años) y Chapultepec, de donde fueron expulsados por raptar, violar y robar mujeres. Durante el período *peregrinatorio* pasaron por muy amargos y ásperos momentos, exilios y expulsiones, debidos, en general, a su comportamiento criminal (no olvidemos que, cuando comienzan a emigrar al sur[133], las mejores tierras estaban ya ocupadas, por lo que fueron haciéndose un lugar a la fuerza). En el año 1314 habían sido esclavizados por el rey de Colhuacan -después de ser vencidos en guerra por sus ejércitos-[134], pero tiempo después lograron liberarse de la esclavitud como recompensa de los servicios que prestaron a éste en las guerras con sus vecinos, los xochimilcos -donde vencieron en forma contundente y comenzaron su fama de sanguinarios y perversos guerreros-. Su capital definitiva la establecerán, como

---

[132] Algunos autores como Paul Kirchoff sostienen que la capital azteca fue fundada en el año 1370 y no en 1325 como usualmente se creyó. Consultar al respecto el ensayo de Walter Krickeberg, *Las antiguas culturas mexicanas*, México, Fondo de Cultura Económica, 1961, pp. 41-46

[133] Según Von Hagen, estos comienzan la migración hacia el año 1200 d.C. Víctor Wolfgang von Hagen, *The Ancient Sun Kingdoms of the Americas*, Great Britain, Paladin, 1973, p. 19. León-Portilla establece en mediados del siglo XIII la entrada de los aztecas al Valle de México. Citado por Miguel León-Portilla, *Antología, Fuentes e Interpretaciones Históricas*, Lecturas Universitarias 11, México, Universidad Nacional Autónoma de México, 1977, p. 23

[134] Los motivos precisos que desencadenaron el enfrentamiento varían de acuerdo al autor. Algunos dicen que éstos se negaron a pagar tributo, como correspondía, al rey tepaneca. Francisco Clavijero da ésta como una posible opción, entre otras. No todos los aztecas quedaron sometidos a Calhuacan; algunos huyeron a regiones pantanosas, cerca del lago texcoco, a los que luego se unirán los primeros luego al ser expulsados de Calhuacan.

recién mencionáramos, en Tenochtitlan, cuya población al momento de la llegada de los españoles se calcula en alrededor de 150.000 habitantes[135]. Será a partir de Huitzilihuitl (1391-1415), segundo monarca mexica, que los aztecas comienzan su período monárquico, casándose éste con la hija de Tezozomoc, soberano tepaneca[136].

Si bien constituyó en su apogeo una de los pueblos mas influyentes de Mesoamérica, no llegó a adquirir el grado de desarrollo cultural que lograron los mayas, teotihuacanos y toltecas[137], ni la importancia de los Olmecas[138] (XVI-II a.C.); considerada la cultura madre de todos los pueblos mesoamericanos del período precolombino -influyendo notablemente, de manera decisiva, particularmente en los pueblos

---

135 Hay quienes dicen que no superaban los 100.000, y otros que superaban los 300.000.

136 A cambio, los aztecas ayudaron a éste en sus interminables campañas militares, principalmente contra Texcoco.

137 Los toltecas, de quienes los aztecas se creían sucesores, comenzaron su peregrinación desde el norte este México alrededor del 596, llegando en el siglo VII a la región de la que harían su hogar, que llamaron Tula, según indica Francisco Clavijero. Su período monárquico comienza en el siglo VII finalizando cuatro siglos después, en 1031, cuando, por razones que no se conocen bien, sus ciudades fueron destruidas y abandonadas. En este tiempo tuvieron ocho monarcas, siendo Topilzin el último de estos. Una ley curiosa que guardaban, era que ningún rey podía gobernar ni más ni menos que 52 años. Parece que no fueron un pueblo muy guerrero. Se destacaron por sus conocimientos astronómicos, y se les atribuye la construcción de la piramide de Cholula en honor a su dios preferido Quetzalcoatl y, según algunos, la de Teotihuacan, en honor al sol y la luna. Un siglo después de abandonada Tula, llegan las primeras migraciones de chichimecas, indígenas bárbaros y nómades provenientes del norte, que Clavijero considera un pueblo mezclado entre la *civilización y barbarie* (*Historia Antigua de México*, México, Editorial Porrua, 1991, p. 55)

138 Según varios autores, entre ellos Von Hagen, los olmecas fueron la cultura de importancia más antigua de la historia precolombina. Data su orígen en el 800 a.C. hasta el 600 d.C. aprox. Ob. Cit., p. 24.

teotihuacanos y mayas-. En general, los aztecas se consideraban a sí mismos los únicos legítimos sucesores de los toltecas en la región.

El imperio, en su período de máximo esplendor, llegó a tener una extensión considerable, incluyendo entre sus dominios las regiones del actual México, Veracruz, Puebla, Oaxaca, Guerrero, la costa de Chiapas, Hidalgo, y parte de Guatemala. A la llegada de los españoles, el imperio azteca reunía 38 señoríos y su emperador Moctezuma recibía tributo de 371 pueblos.

El historiador Francisco Clavijero, haciendo una semblanza del carácter de los mexicanos, no obstante reconocerles algunas virtudes, dice de ellos que *eran muy supersticiosos y excesivamente crueles*[139]

Rasgos salientes del Imperio azteca

Expansionismo: Al igual que los incas, tenían los aztecas la costumbre de imponer su idioma[140] (el nahuatl), religión y varias de sus tradiciones a los vencidos. Podemos datar como primer proceso expansivo aquel del año 1328 cuando, junto a los texcocos y los tlacopanecas, se rebelan del yugo de los tepanecas (que dominaban el Valle de México), de quienes eran tributarios. En menos de 100 días vencen los aztecas, arrancándole el corazón al jefe de los vencidos. Varias décadas después, a comienzos del siglo XV, se establece formalmente la alianza entre Texcoco, Tlacopan y Technotitlan (aztecas), quedando ésta última como

---

[139] Historia antigua de México y de su conquista: sacada de las mejores historiadores españoles... / por Francisco J. Clavijero; traducida del italiano por J. Joaquín de Mora, México, Imp. de Lara, 1844, p. 49. Colección digital UANL. Disponible completa en: http://cdigital.dgb.uanl.mx/la/1080023605/1080023605.html

[140] El nahuatl rambién lo hablaban varios otros pueblos anteriores a ellos como los toltecas y los chichimecas.

cabeza de la Confederación[141]. Y es a partir de aquí que comienza la época del desmesurado expansionismo de los mexicas-aztecas, sometiendo, casi siempre por las armas y por el temor, a las tribus de toda la región. Los pueblos que se negaban a ser sus tributarios eran exterminados completa y despiadadamente; mujeres, niños, ancianos… todos. Parece que solo Tlaxcala pudo conservar cierta autonomía política bajo los aztecas[142].

En realidad, los aztecas no habían hecho más que emular la ferocidad y bestialismo de sus antiguos amos, los tepanecas -muy especialmente de sus últimos monarcas, Tezozómoc y Maxtla; legendarios por su criminalidad-. La voz de estos horrores y el particular sadismo empleado por los aztecas corrió por toda Mesoamérica. Todos sabían de la determinación del nuevo imperio y sabían por experiencia que no hesitarían un segundo en continuar sus campañas de exterminio, violaciones y torturas, sin distinción de género, edad, sexo o condición social. Ciertamente no tardaron demasiado en hacerse un nombre. Aquí encontramos la explicación más atendible acerca de su veloz ascenso a la cúspide. Yerran los historiadores que, admirados del precoz éxito y crecimiento de este pueblo, buscan –y creen encontrar- los motivos en su organización,

---

141 Por lo general, casi todos los historiadores coinciden en mencionar a los aztecas como cabeza de la Confederación, seguido en importancia por Texcoco y, en una posición considerablemente menor, Tlascala. De los frutos de las conquistas que lograba la Confederación, al parecer, un quinto se destintaba a Tlascala, y el resto se dividía en porciones más o menos iguales entre Texcoco y los mexicas, aunque muchos aseveran que la mayor parte iba para los aztecas. La Confederación actuaba conjuntamente en guerras de conquista y también defensivas.

142 Según Portilla, Tlaxcala fue el único pueblo que se mostró siempre contrario y agresivo a los aztecas. Menciona también el caso de los tarascos, que si bien pudieron conservar cierto grado de independencia bajo los aztecas, siempre se mantuvieron sumisos y temerosos del poder mexica. Citado por Miguel León-Portilla, *Antología, Fuentes e Interpretaciones Históricas*, Lecturas Universitarias 11, México, Universidad Nacional Autónoma de México, 1977, p. 23

leyes y conocimientos. Según se colige de los hechos, el motivo de su crecimiento desmesurado debe endilgarse al terror que supieron imponer en la región mediante sus acciones criminales. Si no hubiera sido por las armas, seguramente los aztecas hubieran quedado aislados del resto del continente o hubieran sido exterminados por otros pueblos, rivales o no, hartos de su altanería y bestialidad. Todos los cronistas indígenas e historiadores coinciden en señalar el unánime desprecio que los pueblos sintieron hacia los aztecas. Desde el momento mismo que los primitivos y nómades mexicas comienzan su traslado de América del Norte al Valle de México, mantuvieron indemnes sus características conocidas: un orgullo indómito, desmedida vanidad, carácter despiadado y un sadismo pocas veces visto antes en la historia precolombina. Esto hizo de ellos una potencia temible.

Los pueblos aztecas raramente conocieron la paz, dada su naturaleza y política guerrera, expansionista y sojuzgadora de pueblos. Todo motivo era válido para hacer la guerra. La simple negativa a comerciar por parte de un pueblo era justificación suficiente para una guerra, promoviendo a la vez guerras preventivas o punitivas contra poblaciones consideradas potencialmente peligrosas. El conflicto bélico concluía generalmente con la esclavitud de sus habitantes.

Dice al respecto aquel gran Franciscano, Fray Toribio, que llamaban Motolinía:

> *"(...) todos andaban siempre envueltos en guerra unos contra otros, antes que los españoles viniesen. Y era costumbre general en todos los pueblos y provincias, que al fin de los términos de cada parte dejaban un gran pedazo yermo y hecho campo, sin labrarlo, para las guerras. Y si por caso alguna vez se sembraba, que era muy raras veces, los que lo sembraban nunca lo gozaban, porque los contrarios sus enemigos se lo talaban y destruían"*[143].

---

[143] Toribio Motolinia, *Historia de los Indios de Nueva España*, Madrid: Atlas, 1970, cap. III,18, 450

Tras un exitoso combate, comenta Jesús Arango Cano, desde su *Mitología en América Precolombina*, llegaban a sacrificar decenas de miles de prisioneros.[144]

Al igual que los incas, sus leyes eran severísimas y su afán expansionista ilimitado. En cuanto a crueldad y salvajismo, se caracterizaron particularmente por las ejecuciones masivas de seres humanos, por la antropofagia y por la rigidez de sus leyes y la bestialidad con que celebraban ciertas fiestas y honraban ciertos dioses. Varias de aquellas fiestas incluían la quema de seres humanos, como se encarga de afirmar Bernardino de Sahagún:

> *"(...) en las fiestas y solemnidades en que se quemaba vivos a los indios cautivos (...) Luego descendían los que los habían de echar en el fuego y empolvorizávanlos con encienso las caras, arrojándoselo a puñados, el cual traían molido en unas talegas; luego los tomavan y atávanlos las manos atrás y también los atavan los pies; luego los echavan sobre los hombros a cuestas y subíanlos arriba a lo alto del cu, donde estava un gran fuego y gran montón de brasa y llegados arriba luego davan con ellos en el fuego.*
>
> *Al tiempo que los arrojavan, alçavase un gran polvo de ceniza y cada uno donde caía allí se hazía un gran hoyo en el fuego, porque todo era brasa y rescoldo, y allí en el fuego començava a dar boelcos y hazer bascas el triste del captivo; començava a rechinar el cuerpo como cuando asan algún animal y levantávanse vexigas por todas partes del cuerpo*"[145].

---

[144] Jesús Arango Cano, *Mitología en América Precolombina*, Colombia, Plaza Janes, 2005, p. 31. Este ensayo resulta de gran utilidad para estudiar con bastante detenimiento las características de los distintos dioses aztecas y del resto de los pueblos importantes del continente.

[145] Fray Bernardino de Shagún, *Historia General de las Cosas de Nueva España*, Madrid, Dastin, 2001, Tomo I, p. 19

Por lo general, la masa del ejército azteca se reclutaba en los *calpullis*, organizado en unidades de 20 hombres agrupados luego en unidades mayores de hasta 400 combatientes. Sus cargos jerárquicos eran ocupados por nobles y parientes del rey. Contaron con eficaces tropas de elite, denominadas Jaguares y Tigres, conformadas por los más aguerridos combatientes. El armamento mexica consistía usualmente en escudos esféricos de madera, macanas con extremos punzantes, arcos, flechas y lanzas.

En cada nueva ciudad conquistada se establecían guarniciones militares, a fin de cerciorarse que éstas pagasen los tributos correspondientes y para impedir, a la vez, cualquier tentativa de rebelión contra los nuevos amos. Quien se negaba a abonar el tributo correspondiente, por ley, era ejecutado o vendido como esclavo para los sacrificios humanos.

El tributo era la base del imperialismo azteca; como lo fue también de los incas y otros importantes pueblos indígenas. Los tributos exigidos a los pueblos conquistados, particularmente bajo los aztecas, eran tan elevados que muchas veces se tornaban impagables y en poco tiempo el imperio dominante limpiaba a éstos literalmente de riquezas, sin dejarles nada. Algunos pueblos, relativamente pacíficos, accedían a cambio de no ser exterminados. Dice Diego Duran:

> "*(...) tributaban las provincias todas de la tierra, pueblos, villas y lugares, después de ser vencidos y sujetados por guerra y compellidos por ella, por causa de que los valerosos mexicanos tuviesen por bien bajar sus espadas y rodelas*"[146].

En los hechos, los aztecas mantuvieron su imperio a costas de sudor y el trabajo de terceros, mediante una economía de

[146] Diego Durán, *Historia de las Indias de Nueva España y islas de Tierra Firme* en Cervantes Virtual, tomo I y II. Consultado el 7 de noviembre de 2009. *(Este no es el manuscrito original, sino una transliteración que hizo José F. Ramírez, para darlo a la imprenta, publicado en 1867.*

rapiña típicamente imperialista. Los países/ciudades conquistadas no tuvieron para ellos otro valor que el de meras factorías; suministradoras de todo cuantos éstos consumían y necesitaran –y bastante más aun, su avaricia no conoció límites-. En definitiva, los mexicas se ocuparon exclusivamente en hacer la guerra, obteniendo de éstos –paradójicamente- los recursos para continuarla indefinidamente y seguir oprimiéndolos. Vemos patente aquí la diferencia radical entre el modelo mexica de imperio –del que no estuvieron exento los incas y en alguna medida los mayas- y el seguido por romanos y, posteriormente, católicos, que procuraban la asimilación de los nuevos pueblos a una misma sociedad, siendo considerados como iguales en derechos y obligaciones.

Sobre la economía de Tenochtitlán se han escrito varios tratados, y no existen prácticamente divergencias en torno al asunto y las cifras arrojadas. Uno particularmente interesante es aquel minucioso trabajo de Molins Fábregas[147] quien, apoyado en los datos proporcionados por el Códice mendocino, da cuenta precisa de la calidad y cantidad de insumos que los sometidos debían entregar forzadamente a los aztecas a fin de evitar el exterminio de su población. Por año, recibían los aztecas 6.993.000 litros de maíz (cerca de siete mil toneladas), 4.995.000 litros de frijol (cuatro mil toneladas), 5.000.000 litros de chían, y 4.245.750 litros de huauhtli, 21.453kg. de cacao, 36.806kg. de ají seco, 1500 cantarillos de miel de abejas, 2512 cántaros de miel de maguey, 2.000.000 mantas de Alagón, 296.000 mantas de henequén, 101.217kg de algodón natural, cientos de miles de armas y rodelas, leña, vigas, ámbar, bezotes, piedras, grandes cantidades de oro... y así podríamos seguir indefinidamente.

---

147 N. Molins Fábrega, *El Códice mendocino y la economía de Tenochtitlán*, Revista Mexicana de Estudios Antropológicos, vol. XIV, 1ra. Parte, México, 1954-1955, pp. 302-322.

Régimen político y religión: Su régimen político fue teocrático, regido por un rey-emperador, el *tlatoani*, considerado un dios[148]. Éste era asistido por sacerdotes que tenían a su cargo importantes funciones dentro del régimen, como la preparación de las ceremonias religiosas (léase: sacrificios humanos), los denominados *juegos rituales* y la justicia. Según las crónicas, existían distintas jerarquías de sacerdotes, describiendo su aspecto como *espantoso e impresionante*; de pelos trenzados y untados con sangre, que llegaban a la cintura. Según distintos autores, había cerca 5.000 sacerdotes solo para el Templo Mayor y no menos que un millón en todo el imperio.

Cuando fallecía el emperador heredaba el trono uno de sus hijos, que era elegido por cuatro electores provenientes del Gran Consejo, que legislaba y administraba el imperio[149]. De la familia

---

148 Prescott califica al gobierno azteca como una monarquia electiva, entendiendo que el lider no era absoluto y todopoderoso como el emperador inca -que se proclamaba así mismo dueño de todo el mundo, las cosas y personas-. Se equivoca ciertamente aquí el afamado historiador protestante; posiblemente por no haber contado al momento de la confección de su obra (mediados del siglo XIX) con la cantidad de información que se ha ido descubriendo posteriormente. Pero de aquí a afirmar o dar a entender que estos eran *democráticos*, como dice el notorio antihispanista Leon Portilla, es inconcebible; un absurdo total. Según von Haven, el azteca no fue propiamente un imperio, como si admite fue el inca. No obstante, en su obra señala claramente que Moctezuma, por ejemplo, era a la vez sumo sacerdote, jefe de armada y cabeza de estado (y sabemos que los **pueblos a él sometidos, lógicamente, le respondían)**

149 Los cuatro electores de este Consejo provenían, al parecer, de 4 de los 20 clanes existentes en la capital del imperio. Según Torquemada: "fue costumbre de estos mexicanos en las elecciones que hacían, que fuesen reinando sucesivamente los hermanos unos después de otros, y acabando de reinar el último, entraba en su lugar el hijo del hermano mayor que primero había reinado, que era sobrino de los otros reyes, que a su padre había sucedido". En Texcoco y Tlacopan la sucesión iba de padres a hijos, siendo heredero no el primogénito sino el mayor legítimo (no bastardo). Torquemada, lib. II, cap. XVIII, en León-Portilla, ob. Cit., p. 301

real emergían el emperador, los máximos jefes civiles, militares, religiosos y las clases dirigentes del imperio.

El rey era todopoderoso: designaba los cargos estatales y militares, dirigía las campañas de guerra, supervisaba la fiscalidad y la actividad comercial, administraba justicia en última instancia y presidía los ritos religiosos.

Si bien el rey tenía la última palabra en todo y podía gobernar a arbitrio, colaboraba con él en distintas funciones del gobierno un régimen de castas; a saber: la nobleza, formada por miembros de la familia real, los sacerdotes (que ya hemos mencionado), los jefes militares y los jefes de los clanes. Ni en el gobierno ni en la organización social y política participaba el pueblo, que era el último eslabón de la sociedad junto a los esclavos. Más allá de alguna fachada populachera, el poder era regido por las clases altas y medias altas. Era aquella una sociedad dividida básicamente en dos grupos: las clases privilegiadas (sacerdotes, nobles, jueces, funcionarios estatales, señores, jefes de clanes o *calpulli*) y el pueblo llano.

Existían tres formas de propiedad entre aztecas. La comunal de los *calpulli*, la individual de los nobles y altos funcionarios, y las públicas, cuyos beneficios eran destinados al sostenimiento de los templos y otros menesteres del Estado[150].

Las tres eran trabajadas por el pueblo, pero solo de los *calpulli* –que habitaban- podían tomar lo necesario para su subsistencia. La propiedad, en general, salvando los casos mencionados, era comunitaria, y los clanes, el pueblo, no podían ser dueños de ninguna tierra. Las parcelas donde vivían eran a fin de cuenta "prestadas" y podían ser enajenadas en cualquier momento por el Estado si

[150] Consultar al respecto el muy buen trabajo de Manuel M. Moreno, *La organización política y social de los aztecas*, 1ra. Edición, Instituto de Antropología e Historia, México, 1931, pp. 48-59.

este consideraba que no producían lo suficiente o si se descubría que alguien no trabajaba, pasando en este caso el individuo a ser reducido al estado de esclavitud. La organización social/política/administrativa de la capital, se dividía entre los 20 clanes que la conformaban, los cuales gozaban de cierta autonomía, ubicados en distintos barrios o *calpullis*:

> *"En cada calpulli había un jefe por cada veinte familias y otro de mayor rango por cada cien, quienes debían vigilar en lo moral y policíaco a los miembros del barrio. El conjunto de calpullis formaba un tlatocayotl y en la cúspide de la pirámide político-jurídica se encontraba la figura del tlatoani, gobernante vitalicio con poder político, judicial, militar y religioso"*[151].

Situación Social: Es difícil, como iremos constatando a lo largo del ensayo, poder referirnos aquí a una misma sociedad, puesto que en los hechos convergieron dos mundos completamente distintos: uno lleno de prebendas y otro lleno de sufrimiento, famélico, sin derechos y con un sin fin de obligaciones. Por dar algunos ejemplos concretos de esta realidad, hay que señalar que los nobles tenían tierras propias, suntuosas casas (generalmente de dos pisos), esclavos para que les trabajasen los campos, estaban exentos de cargas impositivas y de los trabajos manuales; podían practicar la poligamia, portar joyas, enviar a sus hijos a las mejores escuelas (el pueblo no tenía acceso a la alta educación), no podían ser juzgados por tribunales ordinarios y así otros tantos beneficios. ¿El pueblo? Poco; muy poco a decir verdad. La única verdadera diferencia entre el ciudadano *raso* del imperio azteca

---

[151] Alba, Carlos H., *Estudio comparado entre el derecho azteca y el derecho positivo mexicano*, Instituto Indigenista Interamericano, México, 1943, p. 14. El indio nacia en un clan o calpulli (era un grupo de familias agrupadas que tenian tierras comunales). Originalmente eran 7, según von Haven.

con un esclavo era que este último era utilizado exclusivamente para los sacrificios religiosos. La condición de las masas era tan miserable que terminaban por venderse como esclavos a los *pillis* (nobles, burócratas). Naturalmente, esta injusta situación trajo consigo la generación de cierto resentimiento entre clases, pues los *macehuales* (gente del pueblo, obreros, campesinos, artesanos) producían y tributaban mientras los *pillis* vivían del tributo, dedicándose al ocio y a algunas tareas administrativas. Unos sudaban, sangraban y morían, mientras otros dormían, correteaban y cobraban por ello. 20.000 personas murieron en sólo dos años a causa de los trabajos forzados que demandó la construcción de la pirámide de Huitzilopochtli[152].

Cuenta Diego Durán que en los distintos pueblos mesoamericanos, especialmente entre los mayas:

> *Comer maíz y frijol todo junto era un manjar, para los indios es costoso y no a todos le alcanza para poder hacerlo, y más si tienen hambre; sacar un puño de frijol para comer es sacarle un puño de pestañas. Y así, si comían frijol no comían maíz*[153]

Naturalmente, su indignación y descontento no podía ser expresado públicamente, pues eso implicaba ir contra el sistema sobre el que se erigía el imperio y podía considerarse un acto de sedición, castigado con la muerte. Si esto no es el fiel reflejo de una despótica oligarquía, entonces deberíamos preguntarnos: ¿qué lo es?

Como si fueran pocas las hasta ahora injusticias y degradaciones enumeradas hacia el pueblo, nos encontramos con que tampoco le

---

[152] Dato mencionado, entre otros, por Von Hagen, *The Aztecman and tribe*, New York, The New York American Library, 1962, p. 164

[153] Citado por María J. Rodríguez Shadow, *La Mujer Azteca*, Universidad Autónoma del Estado de México, México, 2000 (4ta. Edición), p. 92

estaba permitido usar ropas de algodón y mantos largos; "debían vestir con lienzos tejidos de hilo de lechuguilla y otras fibras ásperas". No se les permitía engalanarse con pedrería, aunque pudieran comprarla. También tenían prohibido colocar almenas en los muros de sus viviendas. Generalmente iban descalzos ya que su situación no les permitía costear el uso de sandalias (estaban hechas de piel de animal. Los nobles usaban corrientemente unas confeccionadas en oro). Cuando se desencadenaban guerras, algo harto frecuente, eran forzados a combatir; generalmente enviados como *carne de cañón* a las primeras líneas de la refriega.

El grupo más numeroso del pueblo lo constituían los *mayeques* (o masehuales[154]), que describe Zurita como *"labradores que están en tierras ajenas, porque las otras dos formas de tributarios todos poseen tierras en particular o en común en su barrio, como queda declarado; y estos no las tienen sino ajenas; porque a los principios, cuando repartieron la tierra los que la ganaron, como se ha dicho, no les cupo parte... No se podían ir estos mayeques de unas tierras a otras, ni se vio que se fuesen o dejasen las que labraban, ni que tal intentasen, porque no había quien osase ir contra lo que les era obligado; y en estas tierras sucedían los hijos o herederos del Señor de ellas; y pasaban a ellos con los mayeques que las habitaban"*. Vemos entonces que en la práctica pueblo y esclavo fueron básicamente sinónimos. "Cuando el Señor muere y deja hijos -sigue Zurita- está en su mano repartir tierras patrimoniales y dejar a cada uno de ellos los *mayeques* y tierras que les pareciere, porque no son de mayorazgo, y lo mismo los demás que tenían tierras y *mayeques*"[155]. La historiadora mexicana

[154] Macehualli, en náhuatl significa "el que hace merecimientos o penitencia".

[155] De Teotihuacán a los Aztecas: anthología de fuentes e interpretaciones... Miguel Léon-Portilla, p. 322. Disponible también en versión digitalizada en books.google.com.ar

Rodríguez Shadow distingue entre la masa del pueblo llano seis clases de explotados: *calpulleque, teccalleque, mayeque, tlacohtin, tlacohtin con collera, mamaltin.* Encontramos su descripción bastante precisa:

> ***Calpulleque**: Eran los campesinos que cultivaban su parcela y pagaban tributo directamente al estado con las obras comunales.*
>
> ***Teccalleque**: Este sector social estaba formado por los miembros del barrio que trabajaban una parcela familiar y que entregaban tributo a un administrador nombrado por el gobierno.*
>
> *Los **Mayeque**: Eran los campesinos sin tierra a quienes se les cedía el derecho de cultivar en la tierra de los nobles.*
>
> *Los **tlacohtin**: En este estrato estaban agrupados todos aquellos que por deudas, embriaguez, comisión de delitos, por venderse ellos mismos o por terceros debían entregar al estado o a particulares su fuerza de trabajo a cambio de su comida.*
>
> *Los **tlacohtin** de collera: Este sector constituía una variante del anterior, estaba compuesto por los individuos que habían faltado al cumplimiento de sus funciones de esclavo y que, por ello, podían ser conducidos al mercado donde solían venderse como "carne" de sacrificios.*
>
> *Los **mamaltin**: Esta era la condición de todas aquellas personas que eran capturadas en la guerra, podían explotarse como fuerza de trabajo o podían ser llevados a la piedra de los sacrificios*[156]

---

[156] María J. Rodríguez Shadow, *La Mujer Azteca*, Universidad Autónoma del Estado de México, México, 2000 (4ta. Edición), p. 92. La autora parece haber transcripto esta descripción del estudio de López Austin publicado en 1984, al que aludiremos luego.

El ascenso social era prácticamente imposible e impensado, como reconoce entre otros el insospechado etnógrafo Soustelle[157] y, en realidad, por su condición original, tampoco significaba a éstos grandes beneficios. En teoría, cualquier hombre que hubiera hecho acción de gran mérito -particularmente en la guerra- podía escalar en la pirámide social. Uno pensaría que, por ejemplo, un acto heroico en batalla -como el arrojo solitario frente a multitud de enemigos o salvar la vida de uno o más compañeros, de igual o mayor rango- traía consigo gran reconocimiento y recompensa. Pero no; este reconocimiento del rey –que solo raramente concedía- era más bien simbólico y no acarreaba al hombre llano ningún beneficio ni cambio sustancial a su vida, más que un permiso para utilizar prendas de algodón y beber pulque públicamente, permitiéndoseles también comer y bailar entre los principales; pero, como bien apunta un historiador, "seguían siendo *macehuales*". Sus derechos, por así decirlo, eran, en teoría, poder intervenir en la designación del cacique -que generalmente se olvidaba de ellos al momento de ser electo, tal como sucede en los regímenes partidocráticos vernáculos- y asistir a las ceremonias religiosas. Cuando morían, los *macehuales* solo podían ser cremados, mientras los estratos sociales altos eran sepultados[158].

Por tanto, no es de extrañar que ante este cuadro, aquellos pobres desgraciados se volcaran de lleno al suicido y la bebida, convirtiéndose la embriaguez en un rasgo distintivo, casi patológico, de los estratos bajos.

---

[157] Citado en Ignacio Berna, *La vida cotidiana de los aztecas* (artículo) p. 10 de la versión digital: http://es.pdfsb.com/readonline/5a31684366516c3658335236446e746d56413d3d

[158] Von Hagen, ob. Cit., p. 65

Leyes, delitos, castigos: Cada ciudad principal tenía un juez supremo nombrado por el rey que, según Prescott, tenía jurisdicción para iniciar y concluir las causas civiles y criminales[159]; de cuya sentencia no podía apelarse a ningún otro tribunal ni al monarca. En los procesos no se utilizaban abogados, considerándose a los testigos como prueba principal y elemento esencial del proceso -además del juramento del acusado-[160]. Las leyes aztecas se promulgaban y recopilaban en pinturas jeroglíficas. Los nobles y el resto de las clases dirigentes y/o privilegiadas eran juzgadas en privado, mientras los plebeyos eran juzgados, sentenciados y flagelados públicamente.

Parece que a diferencia de lo incas, la codificación punitiva azteca no establecía el castigo específico para cada delito[161], dejándose la decisión a criterio del juez de turno, que además de la pena de muerte podía ordenar la tortura o mutilación del acusado, como así también su destierro y la confiscación de sus bienes. Resulta de interés una observación que al respecto hace un estudioso del *derecho azteca*:

> *En el procedimiento penal, los delitos se perseguían de manera oficiosa, de tal forma, que cuando la falta era más*

---

[159] Guillermo Prescott, *Historia de la Conquista de Méjico*, Buenos Aires, Ediciones Imán, 1944, pp. 31-32. Comenta el historiador que las leyes de los aztecas y texcocos eran muy similares, con la única diferencia sustancial que en este último, según Zurita, la serie de los tribunales terminaba en una asamblea general o parlamento, "compuesto de todos los jueces superiores e inferiores del reino, celebrado cada ochenta días en la capital, y presidido por el rey en persona" (Citado por Prescott en p. 31).

[160] No obstante, autores como Alfredo C. Rampa mencionan la existencia de un funcionario azteca, el *tepantlaco*, que actuaba en defensa del acusado. *Historia*, Cuarto Curso, Buenos Aires, AZ Editora, 1993, p. 13

[161] El profesor Alfredo Rampa afirma que existían distintos tribunales con funciones bien delimitadas de acuerdo con la clasificación de los delitos. No obstante, es un tema éste que convendría estudiar con más detalle. *Historia*, Cuarto Curso, Buenos Aires, AZ Editora, 1993, p. 13.

grave el proceso se tornaba más sumario; sistema criticado por los modernos penalistas, quienes aseguran que la defensa del inculpado se veía afectada por la brevedad del proceso.

(...)Reinaba la pena de muerte, utilizada de muy diversas maneras y para diversos delitos, para aplicarla se empleaba la hoguera, horca, ahogamiento, apedreamiento, azotamiento, golpes de palos, degollamiento, empalamiento o desgarramiento del cuerpo, además podía haber aditivos infamantes, incluso contra los familiares hasta el cuarto grado, haciéndose extensiva una amonestación verbal a los parientes del delincuente. Aunado a lo anterior, no había distinción entre autores y cómplices, todos recibían la misma sanción[162].

Como bien apunta el historiador y filósofo argentino Alberto Caturelli, la desigualdad social entre los aztecas es patente incluso en las leyes imperiales, donde el castigo del adulterio era penado con la muerte para los plebeyos y permitido a los estratos privilegiados[163].

Casi todos los delitos eran considerados atentatorios contra la sociedad y eran castigados indefectiblemente con la muerte. No obstante, no juzgamos aquí como injustas todas sus leyes, pues existían indudablemente algunas justas y útiles, como por ejemplo aquellas que tendían o intentaron proteger la institución del matrimonio –siendo, aparentemente, difícil obtener el permiso para el divorcio[164]-

---

[162] Daniel Jacobo Marín, *Derecho Azteca: Causas Civiles y Criminales en los Tribunales del Valle de México*, UNAM, cap. III: Pena de Muerte. Disponible para su consulta en: http://tesis.uson.mx/digital/tesis/docs/19590/Capitulo3.pdf

[163] Alberto Caturelli, El Nuevo Mundo, Buenos Aires, Editorial Santiago Apóstol, 2004, p. 161

[164] Contrariamente, Von Hagen afirma que los permisos para obtener el divorcio fueron más usuales que lo que se cree, siendo la esterilidad el principal motivo que generaba los divorcios. El repudio del marido –al

y la procuración de regular cierto orden. Lo que aquí condenamos es la severidad que traía aparejado el castigo de casi todo delito y la finalidad por la que muchas veces se utilizaba: ensanchar las filas de víctimas para sacrificios humanos. La desproporción entre el delito y el castigo era alarmante, siendo un claro ejemplo de ello la ley que ordenaba la pena máxima para quien robara siete mazorcas o vistiera brazalete de oro (sin ser noble) y/o cometiera otras infracciones menores como las mentadas. A los niños desobedientes de 11 años, comenta von Hagen, los padres los castigaban clavando y pinchando su cuerpo con espinas hasta que sangrara o mismo haciéndolos inhalar humo. A los doce años, el castigo estribaba en desnudarlos y dejarlos en la tierra boca abajo un tiempo largo con sus manos atadas por la espalda[165]. El mismo etnólogo, que vivió y visitó en numerosas ocasiones aquellas regiones para sus investigaciones, señala -citando en su apoyo al Códice Florentino- que no pocas infracciones menores eran castigadas con cruentísima saña, torturando al individuo, clavándole espinas en todo el cuerpo hasta que la sangre brotara a raudales[166].

Por cierto que los niños y los menores de edad no escapaban al rigor de los mexicas:

> *(...) los pinchazos en el cuerpo con púas de maguey, hacerlos aspirar el humo de chiles asados, atarlos durante todo el día a un árbol en la montaña e incluso reducirlos a esclavos*[167]

---

igual que entre los mayas- era también causa suficiente de divorcio según varios otros autores.

[165] Von Hagen, ob. Cit., p. 42. En la página siguiente de la obra, el autor reproduce los códices indígenas que evidencian la frecuencia de esta práctica.

[166] Ob. Cit., p. 65.

[167] Códice Mendocino en Antigüedades de México, p. 18. Citado de Daniel Jacobo Marín, ob. Cit.

Casi todos los transgresores de la ley eran castigados con la muerte u otras severísimas penas. El adulterio se penaba con la muerte, aunque en ocasiones se dejaba que el castigo lo aplicara el mismo marido, quien arrancaba a mordiscos la nariz a su esposa y al amante. Otros pueblos imponían castigos aun más severos, como el caso de los purépechas que, en caso de que los adúlteros hubieran asesinado al marido, el varón era quemado vivo mientras le arrojaban agua y sal hasta su muerte. Aunque entre los aztecas, si el adultero o transgresor pertenecía a las clases principales, solo raramente se le aplicaba la ley común y ordinaria; se conmutaba el delito por una pena menor o se lo condonaba[168]. Ciertamente que "pertenecer", entre estos indígenas, tenía sus innegables privilegios.

Varios autores coinciden en que entre los aztecas existían cuatro formas de ejecuciones muy comunes. Al adúltero hombre se los expulsaba de la ciudad y se lo daba a perros y auras para que lo devoraran vivo; a la mujer se la estrangulaba. A los *fornicarios* (cualquiera su especie) se lo apaleaba y luego se lo quemaba, siendo sus cenizas luego arrojadas al viento. Las mujeres adúlteras, nos dice el historiador José Tudela de la Orden, *eran descuartizadas, estranguladas, quemadas, o dejadas vivas a la voluntad vengativa del marido.*[169] A los sacrílegos se los arrastraba con una soga en el pescuezo y se los ahogaba en lagunas. La blasfemia o mismo poner en duda la eficacia de la oración, era castigada con muerte[170]. Finalmente, a los delincuentes más graves o prisioneros de guerra

[168] Algunos estudiosos del período dicen que, según las leyes aztecas, cuando el infractor pertenecía a las clases de privilegio, su castigo debía ser mayor que el estipulado para la población general. Aunque no hemos podido corroborar esta aserción en la práctica, sino lo contrario.

[169] José Tudela de la Orden, *La pena de adulterio en los pueblos precortesianos*, 1971. Citado por Rodríguez Shadow, ob. cit., p. 39. Prescott relata detalladamente cada uno de los delitos penados con la muerte, en ob. Cit., pp. 34-35.

[170] Von Hagen, ob. Cit., pp. 64-65

se los sacrificaba abriéndoles el pecho y sacándoles el corazón, pero también podía ser ejecutado de las siguientes formas: degollado, quemado, aspado, desollado, empalados, despeñados, asaetados, entre otras. También existía pena de muerte para los delitos de asesinato, traición, aborto provocado, incesto, violación, robo con fractura[171]. Una acción fraudulenta, como alterar en un mercado las pesas y medidas establecidas con anterioridad, era también castigada con la muerte del ejecutor del delito. Incluso la embriaguez era considerada un grave delito, merecedora casi siempre del castigo de muerte, salvo para los ancianos, guerreros y nobles. Parece que las leyes aztecas permitieron a veces el consumo de alcohol dentro de las casas, pero no se consentía la embriaguez pública, por ser considerada una de las principales causas de escándalo y desorden, que muchas veces llevaba a rencillas y asesinatos. Por este motivo, el consumo de pulque fue escrupulosamente controlado; los "borrachos escandalosos" eran trasquilados en la plaza pública[172]. A los que se embriagaban habitualmente les era derribada la casa, los privaban de los oficios públicos que tuviesen y se les inhabilitaba para tenerlos en adelante. Según el *Códice Mendocino*, había pena de muerte para el mancebo del Calmecac, el sacerdote y la mujer moza que se emborrachaban[173]. Según Francisco Clavijero, la embriaguez en los jóvenes era castigada con pena capital: el varón era molido a palos en la cárcel y la joven apedreada hasta morir.[174] Al que decía

---

[171] Clavijero, Francisco Javier, op. cit., p. 82. Clavijero, Francisco Javier, Historia Antigua de México, tomo II, Editorial Porrúa, México, 1945, p. 32.

[172] Margadant S., Guillermo Floris, Introducción a la Historia del Derecho Mexicano, Esfinge, México, 1971, pp. 37 y 108

[173] *Códice Mendocino en Antigüedades de México, Secretaría de Hacienda y Crédito Público, estudio e interpretación* de José Corona Núñez, México, 1965, p. 14.

[174] Francisco Clavijero, ob. cit., p. 212. En Alcohuacan, a la persona que se encontraba embriagada se la amonestaba la primera vez, y la segunda era ejecutada.

mentira importante que perjudicara gravemente la fama o vida de otro, se le cortaba parte del labio y las orejas. No obstante, las leyes vigentes de Alcohuacan eran iguales o más severas que las de los mexicanos. Por ejemplo, a los ladrones del campo se los castigaba con la muerte y al sodomita pasivo se le arrancaba las entrañas. También los pródigos eran castigados con el último suplicio. Según von Hagen, para los aztecas no existía ningún delito tan grave y aberrante como la hechicería, que se castigaba con especial dureza: al castigo de muerte le precedían interminables torturas[175]. El escándalo público fue severamente sancionado por casi todos los pueblos nahuas. Cuenta Fray Motolinia que mientras recorría uno de los admirados mercados de Texcoco, una mujer fue condenada a muerte por las autoridades del lugar por dar escándalo público. Al parecer la rencilla había surgido entre dos mujeres por algún desacuerdo respecto al precio o calidad de un producto, llegando a la agresión física cuando una propinó un golpe a la otra, quedando todos los presentes sorprendidos[176].

No obstante, conviene señalar que varias de estas leyes y castigos aplicados por los aztecas, venían de larga data en la región. Los propinados por los tepanecas a los infractores eran severísimos, especialmente cuando estuvieron regidos por tiranos como Tezozómoc y Maxtla. Incluso, como cuenta el notable historiador indígena Fernando de Alva Cortés Ixtlilxóchitl, el respetado y justo soberano de Texcoco y emperador de los chichimecas, Netzahualcóyotl, fue responsable de la promulgación y confirmación de una serie de leyes no menos severas, entre las que encontramos las siguientes: el castigo de extraer las entrañas al encontrado culpable del delito de sodomía –homosexualidad-. Al traidor *se lo hacía pedazos por*

---

[175] Ob. Cit., pp. 65-65. Curioso por demás, en este sentido, resulta que sean principalmente los autores indigenistas quienes acusen a España y a la Iglesia por su supuesto maltrato hacia las denominadas "brujas".

[176] Caso citado en Francisco Javier Clavijero, Historia Antigua de México, Editorial Porrúa, 1945, vol. II, pp. 280-290

sus coyunturas y su casa saqueada quedando sus hijos y los de su casa como esclavos hasta 4ta generación. A los que usaban divisas o mantas de los reyes lo mataban a porrazos en la cabeza; en México le cortaban una pierna. Los adúlteros eran lapidados por el marido, y lo mismo sucedía a las amantes de los hombres casados. Los adúlteros que mataban al adulterado eran quemados vivos lentamente mientras le echaban sal y agua para que sufriera mas hasta q moría; si era mujer, moría ahorcada. Los encontrados borrachos, si eran plebeyos, le trasquilaban la cabeza y su casa era saqueada y tirada abajo[177]. Al soldado que desobedecía se lo degollaba, al igual que al que birlara un cautivo a otro[178]. Incluso dispuso que se castigase con la muerte a los historiadores que pintaran hechos falsos[179]. Otro importante historiador indígena, Bautista Pomar, desde su Relación de Texcoco, confirmando lo anterior, brinda algo más de detalle en cuanto a los castigos aplicados a los culpables del delito de traición:

> *"(...) porque el que era hallado o tomado por principal en este delito lo despedazaban vivo, cortaban por sus coyunturas con unos pedernales agudos, y tiraban con los miembros pedazos que cortaban, a la gente que a la mira se hallaban, procurando por esta vía eternizar en la memoria de los hombres tan espantable castigo, para que no se atreviesen jamás a intentar semejante cosa; y a los demás*

---

177 Bautista Pomar, desde su Relación de Texcoco (México, Editorial Libros de México, 1975) dice que todos los jóvenes que se encontraban borrachos eran ejecutados.

178 Fernando de Alva Cortés Ixtlilxóchitl, Historia de la nación Chichimeca, cap. XXXVIII. Disponible completa en forma digital en: http://www.biblioteca-antologica.org/wp-content/uploads/2009/09/ALVA-IXTLILXOCHITL-Historia-de-la-naci%C3%B3n-chimicheca.pdf. La última edición que conocemos de la obra corresponde al año 2000, editada en Madrid por Editorial Dastin.

179 Lo menciona Francisco Clavijero, en ob. cit. p. 213. Menciona Clavijero en su obra, entre las páginas 208 y 214, las distintas penas que merecía cada delito en los distintos pueblos mesoamericanos.

que hallaban culpados en ello eran ahorcados, y los bienes muebles de los unos y de los otros eran dados a sacomano, y las casas derribadas y sembradas de salitre, y la tierras confiscadas para el rey, quedando todos sus descendientes infames... era tan abominable este delito"[180].

Al menos durante la regencia del *texcocano* Netzahualcóyotl, los castigos se aplicaban a todos por igual, sin importar parentesco, género o condición social. Y para que el mensaje quedara claro, no dudó el monarca en ejecutar él mismo la sentencia de muerte de uno de sus hijos, encontrado culpable del delito de homosexualidad. No fue el único caso. Huexatzincatzin, hijo del soberano Nezahualpitzintli, fue condenado a muerte por su padre al haber sido encontrado fornicando con la mujer legítima de éste, que era hija del rey de México. Tampoco se salvó la adúltera de la muerte, a pesar de su condición real, siendo ejecutada con todos los implicados en el delito directa o indirectamente. Los ladrones, cuenta el mismo autor, eran ahogados con lazos que les echaban a los pescuezos hasta morir. También encontramos leyes similares entre los tlaxcaltecas (que condenaban a muerte al hijo díscolo, rebelde y/o perezoso)[181] y la mayor parte de las culturas de la región.

Casi todos los soberanos mexicas se caracterizaron, como hemos dicho, por una extrema sanguinariedad en sus acciones, particularmente durante la guerra y sobre los pueblos sojuzgados. Aunque podríamos destacar entre todos estos al tirano Moctezuma II, quien no vacilaba un instante en ejecutar y torturar a una persona por los motivos más insólitos, incluso a los de su círculo más íntimo. Una conocida "anécdota" tomó lugar en vísperas de la llegada de los españoles a la capital mexicana. Moctezuma, supersticioso en exceso, se encontraba tan preocupado por los signos desfavorables que las profecías mencionaban, que raramente lograba conciliar el

[180] Ob. cit.

[181] En Francisco Clavijero, ob. cit., p. 214.

sueño, y cuando lo hacía, soñaba terribles cosas, como la destrucción de su imperio y su propia muerte. Ante este cuadro de incertidumbre y pánico, había mandado a buscar, sin perder tiempo, a los ancianos más sabios de la capital, para que le ayudasen a interpretar el verdadero valor de los signos de sus sueños y de las profecías. El caso lo cuenta con minucioso detalle Diego Durán, informado por los mismos indígenas, de cuya obra transcribimos algunos pasajes:

> *Motecuhzoma habiendo estado atento a lo que los viejos y viejas habían dicho, viendo que no era nada en su favor, sino que antes argüían a los malos pronósticos pasados, con una furia y rabia endemoniada, mandó que aquellos viejos y viejas fuesen echados en cárcel perpetua y que les diesen de comer por tasa y medida hasta que muriesen.*
>
> *(...) Los sacerdotes de los templos, que también habían sido avisados que hiciesen memoria de los sueños que soñasen, de las visiones que viesen en los montes, en los collados, en las cuevas, en los ríos o en las fuentes, viendo lo que pasaba con los viejos y viejas, habiendo soñado muchas cosas y visto y oído otras en sus oráculos y sacrificaderos, hiciéronse de concierto entre todos de no declarar cosa ninguna, temiendo no les sucediese lo que a los viejos y viejas.*
>
> *(...) El rey, viendo que no acudían a decirle cosa ninguna, los mandó llamar y con palabras blandas les empezó a decir: -"¿Es posible que no habéis soñado ninguna cosa ni visto?" Ellos le respondieron que no. Motecuhzoma les tornó a decir que les daba término de quince días para que advirtiesen en lo que soñasen y viesen y oyesen. Ellos, hablándose unos a otros, se tornaron a concertar entre sí de no le declarar cosa ninguna, que aunque más amenazas les hiciese.*
>
> *Cumplidos los quince días los mandó llamar y ellos temerosos parecieron ante él. El cual les dijo: -"¿Habéis advertido lo que os mandé?" Ellos le respondieron: -'Señor poderoso, si por quebrantar tu mandamiento merecemos muerte y ser aniquilados por tu poderosa mano, ¡cuánto*

más lo mereceríamos, si ofendiendo tus orejas, te dijésemos alguna mentira! Lo que te sabemos decir y certificar es que nosotros no hemos visto, ni oído, ni soñado cosa que toque a tu persona, ni a lo que deseas saber."

El les respondió con rostro enojado y airado: -"No es posible sino que vosotros, o no me queréis decir verdad, o menospreciáis mis mandamientos, o que no tenéis cuenta con lo que toca a vuestros oficios, que es mirar y velar en las cosas de la noche." Y, llamando a los carceleros, los mandó echar a todos atados en jaulas y que muriesen allí de hambre.

Ellos le respondieron que, pues tanto insistía en querer saber su desventura, que lo que hallaban por las estrellas del cielo y por todas las demás ciencias que sabían: Que había de venir sobre él una cosa tan prodigiosa y de tanta admiración, cual nunca había venido sobre hombre, y mostrando enojo e ira uno de los más ancianos que allí estaba preso, dijo que lo oyeron todos: -"Sepa Motecuhzoma que en una sola palabra le quiero decir lo que ha de ser de él. Que ya están puestos en camino los que nos han de vengar de las injurias y trabajos que nos ha hecho y hace. Y no le quiero decir más, sino que espere lo que presto ha de acontecer."

(...) Todo lo cual le fue contado y dicho a Motecuhzoma y, sin mostrar ninguna pesadumbre, antes rostro sereno y alegre, pretendiendo sacar de ellos todo lo que deseaba, dijo a los señores: -"Ruégoos que vayáis allá y le tornéis a preguntar qué modo de gente es la que viene, qué vía o qué camino trae y qué es lo que pretende."

Ellos fueron a cumplir su mandado y llegados a las cárceles, no hallaron hombre en ellas. Los carceleros temerosos de la ira de su rey, viendo que los presos se les habían ido, dejando las cárceles cerradas, como estaban con sus piedras y cerraduras, se fueron a postrar delante del rey y a mostrarle su inocencia y no haber sido causa de su ida, sino haber sido por sus artes y mañas.

Motecuhzoma los mandó levantar, diciendo que no se les diese nada que él los castigaría, y mandando fuesen a todos los lugares de que aquellos hechiceros eran naturales, que les derribasen las casas, les matasen a sus mujeres e hijos y les cavasen los sitios de las casas hasta que saliese al agua de ellos; que todas sus haciendas fuesen saqueadas y robadas de los muchachos y que, si ellos pareciesen o fuesen hallados en algún templo, fuesen apedreados y echados a las bestias. El cual mandato fue luego cumplido.

Echando sogas a las gargantas de sus mujeres e hijos fueron arrastrados por toda la ciudad, y sus haciendas saqueadas y robadas de los muchachos y mozos de las ciudades de donde eran vecinos, y sus casas derribadas y cavadas los sitios hasta descubrir el agua. De lo cual fue dada noticia y respuesta a Motecuhzoma. Los hechiceros nunca más fueron hallados, ni se tuvo más noticia de ellos, aunque en busca de ellos se puso toda la diligencia posible[182]

Por todo lo visto, y luego del estudio paciente y minucioso de esta cultura, concluye Caturelli:

(...) No parecen estas "leyes" (que no son tales sino inequidades como diría Santo Tomas) ni justas ni discretas, sino propias de una atroz tiranía totalitaria, expresión coherente de una visión místico-mágica del mundo[183]

---

[182] Fray Diego Durán, *Historia de las Indias de la nueva España*, cap. LXVIII, cuyo extenso título es "*De cómo Motecuhzoma mandó a todos los prepósitos de la ciudad que supiesen de los viejos y viejas todos los sueños que soñaban acerca de la venida de lo que esperaban y de otras cosas prodigiosas tocantes a él, y de los muchos que mando a matar porque le revelaron sueños contra lo que él quería*". Disponible completo en edición digitalizada en: http://www.toltecayotl.org/tolteca/index.php?option=com_content&view=article&catid=26:general&id=431:historia-de-las-indias-de-nueva-espa-fray-diego-duran

[183] Alberto Caturelli, El Nuevo Mundo, Buenos Aires, Editorial Santiago Apóstol, 2004, p. 161

Economía: Sus recursos económicos provenían del comercio (incluído el mercado de esclavos) y la agricultura, que eran sus principales fuentes productivas. Acorde a Clavijero el comercio se estableció no sólo por permuta, sino por compra y venta, y se utilizaron al parecer cinco tipos de monedas distintas: el cacao, un tipo de mantas de algodón, oro en polvo o grano, piezas de cobre en forma de T y algunas piezas de estaño[184].

Su alimentación era en general deficiente; proteica y cuantitativamente. Su dieta se basaba en el maíz, que a veces complementaban con algo de pescado, perro y carne humana (considerada un manjar). Si bien es cierto que produjeron tomates, frijoles, ají, etc., casi todo era maíz para éstos. Ninguna sociedad dependió tanto de una sola planta como los mexicanos y mayas; de Nicaragua a Arizona, casi no comían otra cosa. Las culturas de Medio Oriente, por ejemplo, ya conocían distintos cereales, como el trigo. Los egipcios hacia el año 1200 contaban con treinta tipos distintos de pan, los aztecas uno. La dieta egipcia era variada; lechuga, cebolla, ajo, lentejas, alcachofas, sandias, etc., a lo que agregaban su cuota de leche, queso, manteca, bife, que no conocían los mesoamericanos.

Más allá de alguna innovación en el terreno agrícola, como la construcción de huertas flotantes (*chinampas*) y del empleo de un sistema de riego, sus técnicas de cultivo eran bastante primitivas, pues no conocían la rueda, el arado, ni contaban con las herramientas necesarias y apropiadas para ello, ya que no conocían el trabajo del hierro ni habían alcanzado domesticar a otro animal que no fuera el perro o el pavo. El crecimiento –por momentos- desproporcional de la población en relación a los recursos existentes y la necesidad de nuevas tierras fértiles y aptas para el cultivo, motivó muchas veces las campañas expansionistas de los aztecas; lo que Von Hagen llama acertadamente la *fatal limitación de la economía neolítica.* Pasaron los aztecas grandes periodos de hambrunas y hacinamiento,

[184] Francisco Javier Clavijero, Historia Antigua de México, Editorial Porrúa, 1945, vol. II, pp. 280-290

principalmente, durante las grandes lluvias de mediados del siglo XV. En situaciones como estas o similares –que afectaba particularmente al pueblo raso- se permitía al hombre y a la mujer vender al *cónyuge y así éste se convertía en sujeto y objeto de la venta.*[185]

Se destacaron particularmente en la industria textil y en el trabajo del cobre y de objetos de cerámica y joyas. No obstante, la actividad económica principal, al igual que los mayas, pasó por el comercio de esclavos.

Cada oficio u ocupación tenía su dios propio entre los aztecas, al igual que entre los mayas. Incluso el suicida tenía el suyo propio y también los apostadores -*Macuil Xochitl*-, actividad a la que sabemos se dieron frecuentemente los mexicas.

Educación: El sistema de educación en el imperio mexica, más que deficiente fue inexistente, pues solamente los ricos podían acceder a los conocimientos y saberes. Nada de *Educación para todos y todas*; el pueblo servía y "era", únicamente, en tanto y en cuanto mano de obra no remunerada. Los aztecas no conocieron la escritura fonética se manifestaban en jeroglíficos que, como sabemos, era incapaz de expresar conceptos abstractos[186]. Los códices donde fijaban su historia eran elaborados con fibra de maguey y piel de venado, formando largas tiras que se doblaban como si fuesen biombos.

---

[185] Alba, Carlos H., *Estudio comparado entre el derecho azteca y el derecho positivo mexicano*, Instituto Indigenista Interamericano, México, 1943, p. 70.

[186] No obstante, esta es una cuestión todavía debatida. Según Portilla, las formas de escritura que llegaron a emplear los nahuas en el territorio mesoamericano fueron tres: la pictográfica o sea meramente representativa de las cosas, los grifos llamados ideográficos que representaban simbólicamente ideas y la fonética. Citado por Miguel León-Portilla, *Antología, Fuentes e Interpretaciones Históricas*, Lecturas Universitarias 11, México, Universidad Nacional Autónoma de México, 1977, p. 30

Si algo podemos destacar de los mexicas son sus conocimientos arquitectónicos[187], matemáticos, astronómicos (heredado de los mayas) y, entre el pueblo llano, su habilidad como artesanos, escultores, talladores de piedra y fundidores de cobre (no obstante, fueron los Olmecas los primeros en emplear la piedra en la arquitectura y esculturas). Según Sahagún, la zona religiosa de la capital contaba con 78 edificios y la pirámide central tenía dos templos en su parte superior. A esto cabe agregar algunos palacios y casas de tipo gubernamental. No obstante, las casas del grueso de la población, de los estratos inferiores, eran de adobe, con una puerta y sin ventanas, contrastando con las ostentosas, espaciosas y lujosas mansiones de los señores.

Llegaron a construir un acueducto que permitió llevar agua potable a la capital del imperio[188]. Como medida de tiempo, utilizaron un calendario de 18 meses y 20 días -con cinco días restantes al final del año- y la numeración vigesimal (1-19, 20, 400, 800, etc.).

Si bien la educación era obligatoria, el pueblo trabajador, era "educado" con entrenamiento militar, ya que de aquel estrato social se nutría la mayor parte del ejército. Se les enseñaba muy particularmente a odiar visceralmente al enemigo, sin misericordia ni concesiones. A las mujeres se las instruía únicamente en las labores propias de la servidumbre. Los nobles, en cambio, como

---

[187] Se destacan, principalmente, la construcción de pirámides escalonadas. Según un entendido: "El tipo de construcción más original de la arquitectura azteca fueron los templos gemelos, con doble escalinata de acceso. Los centros Tlatelolco y Tenochtitlan son los principales referentes de la arquitectura azteca. La arquitectura azteca estaba fuertemente influenciada por los toltecas de Colhuacan, los tepanecas de Atzcapotzalco, y los acolhuas de Tetzcoco". No obstante, no lograron el grado de desarrollo que tuvieron los mayas.

[188] Los moches del Perú habíanse destacado en ésta área con anterioridad a los aztecas; con sus importantes construcciones de ingeniería hidráulica —como el reservorio de San José, el acueducto de Ascope y la acequia de la Cumbre.

hemos mencionado anteriormente, asistían a exclusivas escuelas, donde eran aleccionados sobre todo tipo artes, ciencias y disciplinas. Casarse era una obligación impuesta estrictamente por el Estado. El desobedecer esta normativa implicaba al infractor la perdida de la parcela de cultivo con cual lograba su subsistencia y la reducción a la servidumbre o esclavitud. En cuanto al matrimonio regía un sistema que mediaba entre la monogamia y la poligamia: el hombre podía tener una mujer legítima, pero todas las concubinas que quisiera o pudiera solventar. El divorcio era permitido, pero debía mediar para ello previamente una resolución judicial.

Religión: En cuanto a su religión, órgano fundamental del imperio, veneraban numerosos dioses, aunque era Huitzilopochtli su dios tutelar (dios de la guerra); el más poderoso y al que consideraban como más representativo[189], pues era el *dios sol* y dios de la guerra, que era a su vez el alma del imperio. Le seguía en importancia Quetzlcoatl, *la serpiente emplumada*. Según la mitología azteca, estos dioses eran hijos de los primeros pobladores del universo: el dios Tonacatecuhtli y la diosa Tonacacíhuatl, engendrados por el dios eterno que llamaban Ometecuhtli. Estos dioses son los protagonistas de la leyenda de los cinco soles[190]. Henri Lehmann, autor de obligada consulta para estudiar el período, entiende a la religión de éstos como su principal perdición y base de poder:

---

[189] Sobre el dios Huitzlilupuchtli, ver Juan de Torquemada, *Monarquía Indiana*, (reproducción de la 2da. Edición, Madrid, 1723, 3 vols.), México, Editorial Porrúa, 1969, t. II, pp. 41-42

[190] El mito de los Cinco Soles cuenta la historia de la creación de la tierra y de los hombres, así como el papel que desempeñaron las divinidades. Los Cinco Soles corresponden a cinco períodos, en cada cual reinaba una divinidad. Pero cada vez surgía una catástrofe y los hombres desaparecían. Entonces, volvían a renacer hombres nuevos con la dominación de una nueva divinidad. Ahora, según la leyenda azteca, vivimos en el quinto sol que perecerá por un terremoto.

En ello radicó su poder: la sanguinaria tiranía de sus dioses lo estimuló de tal modo que en pocos siglos lograron imponer su régimen de terror a todo el valle de México y aun más lejos. Pero también constituyó su perdición: entre los mitos toltecas transmitidos a los aztecas, se contaba el de Quetzalciatl quien, bajo su personificación de dios civilizador blanco con barba, había desaparecido por el oeste y debía regresar por el este; surgió Cortés, era blanco y llevaba barba; fueron muchos los que lo tomaron por Quetzacoatl reaparecido para reinar sobre sus súbditos; originóse de ello tal confusión que algunas centenares de españoles bastaron para subyugar al pueblo más belicoso de América[191]

A medida que fueron conquistando otros pueblos adoptaron más dioses (aunque *menores*) y fueron mezclándolos y dándoles atributos de otros; deviniendo en una religión cada vez más sincretista[192].

---

[191] Henri Lehmann, *Las Culturas Precolombinas*, Buenos Aires, Eudeba, 1962. Dado que para este estudio hemos consultado la versión digital de la obra (que se encuentre íntegra y disponible http://www.chauche.com.ar/aruges_ar/culturas/index.html), y que el texto no se encuentra numerado en hojas, nos vemos impedidos de citar en este caso el número preciso de página. De aquí en adelante, c ada vez que citemos a este autor, lo haremos mencionado solamente el título de la obra.

[192] Téotl: Dios eterno e invisible, también llamado Tloquenahuaque e Ipalneomani. Era el creador de todas las cosas. Tenía un templo en Texcoco. No lo representaban puesto que era invisible. Ometeotl - Omecihuatl: este dios era uno con características femeninas y masculinas. Vivía en las aguas y en las nubes. Este dios dual también era llamado Tonacatecuhti - Tonacacíhuatl: señor y señora de la supervivencia. Tezcatlipoca: Era uno de los cuatro dioses creadores, era el dios del cielo nocturno. Tenía muchas versiones. Se lo relacionaba con la luna y con todos los dioses estelares que representaban muerte, maldad y destrucción. Quetzalcóatl: Era uno de los cuatro creadores; fue importantísimo en la mitología mexicana. Era el dios del viento, de la vida, de la mañana, de Venus, de los gemelos, de los monstruos. Tomó diversos nombres: Ce Ácatl, Xolotl, Ehécatl, Tlahuizcalpantecuchtli... Era el dios protector de los aztecas, les brindó la agricultura, las artes, los oficios, el calendario. Se lo representaba como un

anciano de larga barba blanca, cuerpo pintado de negro y máscara de rojo hocico puntiagudo. Su emblema era la serpiente emplumada. Xipe-Tótec: Era el dios de la fertilidad, de la primavera y del renacer de la vegetación. Huitzilopochtli: Era otro de los cuatro dioses creadores, el dios de la guerra y del sol. Se lo representaba como un hombre armado y azul, con plumas de colibrí en su cabeza. Hijo de Coatlicue, renacía cada mañana del vientre de su madre, como el sol. Se le ofrecían sacrificios humanos para que pudiera aparecer cada día. Creían que los sacrificados formaban parte del brillo del sol, y a los cuatro años renacían encarnados en colibríes. Tláloc: Dios de la lluvia y del rayo, su nombre significaba "el que hace brotar". Era una deidad buena y mala. Tenía cuatro clases de aguas en jarrones: 1) agua buena útil para la agricultura; 2) agua que hacía nacer arañas y pestes en los cereales; 3) el agua se transformaba en granizo y 4) el agua provocaba la destrucción de los frutos. Su compañera era Chalchiuhtlicue. Chalchiuhtlicue: "La de falda esmeralda o de jade" reinaba sobre los lagos y los ríos.
Chihuacóatl: la más importante diosa del grupo que personificaban algunos elementos de la planta del maíz. Centeótl: Pertenece a un grupo de dioses relacionados con algún aspecto de la planta de maíz. Es el padre del maíz. Su esposa es Xochiquétzal. Xochiquétzal: Simboliza a la madre del maíz tierno. Protegía la aparición de las flores y las fiestas musicales. Mayahuel: Diosa de la planta del maguey. Tenía cuatrocientos hijos, los Centzon Totochtin, dioses de la embriaguez. Coyolxauhqui: Su nombre significaba "campanas doradas". Era la diosa de la luna, hija de la diosa de la tierra, Coatlicue, y del dios del sol. Xolotl: Era el dios de las llamas ascendentes y descendentes. Huehuetéotl: Dios del fuego, era "el dios viejo" representado por un anciano. Se lo conectaba con los cuatro puntos cardinales. Mictlántecuhtli y Mictlancíhuatl: Eran los señores de la Muerte. Dirigían los infiernos en las profundidades de la tierra.
Xochipilli: El término significa "Príncipe flor". Era el dios dee la juventud, de la vida, del juego, la alegría y el amor. Tlaltecuhtli: El Señor de la Tierra, era representado mitad cocodrilo y mitad sapo. Xochitonal: Era el dios caimán. Los muertos se debían enfrentar a él y vencerlo para lograr presentarse ante el Señor de los muertos. Omacahtl: Era dios de la alegría, de la diversión. Mixcoatl: El dios de la caza era representado como ciervo o conejo con flechas de caza. Opochtli: Era representado como hombre negro con plumas en la cabeza, y era el dios de los pescadores y cazadores de aves. Ometochtli: Dios de la bebida y la ebriedad. Yacatecutli: Era el dios de los viajeros comerciantes, se lo representaba con el cayado de los viajeros. Tomado de Biblioteca Virtual: http://www.bibliotecasvirtuales.com/biblioteca/mitologia/mitologiaamericana/Aztecas/dioses.asp

Naturalmente, como régimen teocrático, los sacerdotes tenían gran importancia dentro del Estado[193], llegando a intervenir en varios de sus asuntos; no necesariamente ligados a la religión. A la cabeza del orden sacerdotal se hallaban dos sumos sacerdotes, cuyo rango era inferior al del monarca. Por lo general cada sacerdote estaba consagrado al servicio de alguna deidad particular y estaban sujetos a un estrictísimo régimen de disciplina. Llevaban una vida ascética y tenían por costumbre practicar la autoflagelación y distintos métodos de mortificación de la carne, como hacer brotar sangre de distintas partes de su cuerpo con púas de maguey. Un dato interesante mencionado por Prescott es la existencia de los ritos de confesión y absolución en su religión. El secreto de confesión era inviolable, y las penitencias eran usualmente oraciones o ayunos. Las personas se confesaban una vez en la vida. La explicación a esto es curiosa: dado que la repetición de una falta confesada era imperdonable y que la absolución del sacerdote se recibía en lugar del castigo legal estipulado para el delito, sucedía que muchas personas, cuando se veían en peligro de ser castigados a muerte por algún acto cometido, "pensaban liberarse del castigo produciendo certificado de su confesión".[194]

Los Incas y los aztecas pensaban que el sol se debilitaba, y solamente mediante la sangre humana podía revertirse este estado y cualquier otra catástrofe natural. Por esta adoración y preocupación

---

[193] Von Hagen señala que había una cantidad mayor a 5000 sacerdotes apostados en los distintos templos de México. Ob. Cit., p. 101. Las Casas expresa su admiración hacia la religiosidad de los sacerdotes, quienes en algunas fiestas hacían 80 días de ayuno previo a un evento religioso, y varias veces por días se sacrificaban con ofrendas de sangre de su cuerpo, rezaban y oraban. Fray Bartolomé de Las Casas, *Apologética Historia Sumaria*, edición preparada por Edmundo O´Gorman, 2. vols., México, Instituto de Investigaciones Históricas, 1967, t. II, pp. 184-186

[194] Prescott, ob. Cit., p. 53. Prescott cita como fuente a Bernardino Sahagún, ob. Cit., lib. I, cap. 12; lib. 6, cap. 7.

especial que sentían por el sol, construyeron la famosa Pirámide del Sol -templo principal de los sacrificios humanos- en honor al dios sol Huitzilopochtli, a quien ofrendaban en general los sacrificios humanos (aunque también dedicaron numerosas ofrendas en este sentido a la diosa Xochiquétzal).

No puede decirse que los excesos, torturas y ejecuciones tuvieron en ellos carácter estrictamente ritual... Generalmente fueron motivados por cuestiones políticas y de venganza, evidenciando una malicia y sadismo en su más puro estado. Veamos el caso que cuenta el indígena Muñoz Camarago:

> *Hacían otra ceremonia y superstición infernal y diabólica, y era que cuando prendían algún prisionero en la guerra, prometían los que iban a ella que al *primer* prisionero que cautivaban le habían de desollar el cuero cerrado y meterse en él tantos días en servicio de sus ídolos o del dios de las batallas, el cual rito o ceremonia llamaban* ***exquinan****; y era así que desollado, cerrado y entero el miserable cautivo, se metía dentro de él el que lo había prendido, y se andaba con aquella piel de templo en templo corriendo, y a este tiempo los muchachos y hombres andaban tras este exquinan con gran regocijo a manera de quien corre un toro, hasta que de puro cansado lo dejaban y huían de él porque no le alcanzase alguno, porque le aporreaba de tal manera, que lo dejaba casi muerto, y a veces se juntaban dos o tres de estos que regocijaban todo el pueblo. Así llamaban este rito el juego del exquinan*[195]

---

[195] Historia de Tlaxcala, *por Diego Muñoz Camargo; publicada y anotada por Alfredo Chavero, cap. XIX. Disponible versión digital en http://bib.cervantesvirtual.com/servlet/SirveObras/89147394320125030510235/p0000006.htm?marca=antropofagia#I_28_*. La última edición que conocemos de la obra es la editada en Madrid en el año 2002 por Editorial Dastin.

La mejor prueba de sus motivaciones políticas la ofrece a nuestro juicio Laurette Séjourne, haciendo notar lo siguiente: "*Tomar en serio sus explicaciones religiosas de la guerra es caer en la trampa de una grosera propaganda de Estado (...) Si los señores hubieran creído auténticamente que la única finalidad era hacer don de su vida, el sacrificio no hubiera quedado limitado a juzgar a seres inferiores –esclavos y prisioneros- sino que hubiera sido exclusivo de la élite*"[196].

Parece que tuvieron los aztecas noticia de la creación del mundo, del diluvio universal y dispersión de gentes (lógicamente, en sus propios términos y no a la forma cristiana). Según escribe Sahagún, practicaron una suerte de "bautismo" sobre los niños, cuyo ritual ordenaba realizarlo a la primera luz del día, echándo agua en la cabeza del niño[197].

Sólo hasta cierto punto podemos coincidir con Francisco Clavijero, -quien dedicara el libro IV de su magnifica *Historia* a la religión en el México precolombino- en que los mexicanos tuvieron una idea, aunque imperfecta, de un Ser Supremo, absoluto e independiente, "a quien confesaban deberle adoración, respeto y temor" (aunque, prosigue, "el culto de este Sumo Ser se obscureció entre ellos con la muchedumbre de numenes que inventó la superstición")[198]. El alma -salvo por los otomíes-, según

---

[196] Laurette Séjourne, Pensamiento y religión en el México antiguo, México, Fondo de Cultura Económica, 1957, pp. 35-43.

[197] Bernardo de Sahagún, *Historia General de las cosas de Nueva España*, Libro III, Apéndice III, num. 12, 13, 14, pp. 165-166.

[198] Francisco Clavijero, Historia Antigua de México, 4 vols., México, Editorial Porrúa, 1945, t. II, pp. 62-69 y 71-74. Según Caturelli (ob. Cit., p. 312), es posible que los indígenas se acercaran al Dios Uno o al menos al anhelo del Dios Uno. Luego de referirse a la soberbia característica de religiones paganas como el budismo, el islamismo y el brahmanismo, dice refiriéndose a las religiones precolombinas, "en cambio, en las

Clavijero, era considerada inmortal para los mexicanos y el resto de las naciones nahuas cultas. Aunque el destino de las almas dependía del tipo de muerte que estos hubieran tenido. La de los soldados que muriesen en guerra o prisioneros tomados por el enemigo y mujeres que morían en el parto, iban a la "Casa del Sol", donde pasarían una buena vida por cuatro años. Cumplido el tiempo de esa vida gloriosa, pasaban a "animar nubes y aves de hermosa pluma", quedando libres para estar en la tierra o subir al cielo cuando quisiesen. Los que morían por un rayo, ahogados, de tumores, abscesos, de llagas y el alma de los niños iban a un "lugar fresco y ameno de la tierra" llamado Tlalocan. Los que morían de muerte o enfermedad natural iban al infierno (supuestamente ubicado en el centro de la tierra). Este infierno consistía en pasar la eternidad aterrorizados en una habitación oscura. Los tlaxcaltecas, pueblo particularmente clasista, pensaban que las almas de los nobles animaban después de la muerte aves bellas y canoras y cuadrúpedas generosas, y las de los plebeyos comadrejas, escarabajos y otras sabandijas y animales viles. No obstante lo dicho, particularmente en lo referente a inmortalidad del alma, no podemos coincidir con Clavijero, pues, como bien advierte Alfredo Chavero, después de cuatro años *vuelve el materialismo y desaparece la inmortalidad.* El autor ofrece una muy interesante visión de la religión de los nahuas, advirtiendo que esta, como sus dioses, eran materiales: "la cosmogonía de los náhutal no fue deísta; comprendieron un ser creador, el Ometecuhtli; pero ese creador era el elemento material fuego, y la creación se producía por el hecho material omeycualiztli. El ser creador era el eterno, el Aymictlán; pero lo imperecedero continuaba siendo la materia fuego. Los dioses son los cuatro seres materiales (...) Para explicarse la aparición del

---

religiones precolombinas, afectadas principalmente por la idolatría y sus consecuencias, no esta ausente una actitud de humildad frente a lo divino y de desprendimiento y entrega, que vuelve la conversión mucho más posible cuando se ha comprendido la falsedad de la idolatría. "De América, en cambio ya podía decirse que era cristiana cien años antes del descubrimiento, pese al siempre presente retorno del paganismo (del que el mundo europeo no es excepción).

hombre, recurrieron a la acción material del fuego sobre la tierra (...) jamás se percibe siquiera la idea de un ser espiritual. La filosofía de los nahoas, que no fueron deístas, es el materialismo basado en la eternidad de la materia. (...) Su religión fue el sabeísmo de cuatro astros y, como su filosofía, era también materialista"[199]. Concluye finalmente:

> *Por más que quisiéramos sostener que los nahoas habían alcanzado una gran filosofía, que eran deístas y que profesaban la inmortalidad del alma, lo que también creíamos antes, tenemos sin embargo que confesar que su civilización, consecuente con el medio social en que se desarrollaba, no alcanzo a tales alturas. Sus dioses eran materiales; el fuego eterno era la materia eterna; los hombres eran hijos y habían sido creados por su padre el sol y por su madre la tierra; el fatalismo era la filosofía de la vida; y sin premios ni penas para una segunda existencia, reducíase esta a un periodo de cuatro años, que no podía ser la inmortalidad del alma*[200]

La religión entre los jerarcas aztecas fue utilizada más bien como instrumento de dominación de las regiones propias y sojuzgadas; pretexto que pretendía, como recién hemos dicho, una centralización de su imperialismo voraz. Vale recordar que hasta su llegada a Tula, los aztecas fueron primitivísimas poblaciones de cazadores nómades, dominados por hechiceros, sin una espiritualidad ni estructura que podamos calificar de religiosa. Ya asentados en tierra tolteca, comprendieron rápidamente los

---

[199] Alfredo Chavero, *Historia Antigua y de la Conquista*, (Vol. I, México a Través de los siglos), México y Barcelona, 1887, pp. 105-107, Citado por Miguel León-Portilla, *Antología, Fuentes e Interpretaciones Históricas*, Lecturas Universitarias 11, México, Universidad Nacional Autónoma de México, 1977, pp. 533-536

[200] Íbidem

beneficios materiales que podían seguirse de la religión como centro del poder. Es lo que la historiadora francesa Laurette Séjourne denomina la "traición a Quetzalcóatl". La existencia de Tenochtitlan reposaba sobre los tributos de los países conquistados, "y es fácil comprender la necesidad imperiosa que tenían los aztecas de un sistema de pensamiento que sostuviese su imperialismo", dice la autora desde su *Pensamiento y religión en el México antiguo*, agregando seguidamente:

> *Lo cierto es que, fuera de la parta fácilmente discernible que toman de la doctrina de Quetzalcóatl, los aztecas no poseían ninguna creencia que pueda calificarse de religiosa, ya que todo concepto filosófico o moral expresado en sus textos se relaciona con la unidad espiritual tolteca. La única divinidad que se considera de origen azteca es Huitzlilupuchtli, el dios de la guerra; pero, como para todo lo demás, es imposible definir sus propiedades sin recurrir a la enseñanza de Quetzalcóatl. De hecho, con Huitzlilupuchtli se limitan a ilustrar el principio de reintegración en el gran Todo, por una entidad solar que se alimenta de sangre de los mortales; es decir, no hubo cambio más que en el culto.*
>
> *Se puede afirmar entonces que la tradición antigua constituía el único cuadro espiritual de la sociedad azteca (...) Se continuaba, por ejemplo, invocando un "señor nuestro, humanísimo, amparador y favorecedor de todos", mientras que para celebrar cualquier de estos dioses "humanísimos" se cometían indescriptibles atrocidades (...)*[201]

Resumiendo y para concluir, el poder y la autoridad de los aztecas sobre los demás estados mesoamericanos residió exclusivamente en el temor y el terror que supieron imponer con su poderío militar y propaganda. Ningún pueblo anexado y

201 Laurette Séjourne, *Pensamiento y religión en el México antiguo*, México, Fondo de Cultura Económica, 1957, pp. 35-43.

sometido a los aztecas aceptó jamás la legitimidad de su gobierno ni sentía algún tipo de respeto o simpatía por sus autoridades y costumbres. Sentían a los aztecas como invasores que avasallaban sus costumbres; usurpadores, usureros que exigían exorbitantes tributos –cada día más elevados- sin dejarles nada. No debe olvidarse que, según indica el Códice Mendocino[202] y varios cronistas, éstos fueron los últimos en arribar al Valle de México. No debe sorprender la alianza de estos pueblos -vilmente sometidos por los aztecas- con los españoles, ni el hecho de que varias tribus indígenas recibieran a los europeos con inmensa alegría y regocijo, colmándolos de regalos y favores; y esto sin "disparar una salva". De hecho, esta alianza y el relativamente rápido entendimiento que tuvieron con los conquistadores europeos, tan distintos a ellos, es la mejor prueba que puede ofrecerse en cuanto al salvajismo y crueldad de aquella despótica tribu que se dio en llamar azteca o mexica, y de la acción liberadora y civilizadora que supuso la intervención de España y la Iglesia en América.

Mejor lo dice don Vicente Sierra:

> *México tiene el legítimo, orgullo de ser la Patria de Juárez, un indio; un indio que lucha por la independencia nacional de su país; pero lo que sus biógrafos callan es que el sentimiento de libertad no lo adquirió leyendo los jeroglíficos de los escribas de Moctezuma, sino que fue consecuencia de que la acción misional de España logro dotar a sus antepasados, y por consiguiente a el mismo, de un sentido de libertad que no encontraran los historiadores en el árbol genealógico del ilustre mexicano*[203]

---

[202] Documento postcortesiano ubicado actualmente en la Universidad de Oxford, Inglaterra.

[203] Vicente Sierra, *Así se hizo America*, Buenos Aires, Dictio, 1977, pp. 59-60.

b) Incas

Introducción

¿Quiénes fueron los Incas? ¿Fue éste imperio un modelo de justicia social dedicado filantrópicamente al arte y al desarrollo cultural y espiritual del individuo y de la sociedad? Dejemos la palabra a un testigo presencial de aquella realidad; el célebre jesuita José de Acosta (1540-1600):

> *El totalitarismo del imperio inca, ajeno al mundo circundante, flotando en una cierta intemporalidad, se diría pensado para durar indefinidamente. Por el contrario, era tremendamente vulnerable. Aquel mundo hierático y compacto, alto y hermoso, mayor que media Europa, y con un ejército perfectamente organizado, tan adiestrado en la defensa como en el ataque, fue conquistado rápidamente por un capitán audaz, Francisco Pizarro, con 170 soldados. Parece increíble*[204]

Son muchos los que se maravillan de la extensa red de caminos, puentes y calzadas construidas por los incas, que conectaban de punta a punta el imperio. Así también, otros se obnubilan ante algunas de sus sencillas construcciones, como templos y palacios y la afamada Machu Pichu, aunque no lograran el refinamiento de la arquitectura maya o azteca. Otros, en cambio, se admiran de sus variadas expresiones artísticas vertidas en todo tipo de cerámicas, estelas y murales. Lo que tal vez no muchos se detengan a meditar es la verdadera finalidad de aquellas construcciones y redes, ni **tampoco cual fue su costo**. Se rinden ante la estética de su arte, pero no se repara en lo que de verdad reflejan sus rasgos; que no son ciertamente la expresión de un pueblo boyante y próspero, sino de

---

[204] Citado por José María Iraburu en *Hechos de los apóstoles de América*, Madrid, Fundación Gratis Date, 1992. Consultar completa la edición digital en http://www.gratisdate.org/nuevas/hechos/

uno abatido, desfallecido, postrado, triste[205]. Y a decir verdad, nos corregirá algún entendido en ésta disciplina, no tratamos aquí con obras sublimes realizadas por alguna exquisita técnica desconocida por la humanidad. Su importancia reside solo en cuanto a reflejo característico de una cultura; no mucho más que eso.

En cuanto a sus inmensas edificaciones, no debemos confundir el espíritu motivador de estas acciones. No hay que detenerse demasiado en estudios del período y de esta cultura para advertir que estos respondieron a razones plenamente materiales y económicas más que a cuestiones religiosas, humanitarias, comunitarias, estéticas y *turísticas*. Pues estos caminos seguros y directos, interconectares de distintas ciudades, tuvieron como objeto principal recoger en forma sencilla y rápida los altísimos tributos exigidos a las regiones sometidas, constituyendo a la vez un eficaz método de vigilancia y control sobre éstos[206] -pues este acceso directo y fluido, sin obstáculos a las distintas regiones, permitía a los ejércitos imperiales reprimir en forma inmediata cualquier insurrección o motín detectado contra el gobierno central incaico-.

El eficiente y relativamente ligero servicio de comunicación y correo entre todas las regiones del imperio fue notable, pudiendo recorrer 1250 millas en cinco días. Hay quienes atribuyen a los incas la creación de lo que hoy denominamos servicio de correo *Express*, aunque lo cierto es que este sistema había sido utilizado ya por varias culturas preincaicas como los moches. El sistema era bastante simple, organizado mediante una suerte de postas y carreras de relevo. Quienes trabajaban en ello eran llamados chasquis; que eran

---

[205] Coincido aquí con nosotros Alberto Sánchez, puntualizando que la tristeza del arte Inca está íntimamente relacionada, entre otras cosas, a los exilios y desplazamientos forzados sufridos. Recomendamos consultar su excelente obra. Luis Alberto Sanchez, *Breve Historia de América*, Buenos Aires, 1978, p. 66

[206] Esto mismo reconoce Prescott desde su *Conquista del Perú* (Madrid, Editorial Antonio Machado, 2006).

hombres -elegidos entre los más rápidos- que se ubicaban en distintos puntos del imperio por una determinada cantidad de tiempo siendo luego, cuando les llegaba una encomienda, relevados por otros[207].

¿Quiénes construyeron estas obras monumentales y a que costo?, podrá preguntarse seguidamente. Nadie más que los eternos desgraciados que conformaban la masa del pueblo y los esclavos; al costo de la muerte o de un agotamiento extremo, espiritual y físico que los llevaba inexorablemente a ella. Refiriéndose a las construcciones de los peruanos y al esfuerzo estoico de los trabajadores/esclavos que transportaban pesadísimas piedras por ríos y fatigosos caminos, dice Prescott: "*(...) en él vemos la obra de un despotismo que disponía absolutamente de las vidas y haciendas de sus vasallos (...) cuando ocupaba estos vasallos en su servicio les estimaba en poco más que los animales, en cuyo lugar les empleaba".*[208]

Lo cierto es que el pueblo era sometido a todo tipo de trabajos forzados, durísimos todos, en interminables jornadas donde no existían los descansos ni días libres. Aunque lo mas doloroso para éstos eran los traslados forzados a regiones extrañas e inhóspitas, en climas o temperaturas a los que no estaban habituados –motivo por el cual muchos morían- y la separación abrupta de su familia, de sus padres e hijos, sabiendo casi con total certeza que jamás volverían a verse; al menos con vida. La reproducción de la escena conmovería al hombre más inmutable.

Las deportaciones en masa fueron muy frecuentes[209], mudando por distintos motivos a unas poblaciones a tierras de otras y viceversa.

---

[207] Henri Lehmann (ob. cit.) explica bien la metodología de este útil sistema-. Según von Hagen (ob. Cit., p. 317), cada uno de los chasquis tardaba 10 minutos en recorrer una milla y media, siendo luego reemplazado por otro.

[208] Ob. Cit., pp. 18-19

[209] Según Henri Lehmann (ob. cit.) las deportaciones en masa fueron practicadas muy particularmente por los incas; al menos a tal escala.

Uno de ellos, sino el principal, estaba relacionado al control de las poblaciones vencidas en guerras, que eran desparramadas por todo el imperio a fin de forzar su mezcla con pueblos/habitantes considerados ***"fieles"***, *y a su vez, los pobladores de las provincias fieles eran enviados a las comarcas levantiscas o recién conquistadas a fin de predicar lealtad con su ejemplo*[210]. En los hechos, estas fuerzas ***"fieles"*** constituían una suerte de policía de inteligencia/pensamiento del Estado, que informaba sobre cada movimiento, sospechoso o no, de los nuevos "ciudadanos". De esta suerte, dice el catedrático Luis Alberto Sánchez, ***"la población se dividía en llactarunas (o nativos) y mitimaes (o trasplantados). Se atribuye al gran número de mitimaes el sello de tristeza en la música, expresión y canciones incaicas"***[211]. Al igual que en las regiones comunistas de antaño, las familias y grupos íntimos eran especialmente separados en estos traslados, destinados a distintas regiones.

Breve Historia

Anterior a los Incas habían florecido en esas regiones culturas como la Nazca (II-VIII d.C.), Moche (I-VII d.C.), Chavin (IX-III d.C.) y Tiahuanaco (IV-X d.C.), entre las más sobresalientes del antiguo Perú –consideradas por algunos autores como más relevantes que la de los incas, particularmente las últimas dos[212]-.

---

[210] Esta práctica común es mencionada por casi todo investigador de esta cultura, incluso por aquellos tendientes a la idealización de los regímenes y culturas indígenas, como el profesor peruano Luis Alberto Sanchez (Breve Historia de América, Buenos Aires, Losada, 1965, p. 66).

[211] Ibídem.

[212] Esta cultura preincaica se remonta, según algunos estudiosos, a 850 años antes de Cristo. La cultura Chimú, que sucedió a la de los mochicas, se ubicó en la zona costera del norte de Perú. Los nazcas, a su vez, se extendieron por la costa sur. La ciudad de Tiahuanaco estaba en las cercanías del lago Titicaca.

Parece haberse probado suficientemente que el incaico fue un imperio fundado por extranjeros y no por hombres oriundos de esas tierras.

El imperio inca llegó a ser en tamaño casi cinco veces más grande que el de los mexicas. En su máximo esplendor (siglo XV), ocupó gran parte de la cordillera de los Andes, desde el norte de Chile y Noroeste argentino hasta el sur de Colombia, cubriendo los territorios actuales de Bolivia, Perú y Ecuador. Se estima que contó con una población cercana a los tres millones de habitantes[213]. La capital, desde donde todo se regía y partía la organización, era Cuzco. Con el fin de lograr administrar eficazmente todo el territorio a él sometido, el vasto imperio se dividió en cuatro regiones de acuerdo a su ubicación cardinal: *Chinchay-Suyu*, *Anti-Suyu*, *Cunti-Suyu* y *Colla-Suyu*[214]. En relación a los emperadores, son conocidos –o mejor conocidos- los últimos cuatro, aunque fueron 12 en total

---

213 Tomando las cifras arrojadas por Kroeber, dice Rosenblat, habitaban 3 millones de personas en el imperio incaico. El gran historiador eclesiástico P. Ricardo Cappa ubica la cifra de 4 millones. Ángel Rosenblat, *La población indígena y él mestizaje en América*, Buenos Aires, Nova, 1954, 2 vol. (Biblioteca americanista), p. 311. El P. Bernabé Cobo señala a los factores climáticos y geográficos como motivo de la relativamente poca población del incanato (citado de José Luis Vittori, Exageraciones y quimeras en la conquista de América, Santa Fe (Argentina), Centro de Estudios Hispanoamericanos, 1997, p. 79. De hecho, la población incaica había venido reduciéndose drásticamente antes de la llegada de los españoles a consecuencia de los enfrentamientos bélicos internos, principalmente a consecuencia de la guerra civil entre los partidarios de Huáscar y del intruso Atahualpa, calculándose en la cifra de muertos en cerca de un millón.

214 El primero abarcaba Ecuador y el norte de Perú; el segundo se extendía del este hasta la cordillera; el tercero el oeste, hasta la costa; el cuarto comprendía el sur de Perú, parte de Chile y una pequeña porción del noroeste argentino. Cada una de estas regiones se dividían, a su vez, en provincias, y éstas en pueblos o distritos, compuestos por una determinada cantidad de *ayllus*.

–o 13, dependiendo el autor- quienes construyeron aquel imperio. Citamos por orden cronológico: 1) Manco Cápac; 2) Sinchi Roca; 3) Lloqui Yupanqui; 4) Mayta Cápac; 5) Cápac Yupanqui, 6) Inca Roca; 7) Yáhuar Huaca; 8) Viracocha; 9) Pachacuti Inca Yupanqui (1438-1471); 10) Topa Inca Yupanqui (1471-1493); 11) Huayna Cápac (1493-1525); Huáscar y Atahualpa (1525-1532).

Según la tradición incaica, los incas descendían de Manco Cápac, hijo del Sol, que se estableció en Cuzco en el siglo XIII. El imperio logró su máxima expansión territorial con Huayna Cápac (1493-1525)[215], que había sucedido en el trono a otros dos reyes históricos del período como Pachacuti Inca Yupanqui y Túpac Inca Yupanqui. A su muerte se originó la, tal vez, más cruenta guerra civil y fraticida que conoció el mundo precolombino. Poco antes de su deceso, había decidido dividir el imperio entre sus dos hijos en partes más o menos equitativas: el reino de Cuzco debía ser para Huáscar y el de Quito para Atahualpa. **¡Gran error!** Atahualpa, inconforme con lo que le tocaba, comenzó una guerra sin cuartel contra su hermano a fin de obtener la totalidad del dominio del imperio, logrando finalmente vencer y tomar como prisionero a Huáscar, a quien torturó salvajemente antes de ejecutar –al igual que a todos sus familiares-. Es en este preciso momento de guerras, intrigas e inestabilidad social y política, que llega Pizarro y un puñado de hombres y, con la ayuda de tribus descontentas del incanato, conquistan el Perú.

Al igual que los otros pueblos mesoamericanos, vivieron en permanente estado de beligerancia. El servicio militar era obligatorio y, según se estima, la décima parte de la población estaba constantemente guerreando. Normalmente, antes de conquistar un

---

[215] Las verdaderas conquistas militares, según sostienen varios autores, no comenzaron sino hasta alrededor de 1445 (con el noveno inca) con la ocupación de Tiahucanaco y la región del lago Titicaca. El resto de las conquistas importantes suceden con posterioridad a 1470.

pueblo por las armas se intentaba ganarlo por la persuasión o el temor, lo que pocas veces les funcionó. Reconoce Prescott, tan poco simpático a la causa española, que los *incas proclamaban paz y civilización con la punta de la espada.*[216] Una vez conquistados los pueblos, se pasaba a la siguiente etapa:

> *Por regla general, se mantenían en vigencia los clanes locales, pero se los debilitaba al hacerlos depender de la autoridad administrativa de los incas, imponiéndoles el culto del Sol y el empleo de la lengua de los conquistadores, el quichua. Los hijos de los jefes locales eran trasladados al Cuzco en calidad de rehenes y allí recibían una educación adecuada a su categoría. De este modo, los incas se aseguraban súbditos sumisos por doquier. En aquellos casos en que, pese a todas estas precauciones, se hacía sentir una resistencia local, transplantábase a la población entera a regiones alejadas del imperio: era lo que se llamaba el sistema del mitimac. La nobleza, clase de la cual provenían todos los funcionarios y delegados de los Incas, así como los oficiales del ejército, comprendía en primer lugar a los miembros de la familia del Inca; se asimilaban a ella los antiguos jefes de las naciones sometidas y sus descendientes; pero jamás se les atribuía cargos importantes*[217]

Las armas de las que se valían eran las hondas, boleadoras, mazas de piedra y metal, y solo raramente, utilizaron el arco y flecha, algo más propio de regiones del norte. Para procurar su defensa contaron con escudos y cascos de cuero y vestidos rellenos de algodón, que intentaban amortiguar los impactos enemigos.

---

[216] Ob. cit., p. 1 3

[217] Henri Lehmann, ob. cit.

c) Rasgos salientes del imperio incaico

Los incas, al igual que los aztecas, no se limitaban a apropiarse de la tecnología, mujeres y bienes materiales de los vencidos, sino que suprimían las identidades de estos pueblos conquistados sin dejarles, muchas veces, siquiera el idioma, como sucedió de hecho con la imposición del quechua. También les imponían su organización social –los *ayllus*-[218] y su religión; su dios el Sol, ordenando su veneración y la construcción de templos en su honor. Los dioses propios de los pueblos conquistados pasaban así, en el mejor de los casos, a ser una suerte de dioses o divinidades menores. La blasfemia a este dios -que pasaba a ser así el tutelar- era castigada con la muerte. Aun las ofensas menores -de los pueblos conquistados hacia la nueva divinidad-, señala un historiador sajón, eran castigadas con la misma pena, comentando seguidamente que "en las rebeliones y alzamientos se hicieron los castigos tan ásperos, que algunas veces asolaron las provincias de todos los varones de edad sin quedar ninguno"[219]. Guamán Poma de Ayala cita el mandato de Tupac Inca Yupanqui para con los pueblos conquistados: *"Mandamos que en nuestro reino ninguna persona blasfeme al Sol mi padre, ni a la luna mi madre, ni a las huacas ni a mí el Inca ni a la Coya, pues los haría matar... Mandamos que no haya ladrones ni asaltantes y que en la primera falta se les castigue con 500 azotes y en la segunda falta fuese apedreados y muertos y que no se entierren sus cuerpos; que se los coman las zorras y los cóndores"*[220].

Uno de los principales cuidados de los incas al momento de la conquista de un nuevo pueblo/cultura era destruir íntegramente su

---

[218] En caso que los pueblos conquistados contaran con una organización social distinta. Los *ayllus* no fueron creación de los incas.

[219] Prescott, ob. Cit., p. 48

[220] Guamán Poman de Ayala, *Nueva Corónica y Buen Gobierno*. Citado por el periodista boliviano Clovis Díaz, en artículo *El Castigo en el Imperio de los Incas*, 5 de enero del 2012. Cfr. http://hechosr.blogspot.com.ar/2005/08/investigacin-el-castigo-en-el-imperio.html

memoria –oral y artística- y/o tergiversar completamente su historia y tradiciones –lo que Von Hagen denomina "selectividad histórica de los incas"-. A este propósito se ordenaba primeramente la ejecución de los jefes vencidos y de aquellos encargados de transmitir oralmente a los suyos la historia de su propio pueblo. A veces, a los jefes conquistados que encontraban más dóciles, pusilánimes y ambiciosos, los enviaban por un tiempo a Cuzco, la capital del imperio, donde se los adoctrinaba en el "Nuevo Orden", y luego, ya "lobotomizados", eran devueltos a los suyos en calidad de espías. En el mismo sentido, al igual que aztecas y mayas, se realizaba una quema y destrucción de gran parte de sus símbolos tradicionales. Los incas pretendieron hacer creer a todos –lo lograron por mucho tiempo- que antes que ellos llegaran a la región todo era salvajismo. Prueba misma de la maliciosa intención del imperio andino, es que poco y nada se sabe actualmente acerca de culturas como los nazcas, Mochis, chavín, Teotihuanacos, etc. No obstante, afortunadamente, la arqueología y el fatigoso trabajo de los antropólogos y etnólogos han logrado rescatar parte de su memoria, denunciando el embuste y desenmascarándolo gradualmente, siendo cada día más clara la poca originalidad manifestada por los incas en casi todos los rubros.

Característico del incanato fue arrogarse la invención de la tecnología y saberes de los pueblos subyugados. Entre otras precisiones, estos estudios arrojan que los moches –anteriores a los incas- contaban con una compleja y acentuada organización social que, entre otras cosas, permitió la construcción de numerosos caminos -adoptados y continuados luego por los incas- y del templo Huaca del Sol, que demandó cientos de miles de trabajadores y el empleo de 130.000.000 de ladrillos de adobe. Al igual que estos, contaron los nazcas con un régimen de dominación basado en la religión y el poderío militar. El imperio de Tiahuanaco fue la cultura dominante entre 1000 y 1300 en Perú y Bolivia, y se les atribuye la construcción del más notable centro ceremonial de los andes. Por su parte, el imperio Chimú (1000-1466) retomó el trabajo de sus antecesores mochicas y continuaron sus redes de caminos y organizaron mejor el sistema de *courier* existente. Los chimúes fueron los últimos en ofrecer viril resistencia a los invasores incas.

En este terreno, muy particularmente, merecen especial reconocimiento españoles y misioneros, que se interesaron profundamente –y a veces admiraron- por la Historia y costumbres de los vencidos -publicando cientos de obras al respecto-, respetando incluso parte esencial de su organización y costumbres. Si por ellos no fuera, nada sabríamos hoy de esas gentes que habitaron nuestro continente con anterioridad a 1492.

Pasando a otro terreno, el incaico fue un imperio férreamente estratificado y dividido en clases sociales. Los incas y la nobleza jamás se mezclaron con las naciones que conquistaban, ya que estas no eran consideradas parte integrante del imperio sino naciones anexadas de razas y culturas inferiores. Los conocidos *yanaconas*, por ejemplo, eran mayormente una clase hereditaria de sirvientes y esclavos provenientes de los descendientes de pueblos conquistados por las armas.

El Estado intervenía absolutamente en todo, hasta en los más mínimos detalles de la vida pública y privada de la población; desde el trabajo que cada ciudadano debía realizar hasta cualquier cuestión ligada al matrimonio o al estilo de vida que llevaba cada individuo. Entre otras cosas, el Estado prohibía al pueblo casarse con mujeres de distritos que no fueran del suyo. Si a los 20 años el hombre no se había casado aun, el Estado le obligaba a hacerlo, escogiéndole a tal efecto una esposa. Las niñas y mujeres agraciadas físicamente detectadas por los *curacas* (jefes de los clanes), eran llevadas forzadamente a Cuzco para formar parte de un grupo que los incas denominaban *Mujeres Elegidas*, donde se las entrenaba en el tejido y en los servicios religiosos, siendo luego destinadas a los distintos templos del sol del imperio. Había cerca de 15.000, pero no todas fueron ocupadas en cuestiones referentes a la religión. Aquellas consideras no aptas eran destinadas como concubinas del rey, prostitutas o esposas de altos oficiales[221].

---

[221] Von Hagen, ob. Cit., p. 302

Régimen político y religión: El terror fue uno de los recursos sicológicos más redituable utilizado por los incas para afianzar la gobernabilidad y unidad del imperio. Cualquiera podía ser acusado de rebelde y/o traidor; cualquiera que osara quejarse de la tiranía del Sapa Inca y sus funcionarios. No ignoraba el pueblo –el inca se aseguraba que así fuera- que éste tenía en sus mansiones, según nos comenta un historiador indígena admirador de los incas, *"tambores hechos con la piel de los* ***principales traidores*** *y rebeldes. El tambor era de cuerpo entero; a estos se les llamaba runatinya (tambor de piel humana, de hombre desollado). Parecía vivo y con su propia mano tocaba la barriga. El tambor era la barriga (...) y con otros rebeldes hacían de su cabeza mates para beber chicha; flautas de los huesos y gargantillas de los dientes y muelas"*[222]. El control de la población era tan prioritario para el incanato, que Huayna Capaz creía imperativo proceder con tal brutalidad que "sus indios soñaran con él cada noche"[223].

El imperio Inca era regido por un sistema absolutista teocrático, a cuya cabeza se ubicaba el rey inca, que guardaba para sí múltiples funciones: era jefe militar, jefe político y jefe religioso a la vez. Sus atribuciones y poder eran similares –o tal vez mayor- que las de su par del imperio mesoamericano, y, al igual que éste, el emperador era considerado como la personificación del dios sol en la tierra; un dios que siempre urgía de sangre humana *so pretexto* de mantener en paz la naturaleza y evitar el *Apocalipsis*. Hasta los nobles de más alto grado debían ir descalzos y con una carga a sus espaldas como señal de sumisión al todopoderoso monarca, que además, a fin de manifestar su superioridad en todo sentido frente al pueblo,

---

[222] Guamán Poman de Ayala, ob. Cit. Citado por el periodista boliviano Clovis Díaz, en artículo *El Castigo en el Imperio de los Incas*, 5 de enero del 2012. Cfr. http://hechosr.blogspot.com.ar/2005/08/investigacin-el-castigo-en-el-imperio.html

[223] Von Hagen, ob. Cit., pp. 318-319

ostentaba sus riquezas y modo de vivir[224]. Existían algunos adornos exclusivos para uso del monarca, como las plumas de los pájaros llamados *coraquenques*, cuya caza era penada con la muerte por este motivo, y otros propios de los nobles, como el uso de aretes muy pesados de oro macizo (a quienes los españoles llamaban "orejones". Usaban las prendas solo una vez -luego de lo cual eran quemadas- por considerarse indigno del hijo del dios Sol, el Sapa Inca. Cita Prescott a un cronista, posiblemente indígena, que muestra el temor que generaba el poder ilimitado del Inca:

> *Porque el Inga dava'á entender que era hijo del Sol, con este título se hacia adorar, i governava principalmenteen tanto grado que nadie se le atrevia; i su palabra era ley, i nadie osaba ir contra su palabra ni voluntad: aunque hobiese de matar cien mill indios, no havia ninguno en su reinoque le osase decir que no lo hiciese*[225]

Cuando el Inca moría, además de todas sus riquezas materiales -que eran puestas consigo en el ataúd- llevaba consigo las vidas de varios de sus sirvientes y concubinas; siendo éstos inmolados inmediatamente después del fallecimiento de su soberano para que lo acompañasen al "más allá". A veces el número de estos sirvientes y concubinas superaba los mil[226]. Éste era el "premio" para aquellos pobres desgraciados que tan bien habían servido a su señor.

Cuantitativamente -al menos comparado con los aztecas- no fueron tan frecuentes los sacrificios humanos durante la regencia incaica –aunque si fue usual entre los predecesores de la región,

---

[224] También los nobles y otras clases superiores utilizaban como signo distintivo objetos de oro y otros metales preciosos.

[225] Ob. Cit., p. 26

[226] Ibídem, p. 34

como cuenta Garcilaso de la Vega[227]-. Al igual que los mayas, tuvieron éstos especial predilección por el sacrificio de niños. Juan de Betanzo informa que para la fundación de Coricancha, en tiempos del Inca Yupanqui, se sacrificaron doscientas criaturas; aunque dejaremos el tratamiento de esta cuestión para otro capítulo.

A diferencia de los aztecas, estos apenas produjeron notables lugares de culto fuera del conjunto de templos de Tiahuanaco o del Cuzco. Prosiguiendo con las comparaciones, los incas, como los aztecas, contaron con un importante cuerpo sacerdotal, numeroso y fuertemente jerarquizado. Si bien adoraban al dios sol (Inti), dios oficial del imperio, veneraron también numerosas divinidades[228].

Para aquellos que no guardaran los preceptos establecidos para las fiestas, como ayunos y otros sacrificios se reglamentaba:

Hordenamos y mandamos en estos rreynos y señoríos que se guarde y que se cumpla so pena de muerte los que no las guardaren[229].

---

[227] Aunque hay que tomar en consideración la tendencia frecuente de Garcilaso en aludir siempre con la mejor luz posible a los incas –de quienes se confesa admirador- y con la peor a los antecesores de estos. La parcialidad con la que ha escrito, a veces, rebosa lo grosero.

[228] Wiracocha (Viracocha): fue una divinidad panandina, que probablemente tuvo su origen en el II Horizonte. Era un dios adorado por la nobleza cusqueña. El Sol (Inti): fue el dios oficial en el Tawantinsuyo, difundido por el inca Pachacútec. Pachacamac: fue el dios más importante de la costa central. Quilla: la luna. Diosa del cielo y las estrellas, protectora de las mujeres (collas y acllas) y esposa del dios Inti. Illapa: dios del rayo. Pachamama: madre tierra.Mamacocha: madre de los lagos. Coyllur: diosa de las estrellas. Apus: dios de las montañas, los montes tutelares.

[229] Íbídem, pp. 182-184.

Situación Social: La organización de esta sociedad era de carácter colectivista; las tierras eran propiedad comunal y se trabajaba en forma colectiva. Dentro de los *ayllu*, dice Lehmann, *se adoptaba el principio patrilineal. Los miembros de un mismo clan se consideraban unidos por consanguinidad: El ayllu constituía una unidad tanto económica como religiosa; lo regía un curaca que asumía las funciones de juez supremo y tomaba el mando en tiempos de guerra*. Los *ayllu* eran la unidad social elemental, compuestos por clanes, familias agrupadas, que compartían una determinada porción de tierra –el tamaño variaba-, animales, cultivos y rendían culto a un antepasado común. Por tanto, nadie era dueño individualmente del terreno; éste era propiedad del Estado que cedía temporalmente a los súbditos para la explotación. Al menos dos tercios de los beneficios de las tierras debían ser destinados como tributo al Inca y al mantenimiento de la religión. El *ayllu* y su productividad eran controlados celosamente por un jefe (denominado *curaca*); a veces asistidos por un Consejo de Ancianos[230]. También existía otro régimen de trabajo denominado *mita*, que era un servicio que debían prestar anualmente y en forma obligatoria al Estado todos los hombres –por períodos más o menos prolongados, alejados de sus familias-. Generalmente eran destinados a los rincones más inaccesibles, alejados e inhóspitos del imperio, donde se los empleaba en la construcción de puentes, edificios, caminos, en los durísimos trabajos de explotación minera, etc.

En adición a la inexistencia de la propiedad privada sumemos la de la actividad remunerada: los súbditos eran obligados a trabajar de sol a sol en la construcción de obras de regadío, edificios públicos, mitas, puentes, túneles, caminos, etc. Cada día, "a la primera luz del sol" -alrededor de las 05:30 am-, debían levantarse

[230] Un determinado número de ayllus era controlado por un jefe de distrito, y éste a su vez por un prefecto, que estaba a cargo de una de las 4 partes en q se dividía el imperio inca. Según Von Hagen (ob. Cit., pp. 243-244) 10 trabajadores eran controlados por un jefe, 10 jefes por uno principal, 10 de estos vigilados por un supervisor, y así seguía la jerarquía -siempre en números decimales-. Cada 10000 trabajadores existían 1331 oficiales.

e ir a trabajar. Desayunar era impensado, salvo por la ingestión de una bebida espesa, tóxica, que olía a malta, con la que engañaban al hambre por un rato[231].

La clase dirigente provenía de una aristocracia proveniente del clan incaico, compuesto por tres grupos. El grado superior era ostentado por el rey, sus hermanos y hermanas, y descendientes de estos. El segundo grupo lo constituían las *pallas*, concubinas del inca -también de sangre real- y su descendencia (a veces, a la cabeza se ubicaba a un hermano del Inca). Por último, el tercero, inferior, estaba compuesto por concubinas que no poseían sangre real. De los descendientes de los últimos dos grupos provenían las clases dirigentes del imperio (clero, ejército, política, administración, etc.). La poligamia sólo era permitida al inca y a las clases privilegiadas, siendo rigurosamente castigada cuando se descubría practicándola a quien no perteneciera a esos estratos. Es de hacer notar que, dado que la poligamia era permitida a los monarcas, estos llegaron a tener, en ocasiones, 500 hijos; que pasaban luego a integrar parte de la nobleza. Los nobles y las demás clases dirigentes estaban exentos de pagar impuestos y de realizar actividades y trabajos manuales, teniendo derecho a la mejor educación disponible.

La esposa principal del Inca era su hermana, cuyos numerosos hijos aseguraban una descendencia "pura". No obstante, estaba estrictamente prohibido al resto de la población casarse con miembros de su familia, como se encarga de demostrar claramente su ley al respecto:

> *Yo, el Inca, ordeno y decreto que nadie se case con su hermana ni madre, ni tampoco con su prima primera, tía o sobrina, bajo pena de ser sus ojos extraídos, porque solo el inca tiene derecho de casar con su hermana carnal*[232]

[231] Von Hagen, ob. Cit, p. 250

[232] Cit. En von Hagen, ob. Cit., p. 270

Las leyes no siempre afectaban a los nobles, cuyas prebendas eran a veces ilimitadas. No obstante, parece ser que en este sentido fueron más estrictos que aztecas y mayas; al menos en la teoría, ya que por mismo delito se mandaba a castigar más duramente al noble que al plebeyo. Según Von Hagen, quien reproduce decenas de códices indígenas que ilustran los castigos y torturas comunes entre los incas, "lo que era muerte para los nobles, era tortura para los indios" -que en este caso implicaba sacarle uno o dos ojos de la cara[233]-.

¿Cómo era la vida cotidiana de los indígenas, súbditos y/o esclavos, en el Imperio Inca? Un buen cuadro de esta situación podemos encontrarla en los estudios del historiador Louis Baudin[234], calificando al Inca como un «imperio geométrico y frío, vida de uniformidad y hastío», donde nada se ha dejado al azar o a la creatividad personal. «Ni ambición, ni deseo, ni gran alegría, ni gran pena, ni espíritu de iniciativa, ni espíritu de previsión". Dice seguidamente:

> *El indio del pueblo toma la mentalidad que le caracterizará definitivamente, la de la llama perdida en el rebaño, que obedece las órdenes de un pastor lejano e invisible. A medida que el imperio se extiende y fortifica, el individuo se repliega más sobre sí mismo y se esfuma, porque no tenía más que obedecer, pues no contaba para nada cuando se trataba del interés del Imperio, sabiendo lo que le esperaba si no obedecía estrictamente las leyes y reglamentos (...) La monotonía, la tristeza que debían chocar más tarde a los conquistadores, eran para él testimonio del perfecto funcionamiento mecánico de una planificación que no podía admitir la fantasía sin renegar de sí misma*[235]

---

233 Íbidem, pp. 266-267

234 Louis Baudin, *El imperio socialista de los Incas*, p. 164. Citado Iraburu, Hechos de los Apóstoles en América.

235 Louis Baudin, *La vida cotidiana en el tiempo de los últimos incas*, Buenos Aires, Editorial Hachette, 1962, pp. 67, 68 y 143.

La existencia, dice el P. Iriaburu:... "transcurre siguiendo el curso inmutable de las estaciones. Nada que temer, nada que esperar; un camino exactamente trazado sin desviación posible, una rectitud de espíritu impuesta sin deformación imaginable; una vida calma, monótona, incolora; una vida apenas viviente. El indio se deja mecer por el ritmo de los trabajos y de los días, y termina por acostumbrarse a esta somnolencia, por amar esta nada. Su señor es un dios que le sobrepasa infinitamente, y su fin no es sino evitar cualquier sanción. Esta ordenada *masa* de hombres lentos, melancólicos y pasivos, va a ceder casi sin resistencia ante el impulso poderoso de un pequeño *fermento* de hombres activos y turbulentos, que proceden del mundo cristiano de la libertad".

No les estaba permitido poseer nada, como se encarga de confirmar el mismo Inca Garcilaso[236] -siempre pronto a la idealización del pasado incaico y poco propenso a hacer concesiones a los españoles- en su monumental obra sobre esta cultura, desde donde, entre otras cosas, da precisa cuenta de la crueldad y exterminio realizado por Atahualpa contra la porción del pueblo que apoyaba los derechos de sucesión de su hermano, Huáscar.

Ha sido Francisco Morales Padrón quien a nuestro entender pintó el cuadro más preciso de la desdichada situación del pueblo sometido al despotismo incaico:

> *El sistema político administrativo incaico se reducía, como ya ha quedado señalado, a la existencia de un gobierno autocrático que regia en provecho de una minoría. La autoridad de la casta dominante descansaba en la religión, bajo la cual yacía el pueblo sometido a la ignorancia a continuo trabajo. Se castigaban la ociosidad, madre de todos los vicios... Todo conducía a una felicidad negativa:*

---

236 Citado por Demetrio Ramón Pérez, *Historia de la colonización española en América*, Madrid, Ediciones Pegaso, 1947, p. 338.

la reglamentación de la vida, la idéntica comida y traje, la centralización a través del clan y el Ayllu, el colectivismo agrario. No había personalidad ni concepto de propiedad individual, ni sentimiento de patria. No había progreso y si despreocupación e ignorancia por parte del individuo, que tenia para si al Estado para reglamentarlo todo. El individuo era la pieza de una máquina[237]

Un autor antiespañol, el protestante francés Pierre Chaunu, ofrece el siguiente cuadro de la realidad incaica:

(...) No existía la propiedad individual de la tierra. Fue un régimen de fuerza y de debilidad. De fuerza, porque el régimen incaico permitió la realización de prodigiosos trabajos colectivos: palacios, templos, caminos pavimentados, fortalezas en lugares estratégicos, cultivos en terrazas, acueductos para las ciudades e irrigación; de debilidad, porque preparaba a un pueblo de dóciles campesinos, sometido a todas sus exigencias[238].

Es claro que, dadas tales condiciones, no guardara el pueblo más ambiciones que lograr el sustento diario y evitar ser linchado por tribus rivales vecinas. Su primera y única meta era sobrevivir un día más. La gran docilidad y pasividad de estos indígenas ante la situación de opresión en que vivían se explica en la ferocidad de las leyes de aquel Estado totalitario. Comenta Juan Manuel Balcazar desde su *Historia de la Medicina en Bolivia*[239], citando las palabras de Pachacutec, que fue el noveno gobernante inca: *"El*

---

[237] Morales Padrón, Francisco, Manual de Historia Universal, t. V, Historia General de América, Madrid, 1962, p. 108.

[238] Pierre Chaunu, ob. Cit., p. 23

[239] Consultar obra completa en: http://www2.bago.com.bo/socbolcir/publicacion/vol2_n2/trepanacion.html

inca Manco Kapac ordenó que se amarre la cabeza de los indios recién nacidos para que crezcan con deficiencia mental, ya que los indios con cabeza grande y redonda eran muy emprendedores y en especial muy desobedientes". Queda claro aquí que la intención de los reyes incas, del imperio, es la conformación de un pueblo de pusilánimes, sumisos y obedientes.

Es interesante comprobar que observamos aquí los rasgos fundamentales del régimen totalitario, muy similar al impuesto por los comunistas en épocas de Lenin y Stalin. A decir verdad, el sistema incaico, y en gran medida el azteca, parecen copias acabadas y precisas del terror rojo en la Cuba y Europa oriental del siglo XX. Digamos en defensa de lo recién aseverado que bajo este tipo de gobiernos, inca, azteca o comunista, los hombres no podían elegir su oficio ni lugar de trabajo, puesto que esto era decidido por el Estado, omnipotente y omnipresente, arbitrariamente, como no podían tampoco elegir su religión. De más esta decir, que, como recién mencionamos, no existía la posibilidad de protesta por parte de los perjudicados, a menos que buscaran la muerte segura o, como mínimo, gravísimos castigos. Al igual que los *Gulags* soviéticos, las personas eran usualmente destinadas a trabajar, en condiciones infrahumanas, a los lugares más recónditos del Imperio[240] –si así se juzgaba preciso-, apartados de sus familias y lanzados a climas y condiciones a las que no estaban acostumbrados; política esta que, como hemos mencionado anteriormente, generó muchas muertes, no solo en casos de inadaptación climática, sino a causa de la tristeza -sufrida al verse alejado de sus seres queridos- y de los trabajos forzados y duros de las minas, que los llevaba muchas veces al suicido o embriaguez. En cuanto a las mujeres, estas eran consideradas como bienes del Estado. Eran seleccionadas y distribuidas de la siguiente forma: unas entre los señores (las

240 Esto es confirmado por la historiadora Concepción Bravo Guerreira, «el desplazamiento de familias, de *ayllus* completos o de grupos étnicos en masa, fue práctica común entre los incas» (en AV, *Cultura y religión...* 272). Citado por Iraburu, ob. Cit.

nobles), otras destinadas a sacrificios humanos y el resto dadas como esposas o concubinas a hombres del pueblo e incluso a esclavos. La maternidad, por cierto, no merecía especial preocupación al incanato, obligando a las mujeres que parían a retomar sus arduos trabajos antes de finalizadas las 24 horas posteriores al nacimiento[241]. "El peruano -escribe Prescott-, trabajando toda su vida para otros, podría compararse a un criminal empleado en obras públicas, que sabe muy bien, que por útiles que sean sus fatigas al estado, a él de nada le sirven"[242]. Concluye el mismo historiador, al final de su primer libro, con lo siguiente.

> *No había peruano bastante oscuro para sustraerse a la paternal vigilancia del gobierno, ni bastante alto para que en todas las acciones de su vida, no le hiciesen conocer que dependía de él estrechamente. La sociedad absorbía su existencia como individuo. Sus esperanzas y temores, sus alegrías y pesares, las más delicadas simpatías del corazón, que huyen tanto de manifestarse a la luz, todo debía ir arreglado a ley, sin permitirse siquiera que fuese feliz a su modo. El gobierno de los Incas era el más suave; pero al mismo tiempo el más inquiridor de todos los despotismo*[243]

Economía: La actividad económica principal era la agricultura. Si bien no conocían la rueda ni el arado lograron practicar esta actividad en forma bastante exitosa. Mediante el método de la siembra escalonada lograron desarrollar esta actividad[244] también

---

[241] Von Hagen, ob. Cit., p. 240

[242] Prescott, ob. Cit., p. 65

[243] Ibídem, pp. 123-124

[244] La agricultura de terrazas había sido practicada por sus antecesores en la región, los tiahuanacos; por tanto, no es un invento de los incas.

en las montañas, empleando sofisticados sistemas de riego. Su principal cultivo eran el maíz, yuca, papa, frijoles, algodón, tabaco, coca. Poseían un rudimentario sistema de numeración compuesto de cuerdas y nudos, llamado *quipus*. A diferencia de las grandes culturas mesoamericanas, practicaron cierta forma de ganadería, particularmente la cría de llamas. Contaron también con bestias de carga, gracias a la domesticación que habían logrado de la llama y la alpaca (aunque no se sabe a ciencia cierta cuán frecuentemente la utilizaron en los trabajos).

Fueron hábiles alfareros, artesanos y lograron una importante industria textil, aunque sin lograr la perfección de los nazcas. Tuvieron algunos conocimientos médicos y parece estar probado que llegaron a practicar trepanaciones (operaciones quirúrgicas) en los heridos de guerra, aunque el porcentaje de sobrevivientes a estas intervenciones era escaso. Como anestesia utilizaron la chica (bebida alcohólica) y la coca. Su arte fue bastante pobre. Sus obras arquitectónicas y sus conocimientos de esta disciplina fueron muy elementales y rudimentarios, al menos en comparación con las mexicas e incluso otras culturas andinas[245], como Tiahuanaco, donde podemos apreciar, entre otras construcciones la pirámide Akapana, el recinto de Kalasasaya, Pumapunku y Piedra del Sol. En el campo científico permanecieron en un nivel bastante elemental. Sus conocimientos astronómicos fueron relativamente considerables, pero muy inferior al de los mayas.

245 Según la mayor parte de los estudiosos, la arquitectura del imperio peruano se caracteriza por la sencillez de sus formas, su solidez y su simetría. Las formas arquitectónicas más destacadas de los incas fueron las siguientes: kancha, kallanka, ushnu, tambo y acllahuasi. Consultar para información mas detallada los siguientes trabajos: Gasparini, Graziano y Margolies, Luize, *Inca architecture*, Bloomington, Indiana University Press, 1980 (ISBN 0-253-30443-1). Hyslop, John Inka, *settlement planning*, Austin, University of Texas Press, 1990 (ISBN 0-292-73852-8).

Leyes y castigos: Naturalmente, cual régimen totalitario, los delitos contra el Estado eran considerados de *lesa majestad*; mucho más graves y terribles que aquellos entre particulares (aun tratándose de homicidio). Robar una papa, por ejemplo, era castigado con la muerte, ya que la ley interpretaba que se había atentado contra el mismo Inca; esta acción se entendía equivalente a irrumpir en la cámara del inca mismo. Idéntico destino le cabía al holgazán o perezoso, por considerarse que no trabajar o no producir de acuerdo a lo convenido era lo mismo que privar al inca del justo servicio de sus súbditos. Las formas de muerte estipuladas para este tipo de delitos, luego del repudio y la humillación pública –a veces combinado con torturas y azotes-, eran las siguientes: ahorcamiento, lapidación o empujar al infractor a un precipicio[246] –ejecución muy común entre los mayas-.

Toda resistencia a los decretos reales era considerada un sacrilegio que el gobierno teocrático castiga severamente, generalmente con la muerte. La mayor parte de los delitos eran castigados con el último suplicio; como el incesto, la traición e incluso los robos más leves. Felipe Guamán Poma de Ayala, indígena converso, comenta la severa política de castigos aplicada por los incas en distintos delitos:

> *Mandamos que no haiga ladrones en este reino, y que por la primera [vez], fuesen castigados a quinientos azotes, y por la segunda, que fuese apedreado y muerto, y que no entierren su cuerpo, sino que lo comiesen las zorras y cóndores» (Nueva crónica 187). El adulterio tiene pena de muerte (307), y también la fornicación puede tenerla: «doncellas y donceles» deben guardarse castos, pues si no el culpable es «colgado vivo de los cabellos de una peña llamada arauay [horca]. Allí penan hasta morir» (309).*

[246] Sobre este método de ejecución existe mucha evidencia, particularmente en Ollantaytambo -ciudad cerca de Cuzco-, donde fue más común.

Está ordenado que quienes atentan contra el Inca o le traicionan «fuesen hechos tambor de [la piel de la] persona, de los huesos flauta, de los dientes y muelas gargantilla, y de la cabeza mate de tener chicha» (187; +334). Esta pena es aplicada también a los prisioneros de guerra que no son perdonados a convertidos en yanacuna. El aborto es duramente castigado: «Mandamos la mujer que moviese a su hijo, que muriese, y si es hija, que le castiguen doscientos azotes y destierren a ellas... Mandamos que la mujer que fuese puta, que fuese colgada de los cabellos o de las manos en una peña y que le dejen allí morir»...[247]

El asesinato por defensa propia o por ira contra la mujer adúltera era mitigado.

Garcilaso de la Vega se encarga de confirmar que incluso los delitos leves solían acarrear la pena de muerte bajo los gobiernos incas. Se entiende entonces por qué la tasa de criminalidad era tan baja, pues hasta quienes robaban para comer eran ajusticiados. Resulta curiosa a este respecto una de las explicaciones ofrecidas por los incas en cuanto a la severidad que acarreaba este delito: *"no hay necesidad de robar, pues todos tienen lo necesario". No obstante, su misma legislación criminal contemplaba la distinción entre quien robaba por necesidad y aquel que lo hacía por malicia*[248]*, siendo más graves las consecuencias para éste último. Evidentemente, el hambre existía y no era ninguna "sensación"*[249].

---

[247] Cit. En Iraburu, ob. Cit.

[248] Von Hagen, ob. Ct., pp. 266-267

[249] Hemos empleado el vocablo en el sentido utilizado por políticos argentinos –principalmente kirchneristas-, donde, según su particularísima percepción y concepción de la realidad, no existen en la Argentina males tales como la inseguridad, inflación, corrupción, etc. ¨Son tan sólo sensaciones¨.

No fue, por tanto, como suele hacerse creer, un paraíso social donde los habitantes no robaban por amor al inca y por seguir preceptos morales inculcados, aprendidos o aprehendidos. Pues... ¿Quién en su sano juicio hubiera osado robar una mandarina con Stalin en el poder? No existían en estos gobiernos instituciones o reformatorios que se preocuparan y ocuparan, utilizando apropiados medios pedagógicos, en corregir a aquellos que habían obrado mal. No existían segundas oportunidades para nadie, ni ciertamente posibilidades de apelación por parte del individuo. Los jueces se encargaban simplemente de ejecutar las penas impuestas por el Estado, sin demora ni proceso posible. Esto mismo confirma Garcilaso en el segundo volúmen de su obra; en el capítulo que dedica a estos asuntos: *Algunas Leyes que los incas tuvieron en su gobierno.*

Poman de Ayala cuenta las penas reservadas a los acusados de hechiceros, de la que no se salvaban ni los hijos:

> *(...) curanderos, herberos, adivinos del pueblo, adivinos del Inka, los que engañan al mundo, los que guardan toda suerte de medicinas, culebras, sapos, perdices y objetos que matan la gente, a éstos, maldita sean llévatelos, mátalos. Que se acaben en un campo de sangre con sus hijos y sus semejantes],*
>
> *Que estos yndios murían con este castigo todo su casta yayllo y sus hijos y nietos. Escapaua los niños que fuesen de teta porque no sauía el oficio y ancí se escapaua de la muerte. A éstos no les enterrauan, que lo dex*[250]

Las mujeres que violentaban su virginidad antes del matrimonio eran colgadas a un árbol de sus cabellos hasta que murieran. Así lo cuenta el mismo historiador:

---

[250] En su Crónica y Buen Gobierno (1615), p. 311-313. Consultar completa digitalizada en: http://www.kb.dk/permalink/2006/poma/titlepage/es/text/?open=id3083608

Y luego le sentenciaua que fuese colgado bibo de los cauellos en las peñas llamados arauay [horca], aunque le uean hablar y conuersar o enbiar otro que le hablen por ellos, con color de pecar con los hombres. Uista luego les daua esta sentencia para exenplo de las demás uírgenes y monjas, aclla[a] de sus dioses, porque no fuesen quebrantado su ley y boto de la uirginidad. Aún el dicho Ynga y los pontífises no le osaron a hablalle y ancí abía muchas uírgenes acllaconas. Si a éstas les entrasen la ley de Dios, fueran sanctas de ellas. Castigo de los señores grandes y prencipales deste rreyno, como dicho es, y de los auquiconas yngas rreueldes, acimismo de los capac apoconas: El castigo fue la cárzel de sancay y se les parese enformación, les dan bibo para que coma los yndios Chunchos y se [e]xe[c]uta ésta. Castigo de las señoras principalas y de coya [reina] y denustas [princesa], pallaconas [mujeres nobles, galanas] [b]: Les manda atormentar con toclla [lazo], uasca [soga] y ci le hallan culpada le dan a comer a los yndios Anti que lo coma biba; esta sentencia se executa. Castigo de las mugeres pobres: Ci les hal[l]an culpadas, les echa en un rrío que uiene cricida, uatanay mayo [lit. el río que ata]. Allí se muere; esta sentencia se executa[251]

Aunque el peor de los castigos, el más espeluznante y sádico, haya sido tal vez el reservado a los prisioneros destinados a su particular régimen carcelario; muy singularmente a la tétrica prisión de Zancay, de la que nos dice el historiador inca antes citado: "*El Zancay, cárcel perpetua, era para los traidores y para los que cometían grandes delitos...era una bóveda debajo de la superficie, muy oscura donde se criaban serpientes, leones (pumas), tigres, osos, zorra, etc. Tenían muchos de estos animales para castigar a los delincuentes, traidores, mentirosos, ladrones, adúlteros, hechiceros murmuradores contra el Inca. A éstos los metían en la cárcel para*

[251] Ibídem.

que se lo comieran vivos"[252]. Sobre este singular régimen carcelario se expide también el P. Iraburu: "*(...) el «zancay debajo de la tierra, hecho bóveda muy oscura, y dentro serpientes, culebras ponzoñosas, animales de leones y tigre, oso, zorra, perros, gatos de monte, buitre, águila, lechuzas, sapo, lagartos. De estos animales tenía muy muchos para castigar a los bellacos y malhechores delincuentes*». Allí eran arrojados «*para que les comiesen vivos*», y si alguno, «*por milagro de Dios*», sobrevivía a los dos días, entonces era liberado y recibía del Inca honras y privilegios. «*Con este miedo no se alzaba la tierra, pues había señores descendientes de los reyes antiguos que eran más que el Inca. Con este miedo callaban*". Es poco probable que alguien haya podido tener la suerte de sobrevivir, ya que en aquellos hoyos hacinados enviaban a las fieras más endiabladas.

Para delitos menos graves existían otras cárceles, en las que si bien no había fieras en su interior, los reos no estaban exentos de la aplicación de tortura, particularmente de una que llamaban Chancnay Thocllauan Chipanay Uillaconanpac, que consistía, según un historiador peruano, *en atar de manos y pies con un lazo y torcerle para que confiese,* ***y*** *en seguida imponer la pena correspondiente*[253]. Éstos reos estaban incomunicados con el mundo exterior aunque, a diferencia de los de *Zancay*, recibían algo de alimento. Luego, finalmente, debemos mencionar que las cárceles destinadas a los infractores provenientes de las altas castas, que contaban con todo tipo de comodidades y prebendas.

La crueldad de los castigos propinados por los incas son testimoniados claramente por sus hombres y su mismo arte, desde vasijas de cerámica a esculturas líticas, donde observamos, además de una infinita tristeza, rostros desfigurados y sin ojos, labios y lenguas mutiladas, dedos y extremidades cercenados, etc.

---

[252] Nueva Crónica y Buen gobierno II/ Poma de Ayala Felipe Huaman, p. 225. Citado en Ling Santos., *Derecho Penal en el Imperio Inca*, 14 de agosto del 2011 [consulta: 17 de agosto del 2013]. Disponible en Web: http://estudiojuridicolingsantos.blogspot.com

[253] Ibídem

La influencia decisiva y herencia de los Incas en la región puede verificarse muy particularmente en Bolivia, donde actualmente gobiernos comunitarios indígenas continúan torturando y linchando salvajemente a hombres y mujeres –¡aún policías!-[254], niños y niñas, jóvenes y ancianos, por delitos menores como el robo de un pedazo de pan[255]. A otros, presuntos violadores, los entierran vivos[256]. Mencionaremos otros casos más adelante.

Educación: El Estado, naturalmente, era quien detentaba el monopolio de la educación, sin tener los padres potestad absoluta sobre los hijos en esta materia y, a decir verdad, en casi ninguna. Los niños incas eran disciplinados severamente desde recién nacidos. Las madres, dice Iraburu, "no los tomaban nunca en brazos, les daban baños de agua fría, no les toleraban caprichos ni rebeldías, y quizá por motivo estético, les deformaban el cráneo, apretándolo entre dos planchas".

Parece que está práctica fue también más o menos frecuente en algunos pueblos mesoamericanos, como prueban recientes

---

[254] En el año 2010, en Bolivia, cuatro policías que se encontraban investigando el robo de cuatro autos fueron linchados por indígenas bolivianos. La noticia fue reproducida por el diario argentino Clarín y citada por Apropol Noticias, 5 de junio del 2010. Cfr. http://www.youtube.com/watch?v=DaQzvj_fw48

[255] Sobre esta realidad –también vigente en algunas regiones del Perú- existen infinidad de videos grabados *in situ* por testigos de estas prácticas –muchos de ellos disponibles en el sitio youtube-. Un caso en el Perú: http://www.youtube.com/watch?v=EP6hQr68QF4. Varios casos en Bolivia: http://www.youtube.com/watch?v=DaQzvj_fw48.

[256] El caso bien conocido sucedió en el año 2013, cuando indígenas bolivianos apresaron a un joven de 17 años sospechoso de violación y lo enterraron vivo hasta que murió. Agencia de Noticias AP, reproducida por el medio Excelsior, México, 6 de junio del 2013. Cfr. http://www.excelsior.com.mx/global/2013/06/06/902891

hallazgos arqueológicos, donde se descubrió un cementerio de cerca de mil años, donde "algunos individuos presentan una deformación intencional en el cráneo", según informa el Instituto Nacional de Antropología e Historia de México.[257] Aunque dejaremos el tratamiento más exhaustivo de este asunto a páginas posteriores.

La discriminación en la educación no era algo que los jerarcas incas tuvieran interés de esconder; más bien lo declaraban abiertamente, como Topac Inca Tupanqui, cuya máxima al respecto decía: "El saber no se hizo para el pueblo, sino para los de sangre ilustre. En las gentes de baja extracción, no hace más que ensoberbecerlas, y volverlas arrogantes y vanas. Estas no deben mezclarse en los asuntos del gobierno, pues harían despreciables los oficios y causarían perjuicios al estado". Confirma esta hecho el inca Garcilaso de la Vega:

> *No es lícito que enseñen a los hijos de los plebeyos, las ciencias que pertenecen a los generosos y no mas; porque como gente baxa no se eleven y ensoberuezcan y menoscaben y apoquen la República (...) gobernar no es de plebeyos*[258]

A los hijos de nobles se enseñaba, entre otras materias, astronomía, aritmética, geometría, medicina, quipu-grafía, historia, moral, religión y formación militar. A los del pueblo: pastoreo, barbecho, artesanía, técnica hidráulica, minería obras públicas y quehaceres domésticos. He aquí entonces la enseñanza *popular, libre y gratuita* de los Incas.

---

[257] 18/12/12, México. Recogido por la agencia de noticias Noticias24. El sitio donde se realizó el hallazgo, perteneció, según los expertos, a los antiguos indígenas *pimas*; grupo cultural de la región cuyos descendientes se desplazaron hacia lo que hoy es el límite estatal Sonora-Chihuahua. http://www.noticias24.com/tecnologia/noticia/16226/descubren-un-cementerio-prehispanico-con-craneos-alargados-y-deformes-fotos-y-video/

[258] Comentarios Reales I, lib. 8, cap. VIII. Citado por Guillermo Prescott, Ob. Cit., p. 125

Los hombres provenientes del pueblo llano eran, en el mejor de los casos, considerados niños grandes; incapaces de cumplir con cualquier tipo de responsabilidad y de ejercer propiamente su libertad.

No hay que engañarse. La tan mentada, y por algunos admirada, divisa incaica *Ama sua, ama lluclla, ama quella* ("No Robes, no mientas, no seas haragán"), respondió a un modelo despótico y claramente oligárquico de dominación.

Si bien hasta hace relativamente poco tiempo se creía –sin discusión- que el incaico había sido el más desarrollado de cuantos pueblos habitaron el sur del continente hasta la llegada de los españoles, recientes estudios referentes a culturas anteriores a ellos no convalidan tal aserción. De lo que sí podemos estar seguros, es de su ilimitada ambición y voraz vocación bélica.

El imperio incaico apenas duro 100 años.

c) Mayas

Introducción

Gran revuelo generó en el año 2007 el estreno de la película *Apocalypto*, del genial actor y director australiano Mel Gibson. Este film, cuya trama gira básicamente en torno a un cautivo indígena que escapa del terror de sus captores mayas para salvar a su familia, transcurre dentro del contexto y período en que esta cultura dominaba la región. Se había criticado –muy exageradamente, por cierto- al director por algunas inexactitudes históricas allí volcadas, llegándose al extremo de tildar de racista al productor y de maliciosa la película. En realidad, para el caso, más allá de algunos equívocos discutibles –incluso entendibles-, en ningún momento el director había pretendido hacer de esta película un documental ni tampoco, naturalmente, se había jactado de ello. Lo que había molestado en realidad había sido otra cosa. No fueron, ciertamente, las usuales licencias artísticas empleadas en este género de ficciones. No. Lo que enfureció a muchos fue la osadía del director de desnudar a este pueblo hasta sus gestos más íntimos, exponiendo facetas hasta el momento ignoradas por gran parte del público. Nos referimos a la existencia de un gobierno despótico, de estricta estratificación social, opresor del pueblo llano, que vivía en guerra y de la guerra contra los pueblos más débiles. Aunque, sin dudas, lo que mas indignó a los escribas de marras fue la mención y personificación de los constantes sacrificios humanos por ellos realizados. Lo curioso del caso es que, en realidad, el director no había potenciado los rasgos negativos de este régimen totalitario y sanguinario, sino, contrariamente, más bien los había menguado. La realidad de aquellos tiempos fue bastante más cruda y cruenta que lo que refleja el film, si nos atuviéramos al gran cúmulo de documentación existente, como los escritos del P. Landa y demás escritos, códices y testimonios de los mismos indígenas, y a la evidencia respaldada por la ciencia como descubrimientos arqueológicos y antropológicos varios. A este respecto merecen particular mención los descubrimientos realizados en 1946, donde, entre otras cosas, se encontraron en Chiapas, México, varias pinturas y jeroglíficos mayas, cuyo análisis detenido dió como resultado un veredicto unánime: los mayas habían sido extremadamente sanguinarios y despiadados.

A raíz de la polémica suscitada por esta película y la posterior constatación de varios de los hechos allí mencionados, debió admitir, muy a su pesar, Juan E. Pardinas:

> *La mala noticia es que esta interpretación histórica tiene alguna dosis de realidad [...]. Los personajes de Mel Gibson se parecen más a los mayas de los murales de Bonampak que a los que aparecen en los libros de la SEP*[259]

[259] *Reforma* (periódico), «Nacionalismo de piel delgada», 4 febrero de 2007. Por SEP se refiere a los libros escolares de México.

A base del análisis minucioso de estos hallazgos, se supo que no eran los mayas un pueblo pacífico como se creía, sino todo lo contrario. Se descubrió que eran todos ellos pueblos extremadamente guerreros, caníbales, que vivían en guerra entre sí y sufriendo, a la vez, constantes insurrecciones internas por la hegemonía del poder y, otras veces, en reacción a la asfixiante opresión. En cuanto a ferocidad, llegaron a ser casi tan desalmados como los aztecas, aunque con la particularidad de que la mayor parte de los sacrificados por los mayas a los dioses eran niños.

«Decían incluso que el sacrificio humano era raro entre los mayas», expresa Stuart, algo claramente desmentidos por descubrimientos recién mencionados. Continúa diciendo:

> *(...) tanto en las tallas en piedra como en las pinturas murales) hemos encontrado más y más similitudes entre los aztecas y los mayas, incluida una ceremonia maya en que un sacerdote grotescamente ataviado le saca las entrañas a una víctima aparentemente viva durante un sacrificio e incluso sacrificios de niños (...)De hecho, en los rituales mayas los prisioneros de guerra eran sacrificados «en la cima de la pirámide [...] sosteniendo sus brazos y piernas mientras un sacerdote les abría el pecho con un cuchillo sacrificial y arrancaba el corazón como una ofrenda»*[260].

Michael Coe explica el gran cambio producido por los nuevos estudios de la civilización maya:

> *Ahora es sorprendentemente claro que los mayas de la época clásica, y sus antecesores del preclásico, eran gobernados por dinastías hereditarias de guerreros, para quienes el autosacrificio y el derramamiento de la sangre, y el sacrificio de la decapitación humana, eran obsesiones supremas*[261]

---

[260] Stuart, David, La ideología del sacrificio entre los mayas, México, Arqueología mexicana XI, 63, 2003, pp. 24-29.

[261] Michael D. Coe, citado en Florescano, Francisco, *La nueva imagen del México* antiguo, *Vuelta* 173, 1991, pp. 32-38.

Otro experto, La Fay, decía al respecto:

> *Desapareció la imagen del hombre maya como primitivo agricultor pacífico practicando ritos religiosos esotéricos en la quietud de la selva. El resultado es un pueblo guerrero lleno de vida, en número insospechado anteriormente, que usó técnicas agrícolas muy avanzadas. Y al igual que los vikingos, a medio mundo de distancia, comerciaban e invadían con brío*[262]

La visión idílica que se tuvo en algún momento sobre esta cultura, contrasta reciamente, como veremos en un momento, con la realidad de los hechos. Incluso la National Geographic - no justamente un baluarte hispanista-, ante los constantes descubrimientos arqueológicos probatorios del carácter despiadado de esta cultura milenaria, realizó y publicó en el año 2005 un documental acerca de esta realidad titulado "Los últimos días del imperio Maya"[263] . Conviene transcribir parte de la sinopsis que antecede al documental:

> *Dieciséis esqueletos -los restos de una familia real maya del siglo IX- han sido descubiertos en una fosa común, revelando una sórdida historia de sexo, ambición y rivalidades... y las pistas definitivas que desentrañarán uno de los grandes misterios del mundo antiguo: la causa de la desaparición del imperio maya, la masacre real y el colapso posterior de otros reinos apuntan a una sangrienta*

---

[262] La Fay, Howard, *The Maya, Children of Time*, National Geographic vol.148 no.6, 1975.

[263] Para la realización de este documental se contó con la participación de reconocidos arqueólogos y antropólogos. El título original en inglés es *Royal Maya Massacre* (National Geographic Television, Estados Unidos, 2005. 50 min. de duración aprox. Disponible el audio del documental en: http://www.ivoox.com/ultimos-dias-del-imperio-maya-audios-mp3_rf_769250_1.html?autoplay=1

lucha por el poder entre familias rivales, la práctica real de tomar varias esposas -cuyo propósito en un principio debía ser el de crear alianzas entre distintos reinos mayas enfrentados- tuvo, de hecho, el efecto contrario. Con el paso del tiempo, el aumento de los miembros pertenecientes a familias reales generó un superávit de príncipes demasiado preocupados por su supervivencia. El acceso a uno de los más importantes descubrimientos de la arqueología maya, combinado con las técnicas forenses más avanzadas, vividas recreaciones y gráficos por ordenador nos ayudan a presentar una historia en la que el sexo, la ambición y las luchas por el poder real desembocaron en la destrucción de una antigua superpotencia[264]

BREVE HISTORIA:

La civilización maya llegó a habitar gran parte de la región mesoamericana, incluyendo las actuales repúblicas de Guatemala, Belice, Honduras, El Salvador y los estados mexicanos de Campeche, Chiapas, Quintana Roo, Tabasco y Yucatán. Este mítico pueblo se originó alrededor del 600 antes de Cristo[265]. La historia mejor conocida de los mayas abarca dos períodos y locaciones distintas: el primero, denominado *clásico (IV-X)*, abarcó

[264] La sinopsis de este documental y de todos los realizados por National Geographic (escritos por los redactores de National Geographic) pueden leerse en el siguiente sitio: http://docuzona.blogspot.com.ar/2011_03_01_archive.html

[265] Dependiendo el autor, hay quienes dicen que existían desde el año 2000 a.C. (como Von Haen). Otros, como Lehmann, sostienen que solo a partir del año 320 d.c. puede hablarse propiamente el comienzo de la historia maya. No obstante, todos coinciden en señalar que recíen a partir del siglo X encontramos vestigios, registros de esta cultura (murales, íconografía, jerogíficos, estelas, etc.) a partir del siglo X.

las regiones del sur de México, Guatemala y Honduras, floreciendo grandes centros urbanos y religiosos como Palenque, Tikal, Yaxchilán, Copán y Piedras negras. El segundo corresponde al que llamamos período *posclásico (X-XV)*, concentrado básicamente en la Península de Yucatán, entre el Golfo de México y el Mar Caribe, donde entre otras ciudades de importancia se erigieron Chichén Itzá, Mayapán y Uxmal. El apogeo maya se produce entre el siglo VIII y IX. Muchos autores atribuyen este período de esplendor a la gran inmigración proveniente de Teotihuacan, una de las culturas indígenas más prósperas en la historia precolombina que había caído a mediados del siglo VIII por motivos que se desconocen. De acuerdo a trabajos arqueológicos recientes, los mayas florecieron al mismo tiempo que la cultura zapoteca, tehotihuacan, La Venta (olmeca) y otras; por tanto, como resalta el especialista Eric Thompson, no es cierto que -como se creía hasta épocas recientes- estas y otras culturas hayan surgido a consecuencia de la influencia maya en la región[266]. Los mayas, al no haber constituido propiamente un imperio, no contaron con una capital común, pero si con grandes centros urbanos como la antes mencionada Tikal, aunque se cree que el primero fue el de Uaxactún (200 d.C.), ubicado a 20 Km. de la primera. No obstante, la ciudad maya no era propiamente un centro urbano (como lo entendemos actualmente) sino un centro básicamente ceremonial; un conjunto de construcciones donde la gente acudía exclusivamente en fiestas religiosas y cívicas o a visitar sus mercados. La población vivía en las afueras[267].

No obstante, su edad de oro duro muy poco; a partir de la cual se evidencia una clara, general y gradual decadencia de su cultura hasta su destrucción casi total.

---

[266] Eric Thompson, *Grandeza y Decadencia de los Mayas*, en *Historia de Yucatán*, Carlos Castillo Peraza (compilador), México, Dante, 1987, p. 21

[267] Sobre descripciones de las ciudades mayas, consultar especialmente al recién citado Eric Thompson, ob. Cit., en Carlos Castillo Peraza, ob. Cit., pp. 28-33

Alrededor del año 1000 las ciudades emblemáticas de los mayas son abandonadas repentinamente por causas que no se han podido establecer con certeza -al igual que el recién mentado caso de Teotihuacan. A partir de allí -período usualmente calificado como posclásico- la gran masa de la población fue migrando y estableciendo su hábitat principalmente en la región de Yucatán. Las causas de su relativamente súbita disolución constituyen, como hemos dicho, un misterio no aclarado convincentemente hasta la fecha. ¿Qué motivo acuciante movió a cerca de dos millones de personas a abandonar una tierra que habitaban hace más de mil años y en cuya construcción habían invertido todo?

Son tres las teorías que gozan de mayor crédito. Con respecto a la decadencia y posterior desaparición de esta cultura, existe acuerdo general en que sucedió en algún momento entre los siglos IX y XI de nuestra era. En lo que no existe unanimidad es en cuanto a las causas que la generaron. Algunos sostienen que se debió principalmente al colapso ecológico sufrido en la región debido a los métodos agrícolas utilizados por estos, como la quema, roza y tumba, y la depredación de los bosques. También, asimismo, se ha hablado de una gran peste que asoló la región; otros atribuyen el hecho a un desmesurado crecimiento de la población que sobrepasó las capacidades productivas de la misma. Aunque la hipótesis más probable es aquella que sostiene un levantamiento de los trabajadores del estrato social más bajo y las regiones sometidas a estos nobles, sacerdotes y soberanos, que exprimían al pueblo con desmedidas cargas tributarias y distintas obligaciones. A este respecto, dice Thompson lo siguiente:

> *No es ilógico pensar que hubo una serie de rebeliones de la gente del campo contra la minoría teocrática de los oficiantes y los nobles. Estos levantamientos pueden haberse originado en las incesantes y cada vez mayores demandas de servicio para trabajos de construcción y para la consecución de alimentos destinados a un número también creciente de personas que no se dedicaban a la producción. Por otra*

parte, la adopción por la jerarquía de conceptos extraños a su religión nativa, tales como el culto al planeta Venus, puede haber actuado como una cuña entre los dos grupos haciendo pensar a los labriegos que la jerarquía ya no realizaba su función más genuina, o sea la de propiciar a los dioses del suelo, únicos en los que aquella gente humilde creía de todo corazón. (...) en una ciudad tras otra el grupo dominante fue expulsado o, más probablemente aun, fue muerto en masa por los labradores que hasta entonces habían sido sometidos, pasando así el poder a los jefes del grupo campesino y a los brujos-curanderos de las pequeñas poblaciones[268]

Aunque también se ha dicho que el abandono relativamente repentino de la población se debió a ataques, saqueos e invasiones militares provenientes de pueblos extranjeros. Solo sobrevivieron algún tiempo las ciudades *menores*, desapareciendo las emblemáticas de la *faz de la tierra*. A partir de aquel momento, de aquella migración forzada, dejaron de ser una influencia decisiva en la región, tomando su lugar otros pueblos como los toltecas[269].

La mayor emigración de mayas, como hemos dicho, se registró en la Península de Yucatán[270] (considerada la refundación o segundo

---

268 Razón que, según el autor, explica de alguna medida el cesé de las construcciones y la decadencia general de la cultura maya del período. El texto citado lo hemos tomado de Carlos Castillo Peraza, *Historia de Yucatán*, México, Dante, 1987, p. 51.

269 Von Hagen y otros autores sostienen que gran parte de los nuevos centros mayas en Yucatán (a partir del siglo X) fueron construidos y fundados con ayuda de los toltecas; muchos de los cuales habían abandonado su capital, Tula, debido a las invasiones de los chichimecas (1156). Hagen entiende que esta influencia de Tula en los mayas se manifiesta claramente en la iconografia, símbolos y grabados del período, principalmente en Chichén Itza (la Serpiente Emplumada, el Jaguar, el Aguila, etc.). Ob. Cit., p. 131.

270 No obstante, algunos se asentaron en Guatemala y en la región fronteriza con Honduras.

período maya) convirtiéndose Chichén Itzá, Uxmal y Mayapán en sus ciudades-centros urbanos principales, conformando la famosa Liga tripartita de Mayapán, que poco a poco ira sometiendo a toda la región. Con la disolución de Mayapán en 1451 -ocurrida por conflictos externos e internos, principalmente entre Chichén Itzá y Mayapán[271]- se divide finalmente la región en 16 provincias independientes y cientos de pequeños cacicazgos que no cesaron de guerrear entre sí. En esta situación terminal de los últimos vestigios mayas llegan los españoles.

Los mayas, en sus tiempos de máximo esplendor, llegaron a reunir cerca de 70 ciudades que compartieron una cultura, lengua y religión común, con permanente contacto comercial; aunque no existía una unificación, centralización política, capital común[272] ni soberano absoluto; cada ciudad tenía su propio rey, sacerdocio y nobleza. Por esto decimos que no podemos considerar a los mayas como un imperio propiamente dicho. En sí, su situación y organización política fue similar a las grandes *polis* griegas,

---

[271] El triunfo fue para Mayapan, que contó en la guerra con el apoyo de los mercenarios mexicas o toltecas. Los abusos y excesos de los vencedores fueron tales, que forzaron la reacción de los nativos y subyugados, logrando eventualmente desprenderse del brutal dominio de aquellos tiranos.

[272] Von Hagen (ob. Cit., p. 170 y 210) considera, no obstante, que la única capital mapa organizada conocida fue la de Mayapán, fundada en el año 987, constituida luego en una confederación entre las ciudades de Chichén Itzá y Uxmal (Liga de Mayapán) y administrada por dos dinastías tribales: los Cocoms y los Tutul Xius. En 1194 –algo mencionamos en la nota anterior- explota una feroz guerra entre estas, haciéndose del triunfo los primeros con ayuda de mercenarios toltecas (aunque algunos autores afirman que fueron aztecas). No obstante, las guerras entre estos perduraron hasta la llegada misma de los españoles a la península. El autor reproduce en su obra (p. 170) un fresco indígena del Templo de los Guerreros de Chichen Itza, donde se muestra a tribus rivales incendiando ciudades y guerreando.

como Esparta, Corintio y Atenas, que si bien fueron culturalmente similares (lengua, religión, costumbres), fueron celosos de su independencia y autonomía, guerreando frecuentemente entre ellas, al igual que los mayas. Sus vínculos políticos, cuando los tuvieron, fueron temporales y sostenidos por alianzas que duraban, las más de las veces, lo que un nublado. Las principales batallas se libraron entre las ciudades de Tikal y Calakmul, y luego, en sus tiempos en Yucatán, entre los pueblos/tribus miembros de la Liga de Mayapán, luchando encarnizada y constantemente por la supremacía de la región. Algunas veces, cuenta el P. Landa, los mismos soberanos vendían a los integrantes su propio pueblo, entregándolos como esclavos a tribus extranjeras, a cambio de riquezas y favores[273]; actitud que no debería sorprender si tomamos en consideración que cuando las grandes catástrofes naturales, como las inundaciones, los mayas huían de los centros urbanos hacia los bosques abandonando y dejando morir a los ancianos y a aquellos que se veían impedidos físicamente de trasladarse[274].

La estética entre éstos era fundamental. Tatuados sus cuerpos y caras casi completamente, el rostro totalmente depilado, llegaron a extremos aberrantes -principalmente entre los *señores* mayas-, como la perforación de la lengua, el pene y las orejas –hasta que les cupiera un huevo de pavo-, la incrustación de piezas dentales de gemas en la boca, la deformación artificial e intencionada de dientes, narices[275], cabezas, y todo tipo de mutilación corporal posible.

---

[273] Por mencionar un caso claro, aludimos al caso del Gobernador Cocom que entrego su pueblo a tribus de México, como esclavos. Consultar para este y otros casos su *Historia de las Cosas de Yucatán*, a partir de página 17 de la versión digital, disponible completa en: http://www.wayeb.org/download/resources/landa.pdf

[274] Mencionado por von Hagen, ob. Cit., p. 146

[275] Von Hagen, ob. Cit., p. 165

RASGOS SALIENTES DEL IMPERIO MAYA

Situación Social: Según varios autores, su organización social fue similar a los *ayllu* incas, donde cada familia o clan debía cultivar una determinada parcela de tierra para el Estado. No existía la propiedad privada; todo pertenecía al Estado y a su soberano.

Debajo del soberano encontramos una sociedad dividida en cuatro estamentos: la nobleza, el sacerdocio, los plebeyos, llamados *yalba uinikoob*, cuyo significado es *"hombres pequeños"*, y los esclavos[276]. De la primera, llamada *almenhehoob*, provenían las clases dirigentes y los sacerdotes.

La mayor parte de la población estaba constituida por los plebeyos, que eran, entre otras cosas, cargadores, campesinos, pescadores, constructores, leñadores, agricultores, aguadores, albañiles, artesanos, canteros, tejedores, etc.

Observamos en los pueblos mayas, al igual que en los aztecas e incas, una definida y rigurosamente marcada estratificación social, o como admite Von Hagen "una acentuada desigualdad social"□. Toda posición de poder era controlada por las clases altas y no existía la posibilidad de la ascensión social para los estratos bajos -que significaban prácticamente la población general-. Los cargos públicos y las distinciones de linaje, nobleza, eran hereditarios, a diferencia de algunos pueblos mexicas. Sobre la organización social de este pueblo, comenta el insospechado especialista Howard La Fay:

> *La sociedad maya estaba organizada sobre la base de una marcada estratificación social, a la cabeza de la cual se encontraba la nobleza, losalmenehoob ('los que tienen padres y madres'). Este grupo privilegiado monopolizaba el poder y la autoridad al ostentar los puestos políticos y religiosos*[277]

---

[276] Algunos autores mencionan a un núcleo social intermedio entre la nobleza y los artesanos: los Ah opolom (comerciantes).

[277] En ob. Cit.

Salcedo Flores, distingue entre estos últimos, tres clases de trabajadores*: aquellos libres que trabajaban por algún salario, los siervos que trabajaban gratuitamente o por explotación determinada y a favor de los señores y los sacerdotes, y finalmente los esclavos.* [278]

Los plebeyos, el pueblo, colmado de obligaciones, no tenían derecho a prácticamente nada. No solo trabajaban las tierras comunales para procurarse su propio alimento, sino que, además de ser obligados a cultivar las tierras de los nobles y sacerdotes –por supuesto, sin percibir remuneración alguna-, debían construir sus casas, dar regalos a los señores de la localidad y pagar altísimos tributos e impuestos. No les estaba permitido vivir sino en las zonas marginales, ya que las tierras ubicadas en los centros urbanos estaban reservadas para las clases privilegiadas. El recién citado autor, desde su pormenorizado estudio de la cultura maya, concluye finalmente que, entre éstos, *el Derecho fue utilizado por la clase dominante para sojuzgar al pueblo.*

Los nobles y reyes tenían permitido tener varias mujeres –algunos llegaron a tener cientos-, mientras al pueblo se lo obligaba a mantener un estricto régimen monogámico. El incumplimiento de esta norma se castigaba con la muerte. Sumando a este cuadro el fatalismo de su religión, no sorprende pues la frecuencia con que los mayas cometían suicidio, nos dice un autor al respecto, "… lo aceptaban como una forma de liberación y hasta de felicidad ultraterrena" (…).[279]". Las mujeres, ciertamente, no tuvieron mejor

[278] Antonio Salcedo Flores, *El Derecho Maya prehispánico: Un acercamiento a su fundamentación socio-política*, Sección Artículos de Investigación, alegatos nro. 71, México, enero-abril de 2009. Consultar fragmentos de la obra en: http://www.azc.uam.mx/publicaciones/alegatos/pdfs/64/71-10.pdf. Antonio Salcedo Flores es profesor investigador del Departamento de Derecho de la UAM-A.

[279] Luis Alberto Sanchez, *Breve Historia de América*, Buenos Aires, Losada, 1965, p. 53.

pasar. Cualquier hombre podía repudiar, castigar físicamente y divorciarse de su esposa si esta olvidaba preparar adecuadamente la comida o el baño del hombre[280]. El repudio entre las culturas indígenas era un estigma indeleble que acompañaba a la persona hasta su muerte –si es que no era ejecutada con anterioridad-.

No eran los mayas un pueblo pacífico, como hemos dicho, sino todo lo contrario. Parece que, según algunos historiadores, guardaban ciertas normas de guerra como no exterminar completamente a las poblaciones vencidas. Aunque, por otro lado, casi todos los cautivos tomados de éstas, eran salvajemente torturados antes de ser sacrificados en el sangriento juego de pelota[281]. El frecuente empleo de la tortura entre los mayas es también mencionado por Fray Diego de Landa, uno de los principales estudiosos de este pueblo[282].

La organización familiar era monogámica exogámica, y existía la posibilidad del divorcio por motivos varios, como el abandono de uno de los cónyuges o el repudio. Podían volver a casarse, incluso sin la intervención de un sacerdote.

Leyes y castigos: Algunos historiadores insisten en mencionar a los mayas como un pueblo bastante más civilizado y "pensante" que el de los aztecas, hecho que, según estos, se manifiesta en sus leyes y castigos. No adherimos a tal aserción.

Entre los mayas el adulterio, a diferencia de la mayoría de los imperios indígenas, era un delito que el Estado dejaba en manos de la víctima, que podía decidir perdonar o bien, matar al adultero; la forma era la siguiente:

---

[280] Von Hagen, ob. Cit., p. 144

[281] Antonio Salcedo Flores, ob. Cit.

[282] Diego de Landa, *Relación de las cosas de Yucatán*, México, Ed. Consejo Nacional para la Cultura y las Artes, 1994, 97-113

Atado de pies y manos a un poste el adúltero era puesto a disposición del conyuge ofendido (...) a cuyo efecto le dejaba caer una pesada piedra desde lo alto, en la cabeza, haciéndole saltar los sesos[283]

En algunos pueblos, el castigo para el adúltero era peor: le extraían las vísceras por el ombligo. Otro ejemplo de la peculiar ley maya, es que la muerte del homicida se dejaba a cargo de los parientes de la víctima. Asimismo, el intento de seducción de una mujer casada o de hija de familia era penado con la muerte, como menciona Salcedo Flores, comentando varios casos concretos. Las cárceles, para estos y casi todos los pueblos indígenas, eran utilizadas únicamente como lugar de alojamiento del reo hasta la ejecución. Jamás se consideraba la posibilidad de reinsertar al reo en la sociedad. Si el homicida era menor de edad, se lo reducía a la esclavitud perpetua.

En cuanto al robo, tuvieron los mayas una actitud bastante más práctica y astuta que otros pueblos. El robo o hurto de cosa que no pudiera ser devuelta se castigada con la esclavitud perpetua y no con la muerte. Política esta que les permitió contar con una cantidad incalculable de esclavos; que, de alguna manera, explica la gran cantidad de construcciones inmensas, realizadas durante la era maya, ya que estos esclavos eran destinados para tales fines. Hay que agregar también que entre los mayas la esclavitud era hereditaria; cuando estos morían, pasaba a ocupar su lugar su hijo, y así sucesivamente a menos que este, o sus hijos, pudieran comprar la libertad; cosa muy poco probable. También se penaba con la muerte a aquellos hombres del pueblo llano que usaran símbolos y/o vestimentas propias de los nobles o reyes, como las plumas de ciertos animales, ya que, la caza de éstos estaba completamente prohíbida al hombre común. Además si se consideraba que el

---

283 Carranca Raúl y Trujillo, *Derecho Penal Mexicano*, México, Editorial Porrúa, 1980.

animal había sido cazado "gratuítamente", se ordenaba la muerte del cazador[284]. La "ley" maya no hacía distinción entre el homicidio intencional y el accidental. Ambos eran penados irremediablemente con la muerte, pues según su mística cosmovisión de la vida no había nada que fuera por accidente.

Entre los castigos más usuales que no implicaban la muerte, encontramos la lapidación, destrucción de los ojos, labrado en el rostro, esclavitud, amarradura de las manos a la espalda varias horas o un día. A diferencia del derecho mexica, que a veces permitía la revisión de una sentencia, los mayas negaban tal posibilidad.

Economía: La principal actividad económica de los mayas provenía del mercado de esclavos y de la plantación del cacao, que utilizaban muchas veces como moneda de trueque con otros pueblos. Sus mercados son una clara muestra de ello, especialmente en Chichén Itzá, donde un conejo se vendía por 10 porotos de cacao, una calabaza por 4, un esclavo por 100 (un equivalente a 25 tazas de chocolatada según Von Hagen) y los servicios de una prostituta costaba entre 8 y 10[285].

No obstante, a pesar de la pobreza del suelo y del uso a veces irresponsable que hicieron de éste, lograron, además de maíz, buenas cosechas de ají, tomate, mandioca, etc. Si bien en ocasiones cazaban animales silvestres, su dieta fue básicamente vegetal.

Hábiles en el tejido de algodón, la artesanía y en el diseño de alfarería, lograron también alguna renta comerciándolos

---

[284] Von Hagen, ob. Cit., p. 164. No obstante, no aclara el autor que suponía para los mayas exactamente "cazar a un animal innecesaria o gratuitamente".

[285] Von Hagen, pp. 155-156

Educación: Al igual que los aztecas, no contaron estos con escritura, utilizando en su defecto un complejo, y a veces indescifrable, sistema de expresión jeroglífica, donde pudieron asentar algunos hechos de su historia. No obstante, Morley, siguiendo aquí las convicciones de H. G. Wells y Edward Gibbon en que la escritura es lo que distingue a un pueblo civilizado de uno salvaje, los mayas fueron el pueblo más civilizado del Nuevo Mundo[286]. En cuanto a la educación y saberes, se sabe que solo los nobles tenían acceso a ella –al menos, en lo referente a la alta educación-, considerados los únicos capaces de utilizarlos responsablemente e interpretarlos de forma adecuada; particularmente los sacerdotes. Y sabemos también que sus conocimientos astronómicos eran elevados, habían construido un observatorio, que aun hoy sigue en pie y puede visitarse (en la región de Chichén Itzá, denominado *el Caracol*). Contaron con un calendario (*haab*) bastante preciso dividido en 18 meses de 20 días cada uno, a los que se agregaban cinco días más[287]. Éste les permitió tener cierta organización y sentido del "tiempo". Estos conocimientos permitieron a los sacerdotes, que estudiaban los ciclos e interpretaban las señales del cielo, señalar los tiempos convenientes de siembra y cultivo. Creían que el tiempo era cíclico; que las mismas influencias y consecuencias se repetían en la historia. No obstante, parece que la escritura jeroglífica y el calendario utilizado fue inventado por los Olmecas. Se destacaron también en las matemáticas, contando con

[286] Explica seguidamente los tres grados de la evolución de la escritura; pictórica, ideográfica y fonética (silábica y alfabética), señalando a la maya como ideográfica. Sylvanus G. Morley, *La Civilización Maya*, en Carlos Castillo Peraza, *Historia de Yucatán*, México, Dante, 1987, p. 55

[287] Según varios autores, además del mencionado, utilizaron otros dos calendarios. El tzolkin, calendario sagrado de 260 dias (como el tolteta y azteca) con el cual se podía calcular exactamente el año solar, los eclipses y los ciclos de planetas y estrellas, y sobre el segundo de ellos no se sabe demasiado (ni su funcionamiento ni sus fines espécificos), que comenzaba desde el primer día de la fundación del "imperio".

un complejo sistema numérico basado en 20 símbolos, que incluían el cero. Según varios autores, se aventajaron en los conocimientos de la arquitectura a todo el resto de los pueblos precolombinos, considerándose sus pirámides como las más perfectas de América[288].

Los mayas veneraban a decenas de dioses que, al igual de las demás religiones de otros imperios precolombinos, cumplían cada uno una misión específica y exigían sacrificios humanos para asegurar la prosperidad y existencia del mundo. Creían, a su manera, en la existencia de un cielo y un ardiente infierno que denominaba *Mitnal*; que a toda costa procuraban evitar, siguiendo los preceptos de sus dioses lo más acabadamente posible. Entre los dioses o divinidades más importantes podemos mencionar a Kukulkán (dios creador), Itzamná (Itzaamnaj), Ah Kin (Kinich Ahau), Ix Chel (Chac Chel), Yum Kaax, Ek Chuah, etc. A casi todos, especialmente al dios del maíz, ofrecían víctimas humanas; muy particularmente de niños[289].

En resumen, solamente dos destinos le eran posibles al hombre común en los tres imperios/culturas mencionadas: ser esclavo de un estado despótico a cambio de una magra ración de alimento, o ser "libre" de trabajar y tributar, muriendo de hambre o frío en las selvas recónditas de la región.

---

[288] Según Geoge F. Andrews existen diferentes estilos arquitectónicos definidos: Sudorienta, Petén central, Usumacinta, Noroccidental, Río BecChenes, Río Bec y Puuc, Costa oriental, etc.

[289] Citado del documental *Los últimos días del Imperio Maya* (al que aludimos anteriormente).

Panem et circenses: Juego de Pelota

Con las lógicas salvedades del caso, al igual que en las épocas en que reinaron en Roma emperadores demagogos que utilizaban bajos artilugios para intentar contener y/o desviar la atención de las masas -particularmente alimentando su morbo de sangre-, los imperios y culturas mesoamericanas tuvieron los suyos. Su método: El juego de pelota y sus contiendas de "gladiadores".

La *fiesta-juego* era tan esperada que el pueblo no podía contener su entusiasmo, concurriendo masivamente, llegando algunos al extremo de vender a sus hijas para obtener un lugar de privilegio en el campo.

Para la mayor parte de las fuentes, el juego de pelota fue practicado por los pueblos mesoamericanos desde el 1400 a.C. aprox., pero será a partir del denominado período clásico (o posclásico según algunos autores) que este deporte será vinculado en forma directa con los sacrificios de humanos; particularmente entre los mayas y aztecas. Las reglas de este juego, según parece, fueron variando con el tiempo.

Para jugar se paraban dos equipos, cada uno en una mitad de la cancha (el tamaño de la cancha variaba sensiblemente, dependiendo el lugar). Parece que, en su versión más común, el juego consistía en golpear la pelota de un lado a otro utilizando las caderas, hasta que un equipo no consiguiera devolver la pelota o hasta que ésta saliera del campo. Ambos equipos estaban formados por prisioneros cautivos, muchas veces desnudos y maltratados o torturados previamente. El equipo o capitán del equipo perdedor era decapitado. La existencia de estos juegos sangrientos fue relatada por los mismos indígenas y cronistas de Indias, patente también en el mismo arte aborigen conmemorativo de estas prácticas[290].

---

[290] La asociación fue particularmente fuerte en las culturas de Veracruz y de los mayas, donde se pueden observar las representaciones más explícitas de sacrificios humanos en los paneles de juego de pelota - por

Otro juego popular de pelota era el *Tlachtli*, que heredaron de los mayas. Era un juego de carácter religioso y lo jugaban dos equipos de 5 jugadores[291]. La finalidad del mismo era pasar una pelota de caucho por un aro puesto en forma vertical en un muro, utilizando solamente los codos, rodillas y caderas para introducirla. La pelota era tan dura que era muy común que se produjeran contusiones graves e incluso muertes. El capitán del equipo perdedor era decapitado o sacrificado, pues se entendía que este era el deseo de los dioses.

En relación a este juego, fray Bernardino de Sahagún escribió lo siguiente:

> *Las pelotas eran del tamaño aproximado de las de bolos (unos quince centímetros de diámetro) y eran sólidas hechas con una goma llamada ulli..., que es muy ligera y rebota como una pelota inflada. Durante el juego los que se hallaban presentes hacían apuestas de oro, turquesas, esclavos, ricas mantas y casas... En otras ocasiones, el señor jugaba pelota por diversión... También con él iban buenos jugadores de pelota, quienes jugaban ante él y otros principales jugaba?? en el equipo adversario y ganaban oro y chalchigüites y, cuentas de oro y turquesas y ricos mantos y maxtíes y casas, etc... El campo de juego de pelota consistía en dos paredes separadas veinte o treinta pies, que eran hasta de cuarenta o cincuenta pies de longitud; las paredes estaban blanqueadas y medían alrededor de ocho y medio pies de altura y en medio del campo había una línea que era usada en el juego... En el centro de las paredes, en medio del campo, se hallaban las piedras, como*

---

ejemplo, en El Tajín (850-1100 d. C.) y en Chichen Itza (900-1200 d. C.) – así como en la muy conocida estela del jugador de pelota decapitado del sitio de Aparicio en Veracruz (700-900 CE). El Popol Vuh, la narrativa religiosa y cuasi-histórica de los mayas del Posclásico, también vincula el sacrificio humano con el juego de pelota. Fuente: es.wikipedia.org

[291] Según otras fuentes, podía jugarse con equipos de dos a seis jugadores y la pelota podía se golpeada también con los pies.

muelas de molino ahuecadas, una frente a la otra y cada una tenía un agujero bastante grande para contener la pelota... Y el que hacia pasar la pelota por él ganaba el juego. No jugaban con las manos sino golpeaban la pelota con las nalgas; empleaban para jugar guantes en las manos y un cinturón de cuero en las nalgas, para golpear la pelota...

Otro cronista, Diego Muñoz, autor de la importante *Historia de Tlaxcala*, observó lo siguiente:

Tenían juegos de pelota de un modo extrañísimo que llamaban —136→ el juego de Ulli. Es un pelota hecha de cierta leche que destila un árbol llamado Vlquahuitl que se convierte en duros nervios, que salta tanto, que no hay cosa en esta vida con que compararlo. Son las pelotas del tamaño de las de viento de las que se usan en España, y saltan tanto, que si no se ve parece increíble que dando con la pelota en el suelo, salta más de tres estados en lo alto. Esta pelota se jugaba con los cuadriles o con las nalgas, porque pesa tanto que con las manos no se podía jugar; y así los jugadores de esta pelota tenían hechos de cuero cinchos muy anchos de gamuza, para las nalgas con que jugaban. Tenían juegos de pelota dedicados en la República para estos pasatiempos: jugaban para tener ejercicio los hijos de los Señores, y jugaban por apuestas muchas preseas, ropas, oro, esclavos, divisas, plumería y otras riquezas. Habían en estos juegos grandes apuestas y desafíos: eran juegos de República muy solemnizados; no los jugaban sino Señores y no gente plebeya: tenían para esto juego diputados[292].

Fueron muy frecuentes también las luchas a muerte o "sacrificios gladiatorios". En general, los enfrentamientos se daban

---

[292] Historia de Tlaxcala, por Diego Muñoz Camargo; publicada y anotada por Alfredo Chavero. Disponible para consulta en: http://bib.cervantesvirtual.com/servlet/SirveObras/89147394320125030510235/p0000006.htm?marca=antropofagia#I_28_

entre algún esclavo o prisionero de guerra -antes de ser sacrificado- contra los más hábiles guerreros del imperio y su captor. La pelea era, en realidad, una pantomima, pues mientras los gladiadores del imperio portaban una gran variedad de armas letales, armaduras y escudos protectores -estando además acompañados por otros bravos y reputados guerreros- el prisionero debía luchar solo e indefenso y a veces hasta atado de pies o manos. Uno de las contiendas mas recordadas tuvo lugar entre un afamado jefe de los tlaxcaltecas -enemigos tradicionales de los aztecas-, que se encontraba a la sazón prisionero, y dos importantes guerreros de los aztecas: "*Súbitamente, el primer relámpago de muerte le llegó a través de la espada cubierta de cuchillos de obsidiana, que podían cercenar un brazo o una cabeza de un solo tajo, manejada por el Caballero Águila. Ya no pudo escuchar nada más, porque había muerto; al mismo tiempo, atronaban el aire los gritos de todos los espectadores que habían apostado por el Caballero Águila como el que abatiría mortalmente al prisionero...*"[293]. La finalidad de este peculiar evento era principalmente: Entretener a la multitud allí congregada haciéndoles olvidar por un momento sus penurias, y darle al captor de la víctima la posibilidad de demostrar su valor frente a todos, para así acrecentar su fama y honores (esto último, siempre y cuando la víctima peleara bravamente a pesar de la notable desventaja en la que se encontraba). Sucedió algunas veces que la víctima peleaba tan valientemente, que lograba matar a uno ó dos guerreros, además de su captor; aunque luego, exhausto del estoico esfuerzo, terminaba siendo ultimado por los otros guerreros. Supuestamente, si el prisionero derrotaba a los cuatro o cinco gladiadores que se le enfrentaban, podía reclamar su libertad. Cuenta Francisco Clavijero que se tienen noticias de un caso donde esto sucedió, cuando un cholulteca prisionero con uno de sus pies atados, venció a todos los huexotzingos que se le pusieron en el

---

[293] Manuel Yañez Solanas, Los Aztecas, Madrid, M.E. Editores, 1997, pp. 85-95. Consultar versión digital íntegra en: http://es.scribd.com/doc/12864589/Yanez-Solana-Manuel-Los-Aztecas

camino. No obstante, se ordenó su ejecución por temor a que éste se armase contra ellos, en el futuro, aliado con enemigos.[294]

Había juegos, no obstante, que no involucraban prisioneros ni sacrificios humanos, aunque no se destacaban, empero, por la deportividad o sana afición al deporte. Son varios los cronistas que aseguran sobre la violencia de los juegos, y una -sino la más importante- finalidad del juego era apostar; convirtiéndose en algunos casos en una verdadera *industria de la apuesta,* aún cuando jugaban entre pueblos vecinos por simple diversión. Esto fue común entre los aztecas, llegando a verdaderos extremos, como cuenta Diego Durán: "estos desgraciados... vendían a sus hijos con el fin de apostar y incluso apostaron a sí mismos y se convirtieron en esclavos"[295]. Fray Juan de Torquemada, misionero e historiador del siglo XVI, relata el caso del emperador azteca Axayacatl, que jugó contra Xihuitlemoc, líder de Xochimilco, apostando sus ingresos anuales en contra de varios chinampas de Xochimilco[296]. Ixtlilxochitl, un contemporáneo de Torquemada, relata que Topiltzin, el rey tolteca, jugó contra tres rivales y que el ganador podía regir a todos[297]

---

[294] En ob. cit., p. 169. Otro caso conocido es el del general tlaxcalteca Tlalhuicole, capturado por los mexicanos, que, atado a una piedra y solo con un bastón emplumado, venció a ocho guerreros bien armados. Citado en Laurette Séjourne, *Pensamiento y religión en el México antiguo*, México, Fondo de Cultura Económica, 1957, pp. 35-43

[295] Diego Duran citado en Smith (ob. Cit.), p. 233. Otro cronista, Toribio de Benavente Motolinia, también mencionó que los partidos eran acompañados de grandes apuestas (Motolinia, ob. Cit., p. 320).

[296] Eric Taladoire, *The Architectural Background of the Pre-Hispanic Ballgame. The Sport of Life and Death: The Mesoamerican Ballgame* (Published in conjunction with an exhibition of the same name organized by the Mint Museum of Art, Charlotte, NC. edición), New York, Thames & Hudson, 2001, p. 97

[297] Citado por Santley, Robert, M. and Berman, Michael J. and Alexander Rami T. (1991) en *The Politicization of the Mesoamerican Ballgame and*

En general en el juego de la pelota, debido al peso y tamaño de la misma, terminaban a lo menos con fracturas, narices rotas, dientes rotos y caídos, y graves contusiones cerebrales.

ALGUNAS IMÁGENES:

Uno de una serie de murales del juego de pelota
Sur de El Tajín, que muestra
el sacrificio de un jugador de pelota.

Its Implications for the Interpretation of the Distribution of Ballcourts in Central Mexico. En Vernon Scarborough and David R. Wilcox (eds.), *The Mesoamerican Ballgame*, Tucson, University of Arizona Press, 1991, pp. 14-15

Una de las tantas canchas de Juego de Pelota conservado hasta la actualidad.

Mural en la cancha de Juego de Pelota, que representa a dos guerreros luchando en el juego

2) El Crimen Desorganizado: Las hordas caribes, chibchas, yaros, guaraníes, charrúas, araucanos, y otros[298]

Introducción:

¿Qué sucedía, en cambio, con los indígenas que no estaban bajo el poder de los grandes imperios? Que los indígenas, en general y en la medida de lo posible, rehuían al trabajo, es cosa sabida, probada y documentada. Nada nuevo bajo el sol. A juzgar por los hechos, pareciera que estos no habrían trabajado en su vida si no hubieran tenido, en parte, la desdicha de haber nacido en tierras sometidas a la barbarie inca o azteca.

Numerosos son los relatos en las crónicas acerca de los indígenas que tuvieran la fortuna de haber estado fuera de la órbita de los mexicas o incas. Estos se entregaban usualmente de lleno a la holgazanería y, particularmente, a la embriaguez[299]. Vivían al día, cazaban y/o cultivaban lo que necesitaban en el momento. No existía entre ellos la noción de "ahorro" o "acopio" de alimentos. Por esta razón, pasaban muchas veces días y semanas sin comer o alimentándose precariamente. Este tipo de tribus son descriptas

---

[298] Aclaración: no escapa a nuestro conocimiento el hecho que algunos de los nombres dados a ciertos pueblos/grupos/etnias por los cronistas y hombres de la época son imprecisos (Ej. No pocas veces los españoles denominaron muiscas a los chibchas, aztecas a los toltecas , aymaras a los collas, y caribes, a veces, a varios pueblos indígenas que practicaron la antropofagia, y así sucesivamente). La minuciosa distinción de cada una de estas razas/etnias –lo hemos dicho ya- escapan al propósito primordial y original de nuestro ensayo. No obstante, hemos intentado ser lo más precisos posible en cuanto a la enumeración y clasificación de los distintos pueblos/culturas.

[299] Consultar las experiencias del Padre Canelas en Vicente Sierra, *Historia de la Argentina*, Buenos Aires, Unión de Editores Latinos, 1959, t. I, p. 142

con precisión por Gonzalo de Abreu, quien fuera gobernador del Tucumán en 1573:

> *(...) de causa de ser esta tierra nueva y aver estado, como de presente lo está, mucha parte de los naturales destas provincias de guerra y por conquistar y asentar, a ser gente de poca razón y ovidencia a sus caciques, de tan mala inclinación que procuravan andarse por los montes, algarrobales, matándose e robándose, con ponzoñas, a trueque de no dar la ovidencia a sus caciques, ni sembrar comidas para su sustentación y andarse ydolatrando en sus borracheras e hechicerías, ynbocando el demonio y en otros vicios y carnalidades, sin tener respeto a nadie, hijas ni hermanas, ni quererse sujetar a pulizia, razón ni ley natural, si no es con gran fuerza y castigo*[300]

El vicio por antonomasia del indígena era la bebida. Era usual entre los hombres de varios de estos pueblos escaparse por unos días a embriagarse, solos o con sus pares, dejando a sus mujeres e hijos totalmente desamparados, sin alimentos y con los techos rotos de sus precarias viviendas -lo que generaba grandes perjuicios para éstos en casos de grandes tormentas-. El Padre Eder, misionero en el Perú, menciona el caso con detalles en "*Descripción de las Provincia de los Mojos en el Reino del Perú*".[301] Lo condenable, pues, no era tanto el hecho *per se* de emborracharse o de ingerir grandes cantidades de alcohol –más allá de las secuelas físicas que esto generaba-, sino las consecuencias que acompañaban a estas borracheras monumentales y generalizadas, que solían llevarlos a la ejecución de los actos más bárbaros, alterando gravemente el orden social. De alguna forma, debemos admitir que fue éste uno de los motivos –si no el principal-

[300] Citado en Revista de la Biblioteca Nacional, Buenos Aires, 1939, tomo III, Nro. 12, pp. 613 y ss.

[301] Eder, P. F. X., *Descripción de la Provincia de los Mojos en el Reino del Perú*, lib. IV, cap. II.

por el cual esta costumbre fue severamente perseguida por los grandes imperios indígenas. Por ello la bebida constituyó motivo de constante preocupación de los misioneros católicos, intentando lo imposible para lograr erradicarla. Eran ellos, los misioneros, muchas veces, quienes cuidaban a los hijos y mujeres abandonadas por los esposos en sus travesías de borracheras. Parece que unicamente los jesuitas, de las misiones guaraníes, lograron de forma definitiva extirpar este vicio. Lucio Mansilla, desde su *Excursión con los indios ranqueles* del siglo XIX, da cuenta de los excesos de estos aborígenes con la bebida[302].

En el subcapítulo anterior hemos observado algunos casos sobre la barbarie institucionalizada y patrocinada por los estados y/o culturas mas avanzadas de América. Hemos mencionado también los holocaustos masivos y la opresión sufrida por la población a manos del despotismo imperial y de las clases dominantes[303]. Hemos mencionado también la criminalidad organizada en su estado más puro. Aunque jamás terminaremos de sorprendernos de algunas declaraciones vertidas por algunos antropólogos, sociólogos e historiadores. Así, con el manifiesto objeto de reivindicar indistintamente y sin matices a aquellas culturas, sostienen, por ejemplo, que el canibalismo no es tan malo y repudiable en tanto practicado civilizadamente -palabras más palabras menos, esto dicen-. Lo "civilizado", según su particular concepción, sería la ordenada y pacífica distribución que se hacía de los miembros corporales del pobre desgraciado que habían matado y cocinado. Pues, como se sabe, en los pueblos/imperios mejor organizados, sus partes eran pactadas de antemano, en base a meritos y/o condición

---

[302] Lucio Mansilla, *Una Excursion a los Indios Ranqueles*, Buenos Aires, Biblioteca Mundial Sopena, 1977, pp. 98, 100, 110-111

[303] Más bien, hemos hecho referencias *al pasar* de ellos. Éstos serán desarrollados con más detalle en sucesivos capítulos referentes a los sacrificios humanos y la antropofagia.

social, mientras los otros pueblos, generalmente, se lanzaban como cuervos sobre el cadáver, sin orden, empujándose y lastimándose unos a otros para conseguir las partes más sabrosas y carnosas de la víctima. Existía pues, una prolija y civilizada repartija de manos, brazos, pies, dedos, cabezas, hígados – ¡y vaya a saber uno que más!, es cierto. Sin dudas Jauretche y el gran Anzoátegui, de estar vivos, se harían un festín con todos estos absurdos de la nueva *Intelligentzia* criolla. De esta grosera subjetividad con que escriben no pocos historiadores y seudo sociólogos se quejaba con razón el historiador y filósofo Antonio Caponnetto, respondiéndoles con agudeza y gracia notable:

> *Si matan indios los españoles, son genocidas. Si cientos de miles de indígenas murieron masacrados en manos de los despóticos Estados Indios y de sus crueles caciques, es un fenómeno multicultural. Si millares de aborígenes perdieron sus vidas esclavizados, trabajando en la construcción de monumentos faraónicos para una organización política tribal sostenida en el terror, se hablará de los avanzados testimonios arquitectónicos precolombinos. Si los mismos indios sudaban en la mita o el yanaconazgo, se dirá que los españoles eran unos incorregibles sanguinarios. Si algún gallego maula destrataba a una tribu, caerá sobre él la acusación de programar el holocausto. Si se descubren los horrorosos crímenes rituales de los indios "no debemos tratar de explicar esta actitud en términos morales", dice Von Hagen (cfr. World of the maya, New York, 1962 y The Aztecman and tribe, New York, 1962)), porque además son "de una belleza bárbara", acota Vaillant (cfr. The aztecs of Mexico, 1961). Si España trae sus enfermedades a América, y a causa de ella muchos nativos perecen, se aplicará la tesis homicídica de George Kubler. Si grandes derrumbes demográficos indígenas se produjeron por sus propias y repugnantes tropelías, era un ajuste malthusiano. Si los católicos inculcaban a comulgar el cuerpo de Cristo, eran antropófagos. Si los indígenas se comían crudos a sus congéneres, la tal manducación "tenía*

un sentido humano y teológico profundo, era el rito esencial de la renovación cósmica" (Enrique Dussel, Historia General de la Iglesia en América Latina, Salamanca, 1963). Si los conquistadores daban y recibían palizas por doquier, no menos que de nazis se calificará a sus conductas. Pero si se conocen con espeluznantes detalles los actos caníbales de los indios, ellos serán la simbología de la palengénesis arcaica (cfr. Blanco Villata, Ritos caníbales en América, Buenos Aires, 1970). Si encomenderos pasados de pícaros no concedían el salario mínimo, vital y móvil a sus encomendados, serán cerdos capitalistas. Si las momias halladas en Llullaillaco demuestra que los niños sacrificados fueron momificados vivos tras no pocas penurias, se afirmará que "son las momias mejor conservadas del mundo" (cfr.La Nación, Buenos Aires, 5-4-2002, p. 18), y que cualquier protesta al respecto supone no entender la weltanschauung primitiva.

Los taínos invadieron la Quisqueya en el siglo VIII, desplazando a los lugareños. Pero al igual que Castell, pudieron probar que fue con el beneplácito de los dueños de la zona, de modo que no habrá que llamar a esto ocupación ilegal ni extorsión, ni corte de rutas. Además, y ciertamente, no practicaban ningún sacrificio humano. Mantenían en campos de trabajo forzados a las naborías, pero ellos, como diría Fontanarosa, lo tomaban cual laborterapia, conscientes de que era lo menos que podían hacer para justificar la futura existencia de la "antropología, la multiculturalidad y demás". También enterraban vivas a las esposas favoritas, aunque –como a los chiquillos de Llullaillaco- parece que previamente las drogaban un poco para que no exageraran el escándalo al despertarse. De modo que morían cornudas pero sin sobresaltos, si se me permite la incorporación de las categorías morales de la antigua era cristiana[304]

[304] Fragmento de la respuesta que el Dr. Caponnetto dirige a una misiva de Cardinalli (citada como anexo al final de la obra).

Los pueblos caribes:

Éstos, agrupados, cuando lo estaban -generalmente nómades y no siempre sujetos a caciques-, constituían hordas sin otro precepto, código, que arrasar cuanto pueblo divisaran, ejecutando, esclavizando y merendando a cuanto hombre, mujer o niño encontraran. Eran una suerte de guerrilla roja de los siglos precolombinos. Andaban generalmente desnudos y vivían de la guerra y sus botines (humanos o materiales), embistiendo despiadada y cobardemente, por sorpresa, a los pueblos y personas más débiles y vulnerables.

Ninguna tribu podrá servirnos mejor para ilustrar este género de sádicos que los temidos caribes, a quien alguien llamó acertadamente *el horror de los indios y la pesadilla de los españoles*. A esta tribu debe atribuirse varias de las catástrofes demográficas acontecidas en el continente; exterminando pueblos enteros, siendo el de los *tainos* el caso mejor estudiado.

En su afán expansionista -nada pacífico, por cierto- su práctica los llevó a tomar los poblados que no permitieron la exogamia pacífica, matando a los varones (adultos y niños) para tomar en exogamia a sus mujeres viudas y solteras.

Algunos etnólogos datan la llegada de los caribes a América hace más de 2000 años, a partir de donde comenzaron a dispersarse por todo el continente, hasta concentrarse finalmente en las Antillas Mayores[305], desde donde, eventualmente, fueron pasando a las menores, y de allí al continente: a Venezuela (expulsando a los arhuacos), Colombia y las Guayanas. Desde allí fueron penetrando gradualmente al interior del continente, particularmente en Brasil. Al

[305] Hay quienes aseguran, como Luis Alberto Sanchez, que no llegaron a ocupar las Antillas Mayores, pero que llegaron a habitar el litoral de América del Sur, desde el Darién hasta el delta del Orinoco. Ob. Cit., p. 56-57.

momento de la llegada de los europeos existían más de 14 pueblos de origen caribe, de casi idénticas características, solo con alguna variación de origen lingüístico (según el experto Swadesh, la *Yupka Panare* era la única lengua que se diferenciaba bastante al resto).

Los ha descripto bien Pedro Martir, informado por testigos que pasaron largos años huyendo de estos:

> *...La tierra de los caribes es de vastísima extensión y superior a Europa; en flotillas formadas de botes unilígneos; se sabe que navegan por los grupos de islas, que allí son innumerables, a caza de hombres, como otros salen por bosques y selvas a matar ciervos y jabalíes. Carib, de donde caribes, quiere decir en todas las lenguas de aquella tierra HOMBRE MAS FUERTE QUE LOS DEMAS, y no hay isleño que no pronuncie dicha palabra sin temor. El nombre caribes procede también de la región Caribana, situada en el golfo oriental de Urabá, desde donde extendiéndose esta raza feroz por dilatadas regiones, llegaron a veces a destruir por completo tropas españolas.*
>
> *....Danse, como más abajo lo diremos en su lugar, a las artes mágicas bajo la dirección de maestros, y aseguran que han tenido trato y conversación con los demonios, cuando su espíritu esta más abrumado por la embriaguez; por esta razón de beber vino recurren unos al humo de una hierba embriagante a fin de quedar del todo insensibles, mientras que otros absorben ciertos jugos vegetales que provocan el vomito, para que desocupado el estomago, les sea dado repetir la hartura y borrachera...*[306]

Por su parte, el dominico Tomás Ortiz, envía al Consejo de Indias un informe sobre esta tribu indígena, desde donde transcribimos algunos pasajes:

[306] Pedro Mártir, Décadas del Nuevo Mundo, Editorial Bajel, 1944, p. 687

Los hombres de tierra firme de Indias comen carne humana, y son sodomíticos más que ninguna otra generación. Ninguna justicia hay entre ellos, andan desnudos, no tienen amor ni vergüenza, son como asnos, abobados, alocados, insensatos; no tienen en nada matarse ni matar...

(...)Cuando más crecen se hacen peores; hasta los diez o doce años parecen que han de salir con alguna crianza; pero de allí en adelante se vuelven como brutos animales; en fin, digo que nunca crió Dios tan cocida gente en vicios y bestialidades, sin mezcla de bondad o cortesía[307]

En cuanto a los caribes de Venezuela, nos dice el mismo autor:

Antes de partir a la guerra echan de antemano suertes entre aquellos que han de ofrendar al ídolo, o toman una de las mujeres (niños) prisioneras, o bien un prisionero, y lo ofrendan al ídolo para honrarle y como expiación, a efecto de que les conceda dicha, y la victoria sobre sus enemigos. Embadurnan por completo la imagen del ídolo con sangre del hombre sacrificado, y comen la carne con gran júbilo y alegría[308]

En cuanto al aspecto social de los caribes, un autor contemporáneo de ese país explica que éstos "*eran polígamos, viviendo en amplios bohíos redondos (churuatas) y utilizando la venganza como manera de actuar, en general andaban pintados de rojo color onoto, sirviéndose de adornos con plumas, que robaban mujeres y niños para satisfacer sus placeres sexuales, castrando*

[307] Citado por López de Gómara, *Historia General de las Indias*, t. I, Talleres Gráficos Agustín Núñez, Barcelona, 1954, p. 365

[308] Lisandro Alvarado, *Datos Etnográficos de Venezuela*, Caracas, Escuela técnica industrial, talleres de artes gráficas, 1945, p.91. Nacido en 1858, fue médico, historiador, lingüista y filólogo.

a los pequeños prisioneros para comérselos al tener más edad, y como buenos racistas, entre otras características repudiables sacrificaban también a los hijos paridos por mujeres extrañas a su casta, para con ello sostener la pureza racial caribe"[309].

La crueldad y sadismo característico de estas tribus es patente en el caso del desgraciado capitán Añasco, tomado prisionero por estos y torturado salvajemente por una de sus mujeres. Desde sus *Noticias Historiales*, cuenta Fray Pedro Simón este lamentable episodio:

> *Dejando correr con la furia que quisieron los extremos de su encono y venganza, esta vieja, lo primero en que los executó fue, como a otro Mario Romano, en sacarle los ojos, para con esto acrecentarle los deseos de la muerte. Horadóle luego ella por su propia mano, por debajo de la lengua y metiéndole por ella una soga y dándole un grueso nudo, lo llevaba tirando de ella de pueblo en pueblo y de mercado en mercado, haciendo grandes fiestas con el miserable preso, desde el muchacho hasta el más anciano, celebrando todos la victoria, hasta que habiéndosele hinchado el rostro con monstruosidad y desencajadas las quijadas con la fuerza de los tirones, viendo que se iba acercando a la muerte, le comenzaron a cortar, con intervalos de tiempo, las manos y brazos, pies y piernas, por sus coyunturas, hasta que le llegó la muerte*[310]

---

[309] Ramón Urdaneta, *Historia Oculta de Venezuela*, Caracas, Edición del Autor, 2007, nota 15. Urdaneta es autor de numerosos libros de diversa factura y columnista de prensa, Presidente de la Federación Latinoamericana de Sociedades de Escritores (FLASOES) y Vicepresidente del Centro Internacional de la Paz (CIPAZ).

[310] Felipe González Ruiz, *La antropofagia en los indios del Continente americano*, Revista de las Españas Madrid, noviembre-diciembre de 1932, año VII, número 75-76, pp. 545-548

Alfred Métraux, uno de los etnólogos más experimentados de nuestro continente, poco afín a España y a la Iglesia, reconoce: *"La antropofagia es una costumbre característica de los caribes y de los tupí-guaranís. Todas las tribus de esta última familia lingüística, a propósito de la cual estamos tan mal informados, se consideran como antropófagas. En la mayoría de los casos, las acusaciones tienen fundamento, pues en todas sus tribus el canibalismo es practicado ritualmente".*[311]

Si mencionamos a los *caribes*, debemos necesariamente aludir a los *tainos*, pueblo particularmente pacífico que habitó las Lucayas y las Antillas Mayores. Generalmente pescadores y de carácter manso, debieron aprender forzosamente a guerrear para resistir las furiosas y frecuentes embestidas de los brutales caribes, aunque no les alcanzó. Desafortunadamente, su inexperiencia y falta de estomago para las guerras y la sangre, sumado a las rústicas armas que empleaban, terminaron por favorecer a los caribes, que en poco tiempo exterminaron a la casi totalidad de su población.

Otras tribus extremadamente belicosas y sanguinarias fueron los chibchas (significa *pobladores*)[312], constituida por diversos pueblos que hablaron una misma lengua –muchos de origen caribe- y habitaron mayormente el sur de centroamérica y Colombia. La más destacada de las tribus chibchas fue la de los *muiscas*. Fueron mayormente sedentarios y se dedicaron a la agricultura, siendo

---

[311] Alfred Métraux, *A Religião dos Tupinambás e suas relações com as demais tribos tupiguaranis* (São Paulo, Ed. Nacional; Universidade de São Paulo, 1979, 138-139.

[312] En realidad, correspondería ubicar a los chibchas en un estadio medio entre las culturas avanzadas mencionadas anteriormente (incas, mayas, aztecas) y las del resto del continente –pues tuvieron cierto grado de organización social, política y económica- pero las limitaciones, dinámica y objetivos propuestos en este trabajo nos impiden la creación de un "tercer" grupo.

hábiles trabajadores de objetos de oro. Sus obras de orfebrería –según varios autores- fueron superiores a las de sus vecinos incas. Javier Esparza, historiador español que ha dedicado parte de sus investigaciones a este grupo particular, señala la frecuencia con que éstos practicaron sacrificios humanos; especialmente de niños, que eran comprados en un mercado por caciques; quienes los educaban y criaban hasta llegada la pubertad, momento en que eran sacrificados en ofrenda al *Sol*[313]. Practicaron en forma frecuente la antropofagia[314], y la injusticia social y división de castas fueron sus principales características. Según varios estudios, éstos establecieron su centro principal en Bogotá, que llegó a tener una población cercana a los 20.000 habitantes. Sus sacerdotes eran llamados *jeques* y tuvieron cinco grandes cacicazgos, aunque la figuras más importantes en jerarquía fueron el Zipa (con jurisdicción en Bogotá) y el Zaque (en Hunza; ciudad del centro de Colombia), considerados encarnaciones de la divinidad. Las guerras entre éstos y sus gentes fueron numerosas, y diezmaron gran parte de la población. A diferencia de la mayor parte de las culturas más o menos organizadas, la organización social fue matriarcal: a la muerte del jerarca u hombre-dios, lo sucedía el hijo de su hermana. Según sugieren varios autores estos tuvieron contacto frecuente –principalmente comercial- tanto con incas como mayas[315]. Las clases privilegiadas practicaban la poligamia. Uno de sus ritos más populares fue famoso y mítico "*El Dorado*".

---

313 Lo mismo han confirmado distintos autores, incluído Luis Alberto Sanchez (ob. Cit., p. 58-59).

314 En documental en Historial Channel, "La Conquista de América". Cfr. http://www.youtube.com/watch?v=Repq89OvjFs&list=UUfPcZPgA6V_FR5U0NL5J7DA

315 Si bien suele afirmarse que tanto aztecas como mayas desconocían la existencia de los incas (y viceversa), es posible que mediante los chibchas (que comerciaron con ambos pueblos) supieran en realidad éstos la existencia de otras culturas superiores. Aunque –según tenemos noticia-es éste un tema no estudiado suficientemente hasta la fecha.

Si bien tratamos con grupos de indígenas, algunos, muy distintos a otros, conservaron ciertos rasgos y costumbres comunes -además de las recién mencionadas- como el carácter guerrero, la práctica del esclavismo y la poligamia[316].

En cuanto a los llamados indios *amazonas*, tenemos el testimonio del prestigioso geógrafo parisino Eugenio Robuchon, que recorrió y penetró la región, siendo testigo de varios acontecimientos de estas tribus, donde comenta con gran minuciosidad su canibalismo y otras prácticas abomínales[317]. Métraux, quien conoció de cerca a los feroces tupinambá[318], ofrece el siguiente cuadro:

> *Era costumbre de los tupinambá tomar al prisionero como esclavo. En general, el cautivo permanecía en poder del guerrero que lo debía ejecutar o era entregado como regalo a uno de sus parientes. Después de su entrada a la aldea, el prisionero penetraba en la choza donde hubiera vivido la persona cuya tumba acabara de limpiar, recibiendo allí la red, los collares, las provisiones, las armas, todo lo dejado por el muerto. Si el difunto perecía por las armas, las viudas a veces desposaban el prisionero capturado por uno de sus parientes. Esa unión compensaba la pérdida del esposo. Si el muerto era célibe, el cautivo recibía en casamiento la hermana, la hija o incluso una de las mujeres de su dueño. Las bodas del prisionero ocurrían cerca de cinco días después de la entrada en la aldea. La mujer concedida al esclavo debía responder por él, vigilarlo y engordarlo. En caso de quedar embarazada*

316 Reservamos más infamación acerca de la práctica de canibalismo y sacrificios humanos de esta tribu para capítulos posteriores.

317 Ibidem

318 Según varias informaciones, tupinambáes eran llamados las irreductibles y feroces tribus que conformaron la Confederación de los Tamoios y que dominaron casi todo el litoral brasileño.

> *del prisionero, después del parto, el hijo podía ser devorado inmediatamente o, en ciertos casos, se permitía que creciera hasta determinada edad y se realizaban entonces los mismos rituales de sacrificio, por ser considerado enemigo, como su padre. La mujer era la primera, en los dos casos, en probar la carne de la víctima, ya fuera el marido o el hijo*[319]

Los Shuar –mejor conocidos como jíbaros-, que habitaron principalmente la región amazónica ecuatoriana y del Perú, fueron otra renombrada tribu indígena que conviene mencionar, especialmente por su particular ritual de "reducción de cráneos" a la que se dedicaban luego de cortar la cabeza de sus enemigos[320].

OTROS PUEBLOS:

Aunque no sería justo decir que todos los indígenas que vivieron fuera de los principales centros urbanos y del centro de influencia de los grandes imperios fueron igual de sanguinarios y sádicos que los caribes. Hubo otros pueblos que, no obstante haber compartido con ellos un grado similar de salvajismo y primitivismo, no practicaron, empero, en forma tan generalizada la antropofagia ni tampoco fue tan frecuente en ellos el exterminio masivo de tribus y poblaciones. Aunque coinciden todos en un punto central: hacer la guerra.

---

319 Métraux, *A Religião...*, 114-123.

320 La denominada reducción de cráneos consistía en una compleja técnica de cocción de las cabezas recién cortadas a los enemigos, luego de la cual ésta quedaba reducida a casi la mitad del tamaño original, sirviendo como trofeo de guerra. Por medio de este ritual se pretendía adquirir la fuerza y el alma del enemigo. Consultar al respecto Josep María Fericgla, *Los jíbaros, cazadores de sueños. Diario de un antropólogo entre los shuar y experimentos con la ayahuasca*, Barcelona, Integral, 1994. ISBN 9978-04-207-5.

En este género de barbarie o violencia "desorganizada" -además de los recién mencionados *caribes*- podemos ubicar a los yaros, charrúas, araucanos y guaraníes; por mencionar solo unas pocas tribus de la región austral del continente.

Salvando los casos ya tratados de las grandes culturas andinas y mesoamericanas (y en menor grado los chibchas), los pueblos precolombinos, de los esquimales a los onas, se caracterizaron por un primitivísimo nivel social-cultural; muy particularmente aquellos que habitaron el actual territorio argentino. Generalmente fueron cazadores y recolectores, sus viviendas eran unos rudimentarios paravientos y, en general, en tiempos de guerra se sujetaron y sometieron a la autoridad de algún cacique. Si bien creían algunos en la existencia de un "ser superior", salvo el caso de los *yahgán* del archipiélago fueguino y alguna tribu del norte del continente[321], no rendían culto a ningún dios. Las alusiones y menciones que encontramos en estas tribus responden más propiamente a espíritus y demonios que a un dios -o dioses- en particular. No contaron generalmente con sacerdotes sino con *shamanes*, que eran hombres brujos, supuestamente provistos de poderes mágicos y sobrenaturales. Realizaban exorcismos y, en teoría, podían mediar e influir en los espíritus, preveer el futuro, desenmascarar a los hechiceros, provocar enfermedades y hasta estimular crecimiento de plantas. Cuenta el etnólogo Tischner que estos se dejaban caer en una suerte de trance mediante la infusión de sumo de tabaco y la realización de ciertas danzas.

[321] Los fueguinos dirigian oraciones impetratorias y en accion de gracias. En el actual territorio de EEUU, Tischner menciona unos pocos casos de tribus que llegaron a practicar sacrificios humanos en homenaje a sus dioses. Ver en Herbert Tischner, ob. Cit., pp. 101 y 144-145.

Charrúas y Yaros: Los charrúas ocuparon principalmente las regiones ubicadas al norte y sur del Río Negro, dentro de lo que actualmente es la República de Uruguay. Charrúa significa, según Pedro de Angelis, "turbulentos" o "revoltosos" y en la misma cita Bauzá traduce el término como "iracundos" y "destructores"[322]. Los yaros, por su parte, ocuparon una franja de la costa oriental del Río Uruguay, tanto en la parte argentina y uruguaya. Los guaraníes se concentraron particularmente en el territorio que hoy ocupa la Republica de Paraguay y en parte del noroeste argentino, suroeste de Brasil y sureste de Bolivia. Los araucanos habitaron en cambio el sur de Chile y sureste argentino. Las guerras libradas entre estos pueblos y sus pueblos vecinos, fueron constantes, incluso durante el período colombino, donde guarniciones españolas y reducciones jesuíticas eran frecuentemente acechadas y destruidas por estos. Guaraníes contra charrúas, charrúas y guaraníes contra yaros, yaros contra todos, araucanos contra incas, patagones y cualquier pueblo vecino, y así sucesivamente, sumándose a las contiendas a veces nuevos actores.

Todos fueron pueblos sustancialmente guerreros y agresivos, particularmente en el caso de los araucanos, guaraníes y yaros. La jefatura de los pueblos pertenecientes a cada una de estas culturas era ejercida por rígidos caciques que, como el resto de la población, practicaban generalmente la poligamia.

La familia charrúa se constituyó sobre la base de uniones más o menos permanentes, consagradas en bárbara ceremonia matrimonial, según un único testimonio del siglo XVII; dejado por el padre Vázquez de Espinosa y citado por Canals Frau:

> *Cuando se han de casar, hacen llamamiento y junta en una parte señalada, y allí donde han de casar la novia, manda el cacique que cada uno vaya con su flecha y arco*

[322] Citado por Zanón A, *Pueblos y culturas aborígenes del Uruguay*, Montevideo, Rosebund, 1998, p. 75.

y lleve algún pellejo u otra cosa de oferta, conforme cada uno tiene. Y estando juntos, entra el cacique con la novia a gozarla, y luego los demás por su orden, ofreciendo lo que cada uno ha llevado por dote, y este último es el marido[323]

El padre Lozano califica de informal a su gobierno por carencia de jefes[324]. Azara, afirma que el gobierno de los charrúas se reduce a un Concejo formado por los jefes de familia que se reúnen y sientan en círculo para deliberar si deben atacar al enemigo común. Agrega, asimismo, que no reconocen otros superiores que los encargados momentáneamente de dirigir la expedición; *por lo demás, no se someten a nadie, ni siquiera a sus padres*. La automutilación de partes de su cuerpo -generalmente de las falanges de sus dedos y del miembro reproductivo viril- fue algo particularmente característico de esta tribu; siendo más estimados entre ellos aquellos que más frecuente y extremamente lo practicaban –era considerado una muestra de valentía-. En cuanto a su religión, parece haber sido éste uno de los pocos pueblos indígenas que menos importancia dio a esta cuestión, razón, entre otras, que llevó a varios misioneros a creerlos prácticamente ateos, y muchas veces antirreligiosos; particularmente en el caso de los charrúas y güenoas. Refiere el Padre Cattaneo que algunos misioneros que intentaron hablarles de religión a los charrúas, éstos respondieron fríamente "*que ellos tenían padres y que no podían abandonarles*". A uno de los padres que amenazó a un charrúa con el infierno -en caso de no convertirse-, éste le contestó despreocupada y socarronamente: "*Mucho mejor, así no tendré frío cuando me muera*". Los Yarós, que habían aceptado la conversión y vivir en las reducciones, la

---

[323] Canals Frau, *Las poblaciones indígenas de la Argentina. Su origen, su pasado, su presente*, Buenos Aires, 1953, cap. V, p. 246

[324] Lozan, *Historia de la Compañía de Jesús en el Paraguay*, Madrid, 1755. Concuerda el historiador Schmidel L., *Derrotero y viaje a España y las Indias*, Santa Fe, 1938.

abandonaron luego dando el siguiente motivo: "*No nos gusta tener un Dios que sabe y vé, todo lo que hacemos en secreto*"[325].

La guerra constituyó la principal actividad de los charrúas. El pillaje o la devolución de agravios fueron las causas más frecuentes que la motivaron. La crueldad en la guerra fue proverbial. D'Orbigny expresa al respecto: *"Matan a todos los hombres y dejan vivos a las mujeres y niños de los que hacen sus concubinas y esclavos respectivamente"*[326]. Como trofeo de guerra conservaban el cuero cabelludo del enemigo muerto en combate y, al igual que los guaraníes, cambiaban de nombre tantas veces como enemigos mataban, al mismo tiempo que se practicaban una profunda herida en el cuerpo. De este modo, el número de cicatrices equivalía al número de batidos en combate, y las ostentaban como verdaderas condecoraciones de guerra.

El Padre Sepp, en su *Continuación de las labores apostólicas*, dice de los Yaros: *(...) son unos indios sus enemigos de diferente lengua y nación que les hacen mucha guerra"*[327]. En 1636 hubo un ataque yaro que costó la vida de 42 yapeyuanos. Los yaros expresaron que venían a "(…) *vengar la muerte de sus abuelos que sus padres y ellos les habían muerto en tiempos pasados*"[328]

---

325 Rafael Schiaffino, Anales de la Universidad, año XXXVII, Montevideo, 1927, Entrega Nro. 121 de Historia de la Medicina en el Uruguay, Facultad de Medicina, Montevideo, 1925, Tomo I, p. 314. Disponible para consulta en:http://www.periodicas.edu.uy/Anales_Universidad/pdfs/Anales_Universidad_a37_n121_1927.pdf. No obstante, es posible que esta actitud de los charrúas se hubiera debido más al rechazo de la nueva religión que a la irreligiosidad.

326 D´Orbigny, *El hombre americano*, Buenos Aires, Editorial Futuro, 1959, cap. X, p. 280

327 Jaime Cortesao, *Jesuitas e Bandeirantes no Tape* (1615-1758), Río de Janeiro, Biblioteca Nacional, 1969, p.62

328 H. Vianna, *Jesuitas e Bandeirantes no Uruguay (1611-1758),* Río de Janeiro, Biblioteca Nacional, 1970, p.308

Guaraníes: Pertenecieron a la familia lingüística tupí-guaraní[329], ubicándose los tupís en el litoral brasileño y los segundos en la meseta de Brasil y Paraguay. Si bien compartían sus pueblos una cultura en común[330], no existía una unidad política entre ellos ni un jefe absoluto. Si bien en tiempos de guerra solían formar alianzas para combatir a un enemigo "exterior", muchas veces guerrearon entre ellos mismos. Esto fue muy frecuente -especialmente a la llegada de los misioneros jesuitas- entre los indígenas que se encontraban reducidos y los salvajes (los no reducidos), surgiendo entre ambos un odio inaudito a pesar de la pertenencia a una misma etnia y cultura. Los sacrificios humanos fueron bastante comunes entre éstos, con la particularidad que guardaban las cabezas y cueros cabelludos de las víctimas como trofeo.

Los motivos que los condujeron a la guerra fueron casi siempre fútiles, y tenían como finalidad lavar pretendidas ofensas, cobrar prisioneros para sus rituales caníbales o bien para tomar posesión de un nuevo predio que les permitiera nuevas sementeras.

El poder era transmitido hereditariamente y existía una estratificación social bien definida. Los guaraníes que conformaban la masa popular, los "mboyás", estaban obligados, según el padre Lozano, a labrar las tierras de sus jefes, recoger las mieses, edificarles sus casas, seguirlos en la guerra y entregarles sus hijas.

Este pueblo estuvo en permanente pie de guerra, en continua movilidad y pendencia, dispuesto siempre a enfrentar a enemigos

[329] Algunos etnólogos –como el alemán Martins- aseguran que este grupo es hermano de los caribes.

[330] Fue común en todos ellos la práctica del canibalismo, la poligamia, la guerra y de una religiosidad poco desarrollada. Acerca de esto último dice Luis Alberto Sanchez: "Animistas, manistas, y hasta fetichistas, admitieron cierta potencia superior, *Tupá* (" ¿Quién eres?"), especie de dios ignoto, a quien servían los magos o hechiceros, llamados pagés-piages y también caraibos". Ob. Cit., p. 70

tan sagaces y belicosos como ellos. El padre Lozano afirma: "*... era gente bien dispuesta, corpulenta y muy belicosa, ejercitando de continuo las armas con la nación de los charrúas que poblaba las costas del Río de la Plata, y con los guaycurúes de tierra adentro.*"

El viajero alemán Ulrico Schmidl (1536) relata su experiencia en la defensa de la primitiva Buenos Aires, atacada por dos de los pueblos que arriba mencionamos:

> *(...) vinieron los indios contra nuestro asiento de Buenos Aires con gran poder e ímpetu hasta 23000 hombres y eran en conjunto 4 naciones; una se llamaba Querandíes, la otra Guaraníes, la tercera Charrúas, la cuarta Chaná-Timbúes*

En carta de Luís Ramírez a su Padre (1528), se dice de los guaraníes:

> *(...) nuestros amigos, los cuales se llaman guaranís y por otro nombre chandris; estos andan derramados por esta tierra y por otras muchas, como corsarios, a causa de ser enemigos de todas estas otras naciones y de otras muchas que adelante diré; son gente muy traidora, todo lo que hacen es con traición*

Araucanos/mapuches: Pueblo extremadamente guerrero y enemigo de la paz, como muestran sobradamente las crónicas de la conquista, siendo conocido el caso del conquistador Valdivia, a quienes éstos, tomado prisionero, torturaron indeciblemente y luego ejecutaron. Las tareas en la sociedad estaban estrictamente divididas: el hombre se ocupaba exclusivamente de la guerra, y en tiempos de relativa paz se dedicaba al ocio y a la embriaguez. La mujer llevaba sin dudas la peor parte: era obligada a trabajar todo el tiempo y sin descanso; ocupada en el cultivo de las tierras, los tejidos, el cuidado de los hijos, etc. Fueron polígamos, practicaron la antropofagia y realizaron sacrificios humanos.

Indígenas en la Argentina: El extenso territorio estuvo poblado por distintas culturas indígenas, frecuentemente enfrentadas entre sí, viviendo en estados primitivísimos de subsistencia. Podríamos asegurar sin temor a exagerar que, tal vez junto a los araucanos y varias otras tribus que habitaron los actuales EEUU, fueron las más subdesarrolladas del continente. Según autores como Luis Sánchez, dentro de este género de tribus, los diaguitas o calchaquíes fueron las tribus más avanzadas que habitaron el suelo argentino, principalmente por sus construcciones y alguna práctica agricultora. Tischner señala a las tribus del Chaco, la Patagonia y las Pampas como las menos evolucionadas culturalmente de América del Sur[331]. Refiriéndose a su arte nos indica que éste se limitó exclusivamente al perfeccionamiento de utensilios y adornos, como la pintura de mantos de piel en la Patagonia y el Chaco. Otras tribus propias del territorio argentino fueron los matacos, chiriguanos, guaycurúes, mocoretás, timbres, chanás, querandíes, patagones (pelches, tehuelches), onas, yámanas, etc. Muchas de estas fueron terriblemente belicosas, como los mocovíes y los tobas, desbastando y exterminando poblaciones enteras. Basta leer la Historia de los Abipones de Martín Dobrizhoffer[332], para tener una idea certera de la criminalidad de las hordas indígenas en las regiones centro y norte de nuestro país.

---

[331] Henry Tischner, *Enciclopedia Moderna del Conocimiento Universal, Etnografía*, Buenos Aires, Compañía General Fabril Editora, 1964, p. 148

[332] Obra Editada por la Universidad Nacional del Nordeste en 1970 (Resistencia, Chaco). Disponible en http://www.portalguarani.com/1673_martin_dobrizhoffer/13496_sobre_el_odio_mortal_de_los_abipones_hacia_los_espanoles_padre_martin_dobrizhoffer_.html

3) TORTURAS Y ESCLAVITUD

> *Por debajo de todos, mas bajo que todos, en el fondo de la sociedad, tenemos aqu a que llamamos, a falta de un termino mejor, "esclavo" (...) ni ciudadano ni persona, pertenece como una cosa a su amo. Todos esos esclavos, extranjeros considerados como bárbaros y prisioneros de guerra consagrados, en principio, a morir entre los altares, solo estaba, por decirlo así, en capilla, y la mayor parte debía terminar estoicamente su vida sobre la piedra sangrienta en la cúspide de una pirámide... Sahagún describe esos triste cortejos de esclavos que caminaban flemáticamente hacia la muerte; bañados ritualmente, vestidos y adornados lujosamente, iban embrutecidos por la "bebida" divina, teooctli, que habían tomado y terminaban su vida en la piedra de los sacrificios, ante la estatua de Huitzilopocht*[333]
>
> Jacques Soustelle

La tortura del prisionero fue algo frecuente entre los indígenas; cruentísimas en la mayor parte de los casos[334]. Pero también, como dice un especialista en la materia, Marvin Harris, "*existía en las agrupaciones caníbales pre-estatales la costumbre de mimar a la víctima, engordarla, darle mujeres (sobretodo cuando la captura de prisioneros no es muy frecuente). La gran pregunta del porqué no esclavizaban a sus víctimas (porque la esclavitud parece ser patrimonio predominante de las sociedades estatales) la responde afirmando que no existía ni la riqueza ni el sistema productivo y productivista de las sociedades estatales. La tortura es explicada*

---

333 Jacques Soustelle, *La vida cotidiana de los aztecas en vísperas de la conquista*, México, Fondo de Cultura Económica, 1970, p. 83-86

334 Marvin Harris, *Caníbales y Reyes. Los orígenes de la cultura*, Barcelona, Argos Vergara, 1983 p. 128

como "matar mil veces" a la víctima, como una manera de vengarse en él de todo su pueblo, pero también porque la tortura fue siempre un gran espectáculo, "un entretenimiento" en muchas culturas; al mismo tiempo como didáctico: "éstas sociedades tenían que enseñar a sus jóvenes a mostrarse implacablemente brutales con sus enemigos en el campo de batalla". Es más fácil aprender estas lecciones cuando se comprende que el enemigo le hará a uno lo que uno le ha hecho a él en el caso de caer en sus manos".[335] Federico González, desde su *Simbolismo precolombino*, se ve obligado a reconocer esta realidad, diciendo que muchas veces se ordenaba la tortura de personas como ofrenda a los dioses[336]. Prescott, menciona las terribles torturas practicadas a las víctimas, previamente a su inmolación ritual[337]. El famoso etnólogo Herbert Tischner afirma que las torturas aplicadas a los prisioneros y cautivos por algunas tribus de América del Norte (nos referimos aquí a los actuales EEUU y Canadá) eran aun peores que la de los aztecas[338]. Sabemos incluso que la costumbre de quitar el cuero cabelludo a las víctimas tiene su origen en el sudeste de la región recién mencionada[339]. Gran parte de las tribus amazónicas (especialmente las de Brazil) tuvieron por costumbre torturar al cautivo de guerra previo a comerlo.

En cuanto a la esclavitud, sabemos que fue una de las instituciones más comunes y estimadas por todos los pueblos indígenas. Podía ser perpetua para el individuo y también

---

[335] Marvin Harris, ob. cit., p. 131

[336] Federico González, *El Simbolismo precolombino*, Buenos Aires, Kier, 2003

[337] Prescott, ob. Cit., p. 58

[338] Herbert Tischner, *Etnografía, Enciclopedia Moderna del Conocimiento Universal*, Buenos Aires, compañía General Fabril Editora, 1964, p. 100

[339] Íbidem

hereditaria (a la muerte de éste pasaba algún familiar suyo a ocupar su puesto como esclavo). Los esclavos, naturalmente, no recibían remuneración alguna y trabajaban como agricultores, servidores domésticos, cargadores o destinados a durísimos trabajos en minas y construcciones. Las mujeres, en general, se dedicaban a la costura; hilaban, tejían o remendaban para su amo, siendo muchas veces violadas u obligadas a tener relaciones sexuales con ellos u otros señores a los que quisiesen hacer favor (lo cual se evidencia, en parte, por la gran cantidad de esclavas embarazadas por sus propietarios). Si el dueño moría, los esclavos eran heredados por los familiares de éste.

En el caso de los grandes imperios, la esclavitud estaba regulada por una serie de leyes, que entre otras cosas disponía cuales eran los motivos que justificaban la reducción de un individuo al estado de esclavitud.

Entre los aztecas, por ejemplo, todo hombre que robara o que no pudiera responder a una deuda contraída o que no pagara una multa o al que se hubiera encontrado responsable de alguna acción considerada antisocial, era tomado como esclavo. En el caso de robo, por ejemplo, el ladrón era tomado como esclavo por las víctimas –luego de restituir lo robado-. Si este no podía hacerlo por haberlo gastado, entonces era directamente ejecutado por el Estado. También recibía igual suerte si reincidía en este delito; disponiéndose para este caso la muerte por ahorcamiento.

Cuenta el cronista Fray Torquemada, además, de las penas que sufrían los familiares del ladrón o traidor. En caso de traición al rey, el traidor era ejecutado, sus bienes confiscados todos y su mujer e hijo quedaban esclavos. Para los delitos de estupro o violación el destino era el mismo: *"Si alguna esclava pequeña que no sea de edad para hombre, alguno la toma, es esclavo el que se echo con ella si muere; de otra manera la cura (...) Si alguno se echa con esclava y muere estando preñada, es esclavo el que con ella se echo, y si pare, el parte es libre y llevalo el padre (...) En algunas partes, era ley que hacían esclavo al que había empreñado a alguna esclava, cuando la tal Moria de parto o por el parto quedaba lisiada (...) Cuando un hombre libre embarazaba a una esclava, era tomado con su mujer como esclavos por el dueño de la esclava (...) Si alguno violaba a una esclava virgen, también era tomado con su mujer como esclavo"*. Con respecto a este último caso, era muy común que los mismos dueños incitaran a otros a cometer ese delito –de violar a su esclava- para así poder hacerse de éstos como esclavos.

Los esclavos podían ser vendidos por sus dueños, aunque según la ley debían acontecer motivos válidos que justificara el castigo, como el mal comportamiento o temperamento, la descortesía, la pereza, si eran consentidos, etc. En los hechos, los propietarios de los esclavos hicieron casi siempre lo que quisieron con ellos, pues la ley prácticamente no los contemplaba sino para regular sus obligaciones. Muchas veces eran sometidos a la humillación extrema de ser obligados a llevar collera, como los animales que se consideraba que eran:

> *(La collera) Es una media argolla de palo, y puesta en la garganta salía por detrás encima de las espaldas, con dos agujeros, y por los agujeros atravesaba una vara larga, con que quedaba presa la garganta, y la vara juntaban otra vara por defuera de los agujeros, y ambas a dos las estaban, una con otra, y la atadura llegaba a las puntas o extremidades de las varas, donde no podía alcanzar con las manos, no podía desatarse; así los llevaban por los caminos y a las veces les echaban una trilla de cordel, con que los llevaban atrillados*[340]

---

340 Torquemada, *Monarquía...*, 360. Citado en *Consideraciones en torno a la esclavitud entre los aztecas*, Socorro Moncayo Rodriguez y Maria del Carmen Ainaga Vargas. Disponible en: http://biblio.juridicas.unam.mx/libros/2/722/14.pdf. Consultar también al respecto el estudio de Mohar Betancourt, Luz María, Códice Mapa Quinatzin. *Justicia y derechos humanos en el México antiguo*, México, Comisión Nacional de los Derechos Humanos, 2004, p. 159

La finalidad de este collar, además de evidenciar la condición de esclavo del individuo, era evitar su fuga.

Hemos dicho que el esclavo podía ser vendido por sus dueños a otro amo, llevado al mercado de esclavos, aunque debía informarse cuantas veces había sido vendido, ya que, por ley, a la tercera podía ser vendido sólo para ser sacrificado ritualmente.[341]

Por norma, todos los prisioneros de guerra tomados al enemigo eran esclavizados un tiempo hasta que eran finalmente sacrificados a los dioses. A este tipo de esclavos no se les daba la oportunidad de vivir prestando servicios al rey, al Estado o dueños particulares, aunque los guerreros responsables de su captura tenían el derecho a reclamar sus cuerpos, luego del sacrificio, para cocinarlos y repartir las partes corpóreas entre sus familiares y allegados. A diferencia de Roma, donde los esclavos de guerra pasaban a ser propiedad particular, entre los aztecas éste era siempre propiedad del Estado, que mandaba que este tipo de esclavos fuera destinado para los sacrificios humanos. En casi todos los grandes pueblos indígenas del continente, especialmente entre los aztecas, se daban varios casos de padres que esclavizaban y/o vendían como tales a los hijos o hijas que consideraban desobedientes o negligentes –estaba permitido por ley-, como hacen notar, entre otros, Gamio de Alba y Rodríguez Shadow[342].

Aunque no siempre la esclavitud era un castigo impuesto por el Estado, pues éste mismo garantizaba el derecho a que todos pudieran venderse voluntariamente como tales. Y así fueron muy comunes los casos de hombres vendiéndose a si mismos y a sus hijos e hijas como esclavos, por motivos varios como la contracción de deudas (generalmente originadas por apuestas), para comprar

---

[341] Prescott señala que a la segunda vez que era vendido se lo debía sacrificar ritualmente. Ob. Cit., p. 36.

[342] Consultar fuentes al respecto en Rodríguez Shadow, ob. cit., p. 96.

alcohol o mismo para afrontar situaciones de hambruna extremas. Las mujeres, a su vez, se vendían así mismas como prostitutas. Ya hemos mencionado algunos casos anteriormente y veremos otros tantos durante el transcurso de esta obra.

Imagen del esclavo:

La única forma en que un esclavo podía obtener la libertad -por mas insólito que parezca- era fugarse de la casa de su dueño o del mercado y pisar seguidamente un excremento humano. Recién entonces podía volver y presentar su caso ante los jueces que le otorgarían la libertad, ordenando que se lo lavase y vistiese con nuevas ropas que no pertenecieran a su antiguo amo. Era muy poco frecuente que alguien actuase ante la fuga de esclavos -intentando detenerlos- puesto que existía una ley que castigaba con la esclavitud a quien lo hiciera o intentase (a menos, claro, que fuera el propio dueño o algunos de sus familiares). Otra de las curiosas leyes de los mexicas era que un condenado a muerte ¡podía solicitar como esclava a la esposa de la víctima!...

Con más o menos diferencias, todos los grandes pueblos precolombinos practicaron la esclavitud en estos términos.

España y la Iglesia prohíben la esclavitud

Recordemos que la esclavitud, a la llegada de España al continente, era legal en todos los países y regiones del mundo –y aun estimada, principalmente por los judíos, que históricamente ostentaron su monopolio-. Tanto el Judaísmo como el Islam permitían y fomentaban su ejercicio. Para todos ellos, la esclavitud era una colosal industria, constituyendo una de las principales actividades comerciales.

En efecto, señala Klein, "no hubo potencia de la Europa occidental que no participara en alguna medida en el tráfico negrero; cuatro, empero, preponderaron en él. Del principio al final hubo portugueses, quienes fueron los que mayor cantidad de esclavos transportaron. Los ingleses dominaron la trata durante el siglo XVIII. En tercer lugar se sitúan, también en el XVIII, los holandeses, y luego los franceses. A la cola figuran, por períodos más o menos cortos, daneses, suecos, alemanes y norteamericanos, pero nunca los españoles"[343].

España y la Iglesia Católica fueron los primeros en suprimirla. A tal propósito expidieron los reyes un sin fin de Cédulas y Leyes reales (1501, 1523, 1526, 1528, 1530, 1534, Leyes Nuevas 1542, 1543, 1548, 1550, 1553, 1556, 1568, etc.). Aunque, de hecho, la primera antiesclavista fue Isabel la Católica, ordenando a Colón la liberación de los indígenas que éste había llevado a la Península para vender, prohibiéndole en lo sucesivo, so pena de graves castigos, volver a hacerlo -la reina consideraba a los indios tan vasallos suyos como los españoles-

Aquí algunas de las principales resoluciones de las Nuevas Leyes de noviembre de 1542:

> *Que los del Consejo (de indias) tuvieran especial cuidado de la conservación, buen gobierno y tratamiernto de*

---

[343] En José María Iraburu, ob., cit.

los indios. Que el fiscal cuidase de saber como se guardaban estas ordenanzas. Que las Audiencias se informasen de los malos tratamientos a los indios. QUE POR NINGUNA CAUSA SE PUDIERA HACER ESCLAVOS A LOS INDIOS, EN LO SUCESIVO, NI POR CAUSA DE GUERRA, NI A TITULO DE REBELIÓN, NI POR RESCATE, NI DE OTRA MANERA. Que los indios esclavos se pusiesen en libertad (...) Que los indios no fuesen obligados a carga contra su voluntad y sin pagarles por aquel trabajo, cuidándose que la carga, en donde esto pudiera evitarse, ni fuese excesiva, ni trajese peligro de su salud o de su vida. Que ningún indio fuese llevado a pesequería de perlas contra su voluntad, so pena de muerte a quien infringiese esta disposición. Que se quitasen todas las encomiendas de indios que tuvieran los visorreyes o gobernadores o sus lugartenientes o cualquier oficiales nuestros ANSI de justicia como de nuestra hacienda, prelados, casas de religión o de nuestra hacienda, hospitales cofradías u otras semejantes. Que se moderaran los repartimientos excesivos, y de lo que se quitara se diese para el sustento de los primeros conquistadores. Que en lo sucesivo no se encomendaran ya indios, sino que, en muriendo los encomenderos, su repartimiento pasase a la Corona. Que los Oidores cuidasen de la instrucción y buen trato de los indios, que dejasen de ser encomendados. Que los tributos que debían cobrar los encomenderos fuesen tasados por los gobernadores, con el objeto de que no fuesen excesivos. Que los indios duesen también tratados como personas libres y vasallos del Rey de España. Y que los Presidentes y Oidores de la Audiencia cuidasen de la tasa de los tributos, y que el encomendero que cobrase mas de lo que estaba tasado, se le privase inmediante de la encomiendo[344]

[344] Estas fueron aumentadas y retocadas luego en Valladolid, el 4 de junio de 1543. Información tomada del trabajo de Rodolfo Ruz Menéndez,

Convienen mencionar también las bulas que a tal efecto promulgó el Papa Alejandro VI en 1493 (conocidas comúnmente como las *bulas alejandrinas*), donde se concede a la monarquía española el derecho a pacificar el continente americano con la condición de proteger y evangelizar a los indios[345]. De su cumplimiento se encargaron muy especialmente los misioneros; que no dudaron en elevar aireadas quejas y aplicar severas reprensiones contra aquellos que divisaban violando tan importantes normativas.

En este sentido, como bien dice Esteva Fabregat, *"lo que aprendieron [los indios] de los españoles fue precisamente el protestar contra la esclavitud y el tener derecho a ejercer legalmente acciones contra los esclavistas"*[346]. Y éste, agrega el Padre Iraburu, *fue ante todo mérito de la Iglesia y de la Corona.*

Yucatán en la época colonial, servidumbre, no esclavitud, incluido en la obra ya citada del autor/compilador Carlos Castillo Peraza (p. 82).

[345] Martínez Martínez, *Historia del Derecho en América Hispana*, *Anuario de la facultad de Derecho* XXI, 2003, pp. 503-517. Consultado el 16 de agosto de 2013, p. 51

[346] Claudio Esteva Fabregat, *La Corona española y el indio americano*, Valencia, Asociación Francisco López de Gomara, 1989, t. I, p. 168.

Capítulo V

LA HECATOMBE DEMOGRÁFICA:

HAMBRUNAS, PESTES, ENFERMEDADES, GUERRAS

Y SACRIFICIOS HUMANOS[347]

Este capítulo trata una cuestión de vital importancia, vinculada íntimamente a uno de los soportes, vectores, esenciales de la leyenda negra americana: el del supuesto genocidio cometido por los conquistadores. Así, no han faltado aquellos que rehuyendo a servir a la Ciencia, la Historia y la Verdad, impulsados por un extremo e irracional fanatismo ideológico, han llegado a aseverar que existió en América un exterminio sistemático de nada menos que 90 millones de indígenas. Éste es el caso del inefable Eduardo Galeano, su discípulo Felipe Pigna, y sus respectivos *Best Sellers*.

Si bien, afortunadamente, la cuestión ha sido zanjada definitivamente por una larga y rica serie de estudios científicos imparciales y de llamados al sentido común, la acusación del holocausto sigue vigente, y conviene por tanto refutarla metódicamente.

---

[347] La cuestión de los sacrificios humanos, por su extensión, la trataremos separadamente en capítulo posterior.

Digamos por lo pronto lo siguiente:

-Hasta el año 1580 no había en América más de 200.000 españoles, y solo una ínfima parte de ellos tenía alguna experiencia o adiestramiento militar. ¿Cómo hicieron para liquidar a 13 millones de indígenas, siendo en su mayoría guerreros disciplinados y entrenados desde la misma cuna?

-La distribución/densidad poblacional precolombina era harto desigual, estando centralizados sólo aquellos pueblos sujetos a los grandes imperios. Muchas regiones permanecieron inhóspitas y despobladas por siglos, y en otras tantas los españoles no lograron adentrarse y penetrar sino hasta mucho después, sin lograr empero, a veces, una permanencia estable y permanente -pues sus fuerzas de exploración eran limitadísimas, por ser tan pocos numéricamente y sus recursos tan escasos-. Por tanto, aun de haber existido una voluntad consciente de diezmar a los indígenas, esto no hubiera sido posible físicamente. Ni aun implantando a cada indígena un GPS –centralizado desde los *headquarters* ubicados en Castilla- hubiera podido alcanzar el objetivo.

-Estudios serios aceptados universalmente estiman en no más de 13 millones la población americana para los tiempos en que los europeos tocaron América por vez primera.

-Luego, ha sido probado suficientemente que la principal causa de la hecatombe demográfica indígena se debió a las pestes y enfermedades.

-Estas pestes y enfermedades no solo fueron traídas y trasmitidas por los españoles, sino que hubo otras igualmente mortíferas originadas en el mismo continente y contagiadas por los indígenas.

-Las grandes hambrunas, generadas no pocas veces por sus limitadas, improvisadas e irresponsables técnicas de cultivo y agotamiento del suelo –sumado a que raramente tuvieron conciencia de acopio de alimentos-, también explican parte importante de la mortandad indígena. Sin duda, varios desastres naturales complicaron este cuadro aún más.

No debe desdeñarse o subestimarse, asimismo, las consecuencias seguidas de este estado de improvisación con que vivían muchos pueblos. Varios de ellos, de carácter nómade/recolector, a falta de alimentos, mataban a sus propios hijos o bien los dejaban librados a su propia suerte -siendo generalmente devorados por las fieras o muertos por el frío o el hambre-. Aunque no siempre estas muertes/ejecuciones se explican en razones ligadas a la economía, sino también en otras relativas a prácticas rituales o culturales, como en el caso de los hijos primogénitos de sexo femenino, que las tribus guerreras despreciaban por no ser aptas, por su género, para las guerras, estimando por este motivo solo a los niños varones.

-El aborto, en las culturas que lo permitieron o toleraron, constituyó un factor decisivo en la disminución de la natalidad.

-La explotación del pueblo llano por los jerarcas de los grandes imperios indígenas en las distintas construcciones, trabajos de las minas, etc.; el agotamiento total, espiritual y físico, de estos trabajos, sumado a los traslados forzados a regiones con climas y condiciones a las que algunos indígenas no estaban acostumbrados, fue causa de la muerte a gran escala de poblaciones enteras. Ya hemos mencionado el caso de los 20.000 trabajadores y esclavos aztecas muertos en la construcción de la gran pirámide de su dios tutelar en menos de cuatro años.

-Las guerras constantes contra enemigos externos e internos suman otro motivo harto determinante que explican la enorme cantidad de muertes entre los indígenas.

-Por último, los sacrificios humanos –que trataremos debidamente más adelante-. Se estima que pueblos como los aztecas llegaron a ejecutar en ocasiones cerca de medio millón de seres humanos por año. Recuérdese que en aquel fatídico año de 1487, en cuatro días, sacrificaron a más de 80.000 hombres, mujeres, niños y ancianos.

1) HAMBRUNAS

Las hambrunas fueron algunas veces consecuencia directa de las grandes catástrofes naturales, plagas o, como hemos mencionado previamente, del carácter nómade de algunos pueblos, que apenas contaban con una economía de subsistencia. Aún en las zonas de regadío, como hace notar Vittori, su precaria agricultura estuvo siempre expuesta a los factores climáticos (lluvias, heladas, sequías, plagas, etc.) que arrasaban a veces con la totalidad de sus cosechas. Por esta causa los mayas perdían dos cosechas sobre cinco y los incas tres sobre cinco. Por las plagas –hormigas, langostas, roedores, etc.- y huracanes se vió particularmente afectada la región del Caribe; los aztecas y demás pueblos vecinos, por las inundaciones; por terremotos, casi todo el Perú. Luego, a todas estas, hay que agregar la del frecuente pillaje entre las distintas tribus que guerreaban a veces por la sola causa de abastecerse de alimentos[348].

No obstante, los períodos de hambruna generalmente fueron consecuencia de sus propias limitaciones técnicas y del desconocimiento de las herramientas propicias para los trabajos de la tierra (no conocían el hierro, ni la rueda, ni el arado, ni la domesticación de animales para tal efecto). Una muestra de su insuficiencia y falta de conocimientos en este sentido, es que practicaban la quema de los pastizales luego de la cosecha, lo que realizado excesivamente, terminaba por generar el agotamiento del suelo y la proliferación de mala hierba. Dice G. Morley: "*la hierba, el enemigo invencible de la agricultura de milpas, invadía eventualmente el terreno (...) si se siembra continuamente una milpa año tras año, produce menos y menos maíz*"[349]. Según varios

[348] Datos tomados de G. Morley y Silva Galdames. Citado por Vittori, ob. Cit., pp. 28-29. Consultar también para esta cuestión a Louis Baudin, *La vida cotidiana en el tiempo de los últimos incas*, p. 234.

[349] Sylvanus G. Morley, La civilización maya, p. 75. Nigel Davis, Los aztecas, Barcelona, Ed. Destino, 1977, p. 169

autores, el colapso del sistema de agricultura fue la causa de la decadencia y caída de grandes culturas como los mayas y aztecas, y en menos medida de los incas (gracias al abono de tierra y a su efectivo sistema de riego).

Las rústicas herramientas que empleaban hacía que el rendimiento de los cultivos de maíz fuera muy escaso: 130 a 140 Kg. de maíz desgranado por Ha., o de 270 kg. en la mazorca por Ha. Actualmente, con otros métodos, el rendimiento es de 2000 Kg.[350].

En cuanto a los grandes períodos de hambrunas precolombinas registrados, Clavijero menciona la acaecida bajo el reinado de Moctezuma, hacia el año 1453. "*El hambre duró algo más de tres años, y los mejicanos se alimentaban de raíces, hierbas, insectos, peces y hasta de tierra. Hombres y mujeres, ante la desesperación y el hambre, se vendían como esclavos para intentar subsistir*"[351].

Esta situación de extrema hambruna y necesidad es relatada por Tezozómoc:

> *Después de haber comido y bebido todo el pueblo, y hecholes mercedes de ropa, les hablaron Motecuhzoma y Cihucoatl, diciendo: "hermanos hijos y nietos nuestros: ya os consta la necesidad y grande hambre que hay en general;*

---

[350] Durvan, pp. 12-413. Citado en Vittori, ob. Cit., p. 29. El caso referido es respecto a los mayas, principalmente.

[351] En Clavigero, Libro IV, p. 612; México a través de los siglos, I, pp. 558-559. Vittori (ob. Cit., p. 32), apoyado en las crónicas de Torquemada, Durán, Tezozómoc e Ixtilxóchitl, afirma que el grave período de hambruna se originó en 1446 debido a una plaga, extendiéndose luego por las inundaciones de 1449. Sobre los distintos períodos de terribles hambrunas sufridas por los indios antes de la llegada de los españoles consultar también Ricardo Molina Solís, Las hambres de Yucatán, Mérida, 1935 y Carlos Bosch García, La esclavitud prehispánica entre los aztecas, México, 1944. Sobre epidemias prehispánicas ver bibliografía citada por Kubler, ob. Cit., p. 631.

y esto no nos lo causan nuestros enemigos, lo de los pueblos lejanos, ni los vecinos en guerra, porque esto es en general; ni hay de quien quejarnos, que esto es venido del cielo y de la tierra, los aires, montes y cuevas, por mandato de los que rigen en el cielo, los días y las noches; y así con esto consolaos, y conformaos con ello, y pues no podéis sustentar a tantos hijos, hijas y nietos determinad de dar vuestros hijos a extraños, porque con el maíz que sobre de ellos os dieren, vosotros socorréis la necesidad, y a vuestros hijos estarán como depósito, comiendo y bebiendo a placer". Con esto, y con muchas palabras consolatorias, los confortó. Con esto, los mexicanos, hombres, mujeres, doncellas, niños y niñas, alzaron un llanto dolorido rindiendo las gracias al rey Motecuhzoma, y así muchas pobres mujeres despidieronse de sus hijos, y los hijos de sus padres y madres, y mucha cantidad de doncellas y de mancebas, ella propias se vendieron a las personas ricas que tenían trojes de maíz. Se vendían por maíz, otros por más, otros por menos, que fue la mayor compasión del mundo. Y así vivieron muchos tecpanecas y aculhuaques, y mayordomos, y mercaderes a comprar esclavos, y muchos llevaron a Cuitlahuac, a Mizquic, Chalco, Huexotzinco, Cholulan y Toluca, y otras muchas partes,...[352]

El investigador y médico uruguayo Schiaffini, menciona un asunto primordial al que ya hemos aludido anteriormente:

Puede decirse que el gran problema del indígena, fue el de su alimentación, problema individual y problema colectivo,

---

[352] Las referencias bibliográficas respecto a esta cita y a lo que Clavijero dice al respecto, se encuentran en *Consideraciones en torno a la esclavitud entre los aztecas*, Socorro Moncayo Rodríguez y María del Carmen Ainaga Vargas. Ensayo disponible en: http://biblio.juridicas.unam.mx/libros/2/722/14.pdf

alrededor del cual, giraban todas sus manifestaciones sociales. El arrojaba despiadadamente unas tribus contra otras, en guerra sin cuartel; disponía las emigraciones, originando la inestabilidad, que era la característica de las más; exigía su reducción, sacrificando a los inaptos; medía la multiplicación de la especie; y aguzaba el injerto del hombre americano hacia el estudio práctico de los reinos vegetal y animal, exigiendo la búsqueda de todo lo comestible[353].

En el siglo VIII habían vívido los mayas un período de hambre debido al agotamiento del suelo generado, en parte, por el gran crecimiento poblacional y la falta de otros recursos. Lo mismo le sucedió a la gran ciudad de Teotihuacan un siglo después.

Las hambrunas y la pobreza extrema en la que moraron varios de estos pueblos -generalmente aquellos hombres de estratos sociales bajos- explican en gran medida la cantidad de indígenas que prostituían su cuerpo y a sus hijos e hijas a fin de poder subsistir. Si bien este asunto será luego tratado con mayor precisión, conviene ir citando al respecto la confirmación de esta realidad por parte un cacique de la zona que actualmente pertenece a la nación de Nicaragua:

El que tiene extrema necesidad y ha vendido cuanto tiene, acaece que venden los padres a los hijos, y aún cada uno se puede vender a sí propio, si quiere o por lo que quisiere (...)[354]

---

[353] Dr. Rafael Schiaffino, ob. Cit., p. 209

[354] Gonzalo Fernández de Oviedo, *Historia General y Natural de las Indias*, Colección Cultural (digitalizado por Fundación Enrique Bolaños), parte III, libro XLII, pp. 405

2)PESTES Y ENFERMEDADES

[...]La llegada del europeo, aparte de las brutalidades que pudiera cometer más tarde, parece haber tenido únicamente un pequeño papel en la epopeya de un desastre de proporciones cósmicas. [...] El número total de personas afectadas nunca podrá calcularse con fiabilidad, pero no es exagerado sugerir que, entre los pueblos indígenas del Nuevo Mundo, más de un noventa por ciento de las muertes fueron causadas por enfermedades contagiosas más que por crueldad[355]

Henry Kamen

Aquí es fundamental distinguir entre las pestes y enfermedades acaecidas antes y después de la llegada de los europeos. Veremos que la América precolombina estuvo plagada de estas. Por otro lado, las llegadas al continente, trasmitidas por los españoles, mataron tanto a españoles como a indios. También conviene hacer notar que estos últimos, los indígenas, trasmitieron enfermedades igualmente graves -mortales en muchos casos- a los españoles; especialmente sacerdotes, que eran quienes estaban en constante contacto con los indígenas, cuidándolos cuando estos caían enfermos de distintas epidemias, pestes, enfermedades.

PESTES PRECOLOMBINAS

Se ha llevado a creer al gran público el absurdo de que los indios no conocían las pestes hasta que arribaron los españoles. Esto es completamente falso, y se ha encargado la ciencia de demostrarlo sobradamente; muy particularmente desde recientes estudios e investigaciones.

---

[355] Ibid., pág. 154-156

Lo cierto es que la América precolombina estuvo repleta de éstas, pereciendo por su causa varios millones de personas. Se recuerda, entre las mas próximas a la conquista, cronológicamente, la peste de 1449, inmediatamente posterior al desborde del lago Texcoco, las nevadas y muertes por frío en 1450 y 1452, y la nueva peste que les siguió.[356] S.G. Morley señala que la crónica del Libro de Chilam Balam de Tazimín y la primera y segunda crónica del Chilam Balan de Chumayel, hacen referencia a una peste terriblemente fatal en un katún 4, entre el siglo XV y XVI[357].

Ciertamente hubo varios factores que facilitaron considerablemente su rápida difusión y trasmisión, como la extrema falta de higiene en la que estaban acostumbrados a vivir y la deficiente alimentación. Así lo entiende el prestigioso antropólogo argentino Fiz Antonio Fernández, afirmando que: "*A la llegada de los españoles el sistema inmunitario de la población americana en general estaba carente de defensas frente a las grandes pandemias y endemias del viejo mundo*"[358]. Esto, usualmente, estaba directamente relacionado a su condición social y económica.

Otro factor decisivo que explica el alto índice de mortandad indígena antes de la llegada de los europeos –especialmente entre aquellos naturales sometidos a los grandes imperios- eran las muertes causadas a raíz de los duros trabajos en las mitas, construcciones que implicaban un agotamiento físico y mental total, que si no los mataba *in situ*, eran presa fácil de cualquier epidemia por la debilidad y las bajas defensas de su organismo; por lo asfixiante de sus tareas, la magra alimentación, las escasas horas

---

[356] Mariano Cuevas, *Historia de la Nación Mexicana*, 3ra. Ed., México, Ed.Porrua, 1967, p. 61

[357] La cita la hemos tomado de José Luis Vittori, ob. Cit., p. 58.

[358] Antropología, Medicina y Cultura Indígena De América, Madrid, Galerna, 1992, p. 102.

de sueño que les eran permitidas y su traslado a climas a los que no estaban acostumbrados.

A esto podríamos agregar el factor psicológico, igualmente devastador a su salud física y espiritual, producido por los desplazamientos forzados a los que eran obligados, lejos de sus familias, durante años y a veces para siempre.

Recordemos que bajo el imperio mexica existían climas y condiciones naturales muy distintas a los de su lugar de origen –también entre los incas-. Estos cambios de condiciones climáticas-geográficas, sumados al agotamiento físico, la escasez de alimentos y la deficiente ingesta proteica, eran causas suficientes para morir. En el caso de los pueblos de Yucatán, menciona el P. Landa grandes huracanes que acabaron con parte de la población, tanto por la acción devastadora inmediata de éste, como por las consecuencias generadas de la destrucción de cosechas y viviendas; muriendo muchos de hambre y por el desamparo y hacinamiento que favorecía todo tipo de pestilencias y su rápido contagio[359]. También las grandes inundaciones fueron causas de gran mortandad y gestación de enfermedades, como aquella mencionada en el siglo XV que casi destruye Technotitlán.

Uno de los trabajos más completos que hemos encontrado acerca de las enfermedades, pestes y sus agentes de trasmisión, es uno titulado *"Las enfermedades del hombre americano"*, cuya autoría pertenece a Francisco Guerra y a Carmen Sánchez Téllez, ambos médicos y profesores de la Universidad de Alcalá. Luego de exhaustivos estudios sobre los factores ambientales americanos, alimentos, vectores y agentes infecciosos en la América precolombina, concluyen lo siguiente:

> *(...) el hombre americano estuvo expuesto a diversas causas de enfermedad, peculiares a su medio. Existía gran*

---

[359] Ver Landa, ob. cit., p. 21. Disponible en: http://www.wayeb.org/download/resources/landa.pdf

número de plantas y frutos potencialmente tóxicos e inclusive algunos alimentos básicos como la yuca antillana y el pallar y el chocho andino contenían substancias tóxicas que de no ser eliminadas por el lavado previo de los almidones o la cocción, podían causar la muerte. En algunas áreas subtropicales y tropicales varios insectos, artrópodos y reptiles venenosos constituían una amenaza constante para la vida. Se ha confirmado además que la parasitación por mosquitos, moscas, lebotomos, simúlidos, tábanos, chinches, triatomas, pulgas, piojos, ácaros, demodex y garrapatas servían de vectores de enfermedades infectocontagiosas de elevada morbilidad y mortalidad que en algunos casos tenían carácter endémico y en otros epidémico. Varios de estos parásitos por sí, eran capaces de producir molestas enfermedades en el hombre, como la miasis, la tunguiasis, la escabiosis y la demodicidiosis, precolombina (...)

(...) surgen deducciones de gran interés histórico: Resulta aparente que una alimentación rica en carbohidratos y pobre en grasas y proteínas, como ocurría en áreas distantes de las costas, si estaba asociada a una infestación endémica por uncinariasis explicaría la poca resistencia al trabajo y la mal llamada indolencia del indio americano. Por otra parte, la ausencia de malaria y de fiebre amarilla en la América precolombina

también explicaría la posibilidad de la conquista hispana, mientras que la existencia de ambas enfermedades en África y el tardío conocimiento de su naturaleza y medios de control y tratamiento hizo imposible empresa similar en el continente negro hasta bien cerca nuestros días...[360]

---

360 *Las enfermedades del hombre americano,* F. Guerra y M. Sánchez Téllez, Universidad de Alcalá de Henares, *Quinto centenario,* núm. 16. Edit. Univ. Complutense. Madrid, 1990. Versión digital: revistas.ucm.es/index.php/QUCE/article/download/.../1697

En el mismo ensayo se comenta que además de la gran cantidad de animales venenosos y parásitos, internos y externos, que existían -que ocasionaban numerosas enfermedades y muertes,- había además frutos que eran altamente tóxicos si eran consumidos antes de su maduración, como el caso del *ackee*, *Blighia sápida*, qué crece en Jamaica y puede ocasionar la muerte en el 90 por ciento de los intoxicados.

A pesar de su extensión, creemos de gran utilidad para el lector la transcripción parcial de un artículo[361] sobre la temática elaborado por los especialistas Angélica Mandujano Sánchez y Luis Camarillo Solache:

> *Aunque predomina la tendencia a ponderar la buena salud existente antes de la llegada de los conquistadores y contrastarla con los diversos y graves padecimientos causantes de las severas epidemias en el siglo XVI que asolaron a México y produjeron la muerte a nueve de cada diez indígenas, se registraron numerosas epidemias en el altiplano mexicano antes del siglo XVI y siempre aparecieron relacionadas con problemas sociales de gran trascendencia. Los cronistas mencionan la aparición de varios fenómenos fuera del orden natural hacia 1446, cuando sobrevino la gran inundación que motivó la construcción de un dique que separara las aguas saladas y dulces de la laguna. Chimalpahin reporta una plaga de langostas y Veytia señala que desde 1448 surgieron problemas por la falta de lluvias y la escasez de cosechas. De 1450 a 1454 la sequía y las heladas extemporáneas llevaron a los pueblos de Anáhuac a una crisis catastrófica de hambre y enfermedad-*

---

361 *Historia de las epidemias en el México antiguo. Algunos aspectos biológicos y sociales*. Angélica Mandujano Sánchez es profesora de la Facultad de Medicina de la Universidad Nacional Autónoma de México. Luis Camarillo Solache imparte cátedra en la Universidad de la Laguna, en Tenerife, España. Mario A. Mandujano es profesor-investigador de la UAM-Xochimilco. http://www.difusioncultural.uam.mx/revista/abr2003/mandujano.html

En el año 10-conejo (1450) ocurrieron cambios climatológicos violentos condicionando una helada extemporánea que propició que aumentaran el hambre, la contaminación de las aguas por la muerte de animales acuáticos y la aparición de enfermedades. Otra serie de heladas causó pérdida de las cosechas y escasez de semillas para la siembra. El hambre se dejó sentir más en las pequeñas ciudades del área de influencia de Tenochtitlan y Texcoco, aunque esta última padeció más a causa de las epidemias, ya que el hambre y la enfermedad hicieron que pereciera la mayor parte de sus habitantes. Los gobernantes tomaron medidas para combatir el hambre y sus consecuencias. En las cabeceras de la Triple Alianza: México-Tenochtitlan, Texcoco y Tlacopan, los señores Moctezuma Ilhuicamina, Netzahualcóyotl y Totoquihuatzin dejaron de levantar tributos durante los seis años que duró la calamidad. Además abrieron sus trojes y graneros donde guardaban el tributo que habían recaudado en los años anteriores y repartieron maíz y frijol entre los pobres de su reino.

En CeTóchtli (1453), uno conejo, hubo una hambruna que diezmó a la gente. El Códice Chimalpopoca registra esta calamidad en el año "1. Tochtli. En este año todo se aconejó"... es decir, se apropió de todos los males de un signo astrológico desventurado como sería uno-conejo, o "se fue con los totonacas. Entonces estaba la guerra de los chalcas en todas las cercas del monte (quauhtenampan); y por esto cesó, ya no se hacía la guerra. Hubo hambre tres años; ya no se daban los mantenimientos".Los habitantes de estas zonas comenzaron a migrar hacia tierras calientes, en donde no se habían dejado sentir las inclemencias del tiempo. Los habitantes del altiplano vendían su libertad a cambio de un puñado de comida, otros cambiaban a sus hijos por maíz y eran comprados por los totonacas, quienes los llevaban al centro de México. Torquemada lo describió señalando

...de aquí resultó una grandísima hambre, y tanto, que llegaron estos Pobres Mexicanos a comer Raíces, de Tulin y otras Raíces de yervas silvestres, por no tener cosa que comer; y llegó a tanto la penuria, que se vendían los unos a los otros, por precio de Maíz: y viendo el Rei y su Consejo, que esto pasaba, y que era fuerza pasara así, porque de todo punto no perecieran los Mexicanos, dieron permiso, de que ya que se hubieren de vender por esclavos, fuese el valor y precio de una doncella, cuatrocientas mazorcas de maíz, que desgranadas hacen una hanega, o poco menos, y el de un Mancebo, o Mozo, fuesen 500 mazorcas. Fue necesario además, cuando menos en Tenochtitlan, dar permiso a los habitantes de emigrar a otros lugares donde pudieran obtener con qué mantenerse. Al año de estar repartiendo alimentos a los pobres, las reservas de Moctezuma se empezaron a agotar al acercarse el mes octavo de su calendario, hasta que finalmente se acabaron. El éxodo fue inmenso y a la multitud comprada se agregó la muchedumbre de los que por propia voluntad emigraban. Los caminos quedaron sembrados de huesos de aquellos que no pudieron llegar a su destino y fueron detenidos por la inanición y por la "plaga del cielo" que se desató.

Desde el inicio de las calamidades, Alva Ixtlilxóchitl expresa que por las nevadas de 1450 la temperatura enfrió de tal manera que se presentó un "catarro pestilencial", a consecuencia del cual murió mucha gente, en especial de edad avanzada. Puede suponerse que el padecimiento en cuestión afectaba las vías respiratorias y pudiera tratarse de algún tipo de influenza que periódicamente se manifiesta con un carácter epidémico, de alta mortalidad. Esto puede atribuirse a que a las catástrofes en que los alimentos más esenciales escasean, y con mayor razón cuando faltan por cinco años completos, se suman diversos tipos de padecimientos infectocontagiosos que proliferan, a la par que el aparato inmunológico de la población afectada se deprime con la imposibilidad de obtener proteínas.

Muchas fuentes mencionan el consumo de cosas contrarias a la salud como causa de la mortandad y en el Códice Chimalpopocase consigna que "En el año 3 técpatl, en este año se dieron los bledos, que era todo lo que se comía y por eso huvo mortandad. Fue el tercer año que huvo hambre. Están pintadas las figuras de la gente, a quien comen las auras y los coyotes". Probablemente se agregaron problemas gastrointestinales. Cuando en 1455 empezó a llover y hubo abundancia, los efectos del hambre desaparecieron paulatinamente, pero las epidemias siguieron cobrando víctimas todavía en 1456.

En general, para los indígenas prehispánicos todos los males, físicos y sociales, eran considerados producto de la voluntad de los dioses, a la actitud de las divinidades hacia el hombre: una maldición, un castigo. La intervención del factor psíquico en la concepción de las enfermedades jugó un papel importante, para los pueblos indios, pues cualquier alteración del orden cósmico o del humano era considerada realizada por los dioses. Así, estos pueblos tributaban adoración especial a los astros y procuraban complacer en todo a sus dioses para evitar que las calamidades cayeran sobre ellos: Cuentan las historias, que pocos días antes de la guerra, apareció en el cielo una gran Cometa... la cual duró hasta el fin de la batalla. Esta señal tuvieron por mal agüero; porque estos indios (también como nosotros los castellanos) conocen de ellas significar Hambres, Pestilencias, y Guerras como en esta ocasión se verificó.

El fin de Tula se ha atribuido a muchas causas, entre ellas políticas, económicas, etcétera, pero también puede tomarse en cuenta una gran pestilencia acaecida en el año 7 tochtli, a la que se hace mención en las crónicas: "de las mil partes toltecas se murieron novecientas", de manera que esta epidemia influyó poderosamente en el abandono de Tula y en las migraciones. Hubo otra epidemia durante el gobierno del señor totonaca de Mizquihuacan, que empezó por una hambruna que duró cuatro años y vino después la pestilencia. Los muertos eran tantos que no alcanzaron a sepultarlos y el aire estaba contaminado haciendo víctima a todo el pueblo, que casi se extinguió.

Los aztecas, al hablar de su peregrinación, también hacen mención de las epidemias, ya que por causa de ellas salieron en busca de nuevos sitios donde habitar. Chimalpahin, en suTercera Relación, anota un caso de despoblamiento por epidemia en el año 3 pedernal (1456) en Chalco (posible difteria), y en el códice Chimalpopoca "4 técpatl. En este año Xochtlan se despobló con pestilencia". "5 calli. En este año Tequantépec se despobló con pestilencia, al igual que Amaxtlán". Se consigna que las poblaciones de Xochtlán, Tecuantepec y Amaxtlan fueron asoladas por epidemias en el año 4 técpatl (1496). No se conocen las características de estas epidemias, pero posiblemente fueron tifo exante-mático o bien enfermedades de las vías respiratorias, que influyeron en el despoblamiento. La región maya también fue asolada varias veces por diferentes epidemias desde la destrucción de Mayapán hasta unos cincuenta años antes de la llegada de los españoles.

Fray Toribio de Motolinía, en una carta dirigida al rey y fechada en Tlaxcala el 2 de enero de 1555, acusa a Las Casas de calumniar a los españoles; menciona que los indígenas han disminuido en gran número en los últimos diez años debido a las pestilencias y no al maltrato. Además, señala que "Dios castigó a la Nueva España con diez plagas trabajosas" que son la viruela, el sarampión, el hambre, la guerra, la opresión y los tributos en varias formas, la esclavitud y el trabajo en minas.

Herrera trata de explicar el descenso de la población de Tabasco:

Antes había una multitud de indios, pero las muchas enfermedades y pestilencias que existen en esa región han disminuido en grandes cantidades, y además porque cuando están enfermos de sarampión, viruela, catarros, flujo con sangre y fuertes fiebres, acostumbran bañarse en los ríos sin esperar a que la enfermedad haya mitigado, y por eso mueren. Y de acuerdo con la doctrina cristiana, no se les permite más de una mujer, mientras que antes podían tener diez o doce, y por eso no puede aumentar el número de indios, especialmente entre los chontales. (...) Los factores más importantes en relación con las epidemias fueron: 1) número de años en que la enfermedad no se presentó; en el caso de inmunizar a algunas generaciones de la población; 2) estado nutricional de la población, que dependió de las variaciones del precio del maíz y las clases sociales; 3) mes del año en que se desarrolló la enfermedad y tipo de clima, ya que una epidemia que aparecía durante la sequía y el calor era más cruel y duraba más, así como su presencia antes o después de la cosecha; 4) grupos de edad que afecta.

Las consecuencias de estas enfermedades colectivas fueron graves. El gobierno español se vio precisado a legislar acerca de ellas, estableciendo hospitales y eximiendo a los indios de tributos y pagos cuando fuesen atacados por el mal. El monarca Carlos I dictó en 1546 una ley para que se relevase de los tributos a los indios que sufrían de epidemia.

Respecto a los indígenas, fueron consideradas como principales causas: el abuso de aguardientes y bebidas fermentadas; el poco alimento que consumían, basado en dieta de maíz cocido, chile y pulque, lo cual hacía que no tuvieran cantidad suficiente de "sangre y linfa"; el clima de contrastes de la ciudad de México, aunado a la poca vestimenta de los aborígenes y a las condiciones de sus casas, pues dormían en el suelo con humedad y frío; el abuso del pulque y el baño frío, y finalmente, la actitud mental del indio ante las enfermedades. Eran presas del temor, no se curaban y atraían la muerte sólo de miedo. Esto último corrobora la afirmación de Castiglioni y de Aguirre Beltrán, en el sentido de que las enfermedades colectivas van generalmente acompañadas de un estado de ánimo propio al mal general en una comunidad.

(...) Existen algunas evidencias de que algunas enfermedades que alcanzaron magnitud de epidemia en México después de la conquista, habían existido en América mucho tiempo antes. El tifo exantemático es un caso de especial interés que se aclaró durante las primeras décadas del siglo xx. En 1906, dada la relevancia del tifo, Justo Sierra abrió un certamen concediendo cincuenta mil pesos para premios sobre trabajos relacionados con la enfermedad. Ese año el concurso fue declarado desierto. En 1916 se aceptó el papel de una Rickettsia como agente causal. El doctor Nicolle señaló el papel del piojo como agente transmisor de la enfermedad, mediante observaciones y experimentos que permanecen hasta la fecha. El tifo, según Nicolle:

Es una enfermedad móvil, siguiendo al hombre en sus viajes, acampando en los lugares donde se acuesta, yendo de aquí para acompañar a su vez a todos los que ha frecuentado, afección pegada a su piel y a sus vestidos íntimos, como el mismo piojo y que se para en el umbral de los hospitales y en todos los puntos en que el hombre encuentra agua, jabón y ropa limpia.

La tuberculosis parece haberse desarrollado en América, como indica el Dr. Fiz Fernández[362]. Convenientemente cabe recordar que la sífilis, enfermedad que asesinó a millones de indígenas,

362 Fiz Antonio Fernández, Antropología, cultura y medicina indígena en América, Buenos Aires, Conjunta Editores, 1977, p. 139 y ss. y 202. El autor fue un prestigioso y conocido antropólogo.

estaba presente en América antes de la llegada de los españoles. Otros investigadores de la Universidad Nacional de Colombia, apoyados en los más recientes descubrimientos de la biología y la arqueología, demuestran que la aparición de esta enfermedad se remonta a 5000 años atrás[363]. Por su parte, el Dr. Ananya Mandal, comenta lo siguiente:

> *La Historia ha sugerido que la sífilis es una enfermedad de épocas tempranas. La enfermedad pudo haber sido frecuente entre la población indígena de las Américas antes de que los Europeos viajaran a y desde el Nuevo Mundo*[364]

Hubo un virus autóctono de América –por tanto, no traído por los europeos- particularmente mortal –tanto para españoles como indios- que se dio en llamar *cocoliztli*, al que distintos científicos atribuyen la muerte de cerca de 17 millones de aztecas en el siglo XVI; esparciéndose luego la epidemia por todo el continente.

Al respecto existen un sin fin de documentos, estudios e investigaciones que demuestran lo expuesto; muchos de ellos reunidos en una interesantísima investigación producida por *National Geographic*, donde, utilizando las últimas herramientas tecnológicas y recurriendo a un nutrido y selecto grupo de

---

[363] Patricia Barrera Silva, *Sífilis venérea: ya estaba en América*, Colombia, Publicación de la Unidad de Medios de Comunicación -Unimedios- de la Universidad Nacional de Colombia, 2013. Cfr. http://historico.unperiodico.unal.edu.co/Ediciones/111/12.html. Recomendamos consultar el artículo completo, donde se explica y fundamenta en forma detallada y precisa esta cuestión.

[364] *Historia de la Sífilis*. Publicado en News Medical, 8 de septiembre del 2013. Cfr. http://www.news-medical.net/health/Syphilis-History-(Spanish).aspx. Fiz Antonio Fernández, antropólogo, confirma lo dicho, señalando que esta enfermedad fue endémica de los indios. Ob cit., p. 139 y ss. y 202. Otro tanto reconoce Nicolás Sánchez Albornoz en su importante ensayo *La población en América Latina*, p. 80

expertos, concluyen que, contrariamente a lo que se pensaba, la presencia española poco y nada tuvo que ver con varias de las mas terribles epidemias y pestes que exterminaron parte considerable de la población indígena en el continente[365]. A raíz de estos descubrimientos, y relativizando en parte el protagonismo que por muchos años se endilgo a la viruela por las muertes, comenta un especialista del Historial Channel:

> *Las manchas de viruela de los dibujos eran demasiado grandes y poco difusas. Los informes de los médicos eran muchísimo más precisos aún. La epidemia que extinguió al 85% de la población americana era una fiebre hemorrágica originada en México y completamente desconocida en Europa (...) La presencia de los españoles solo sirvió para combatirla. Y más importante que el punto de vista médico fue la aportación del mestizaje. La variabilidad genética fue la salvación para los españoles y para cientos de miles, y quizá millones de mestizos pasando mediados del s. XVI (...)*[366]

---

[365] El documental *se titula Aztecas, La verdad del Genocidio* y fue realizado y emitido en el año 2008 por National Geographic y producido por Louis Ireland, Kay Beaumont, Helen Breslin, Liz Mc Leod, entre otros. El documental tiene una duración aproximada de 40 minutos, dividido en cuatro partes, y se encuentra disponible en el canal de *youtube* Historial Channel. En él participan numerosos biólogos, médicos y otros profesionales, entre ellos R. Acuna Soto, D. Stahle, M. Cleaveland, M. Therrel. El Medico John S. Marr, epidemiólogo, luego de exhaustivas investigaciones, concluye que ésta "no era ninguna enfermedad conocida en el antiguo mundo, sino propia de América". Disponible en: http://www.youtube.com/watch?v=DxHRCgMxjO0&list=UUfPcZPgA6V_FR5U0NL5J7DA.

[366] Íbidem

Pestes posteriores a la llegada de los españoles

Fray Bernardino de Sahagún cuenta que después de la conquista hubo tres grandes pestes: la del año 1520 -luego de la retirada de los españoles-, la de 1545 -en la cual murió la mayor parte de la gente que había en la Nueva España- y la de 1576, que fue universal y en la que casi muere el propio sacerdote. Respecto de la segunda peste, la de 1545, el fraile dice que de haber durado tres o cuatro meses, nadie habría quedado con vida[367]. No obstante, es importante aclarar que la de 1576 –como antes mencionáramos- no fue una enfermedad traída por españoles, sino propia de la región. El nombre de esta epidemia fue *cocoliztli,* sucedida luego por la *matlazahuatl.* Se estima que murió cerca del 90% de los habitantes de la zona; y no solo indígenas, sino también muchos negros y españoles[368]. Y este es un tema que conviene recordar y reiterar: la gran cantidad de españoles muertos a causa de estas enfermedades. Mencionaremos sólo dos casos conocidos: Pedro de Mendoza llega al Río de la Plata con 2000 personas, de las cuales solo 200 sobreviven. En la isla Santa Catalina, de 380 soldados y mujeres españolas, mueren más de 200 de hambre y enfermedades[369].

Al día de la fecha, gracias a numerosos estudios y análisis de los más destacados biólogos, antropólogos e historiadores, ya no se albergan dudas al respecto. Es claro que fueron las enfermedades, epidemias y pestes –más allá de la discusión de su origen y de

---

[367] *Historia general de las cosas de la Nueva España,* Libro XI, Apéndice 7, Nro. 4 y 5 (p. 707); cap. 12, Nro. 7 (p. 710); Libro XII, cap. 29, Nro. 1-4 (pp. 744-745). Cit. En Alberto Caturelli, ob. Cit., pp. 500-501.

[368] *Epidemias, plagas y hambres en Yucatán, México* (1520-1700), Sergio Quezada, Mérica, Universidad Autónoma de Yucatán, Revista Biomédica vi: 4, 1995. Disponible en: http://www.revbiomed.uady.mx/pdf/rb95648.pdf

[369] Estos casos se repitieron en todo el continente. Si no era por las enfermedades y pestes, morían por el hambre o comidos por indígenas caníbales.

la cantidad de indígenas existente en América al momento de la llegada de los europeos- las responsables de más del 99% de la población americana. Esto mismo reconoce el historiador protestante Henry Kamen, enemigo de la conquista española, citando la obra de David Noble Cook (*Born to Die. Disease and New World Conquest*, 1492-1650):

> *Y sin embargo, la crueldad infligida a los habitantes del Nuevo Mundo fue responsable de sólo una pequeña parte del desastre subsiguiente. Nunca hubo suficientes españoles en América para matar al enorme número de nativos que perecieron. Sin ninguna duda, el motivo principal del catastrófico descenso en la población de las Américas fueron las enfermedades infecciosas llevadas por los europeos. Los nativos del mundo atlántico no se libraron de enfermedades ni de epidemias. Y la invasión europea acarreó nuevas y crueles formas de morir. Las bacterias que portaban los españoles sacudieron la región caribeña tan pronto como Colón desembarcó y alcanzaron el continente incluso antes que Cortés. La primera gran epidemia (de viruela) se produjo en La Española, a finales de 1518, alcanzó México en 1520 y, al parecer, se extendió por América del Norte y probablemente también por el imperio incaico. [...] El impacto directo de las enfermedades fue devastador y así lo registraron los indios en sus crónicas. Hubo otras causas de mortandad masiva, pero todas fueron indirectas o con efectos a largo plazo.*

El ecólogo Jared Diamond, en su obra *Armas, gérmenes y acero*, estima el impacto de las enfermedades introducidas por los europeos en un 95% de la población:

> *La viruela, el sarampión, la gripe, el tifus, la peste bubónica y otras enfermedades infecciosas endémicas en Europa tuvieron un papel decisivo en las conquistas europeas, al diezmar a muchos pueblos en otros continentes. Por ejemplo, una epidemia de viruela devastó a los aztecas*

tras el fracaso del primer ataque español en 1520 y mató a Cuitláhuac, el emperador azteca que sucedió brevemente a Moctezuma. A lo largo de América, las enfermedades introducidas por los europeos se extendieron de tribu a tribu mucho antes de la llegada de los propios europeos, matando a un porcentaje estimado del 95% de la población nativa americana existente a la llegada de Colón[370]

Lo mismo podemos leer en las páginas del historiador Alfred Crosby, desde su obra *Imperialismo ecológico*:

La viruela cruzó por primera vez (...) a finales de 1518 o comienzo del 1519, y durante los cuatro siglos siguientes desempeñaría un papel tan esencial en el avance del imperialismo blanco en ultramar como la pólvora. Quizás un papel más importante, porque los indígenas hicieron que los mosquetes y después los rifles, se volvieran contra los intrusos, pero la viruela luchó muy raramente del lado de los indígenas. Normalmente los intrusos eran inmunes a ella así como a otras enfermedades infantiles del Viejo Mundo, la mayoría de las cuales eran nuevas a otro lado de los océanos[371]

Otro historiador, el estadounidense Charles Mann, dice que España "no habría vencido al Imperio (Azteca) si, mientras Cortés construía las embarcaciones, Tenochtitlán no hubiera sido arrasada

---

370 Jared Diamond, *Guns, germs and steel,* EEUU, W. W. Norton & Company, 1999 (ISBN 0-09-930278-0), pp. 77-78. Lo mismo admite el historiador sajón Hugh Thomas, en entrevista reproducida por Miguel Lorenci para Agencia Colpisa, Córdoba-Argentina, 2 de noviembre del 2003. Cfr. http://www.mapuche.info/indgen/lavozdelinterior031102.html.

371 Alfred Crosby, *Imperialismo Ecológico, La expansión biológica de Europa, 900-1900*, Barcelona, Ed. Crítica, 1988 (ISBN 84-7423-367-4). Nigel Davis, inglés, dice: "Las enfermedades más que el maltrato, según se reconoce ahora, fueron la mayor causa de la reducción de población, y en particular las epidemias de 1545-1548 y de 1576-81. Los Aztecas, p. 245.

por la viruela en la misma pandemia que posteriormente asoló el Tahuantinsuyu... La gran ciudad perdió al menos la tercera parte de población a raíz de la epidemia, incluido Cuitláhuac".[372]

Algo similar sucedió con el Imperio inca, derrotado por Francisco Pizarro en 1531. La primera epidemia de viruela sucedió en 1529 y mató entre otros al Emperador Huayna Cápac, padre de Atahualpa. Nuevas epidemias de viruela se declararon en 1533, 1535, 1558 y 1565, así como de tifus en 1546, gripe en 1558, difteria en 1614 y sarampión en 1618.[373] Dobyns estimó que el 90% de la población del Imperio Inca murió en esas epidemias.

El milagroso triunfo de este conquistador, y de Cortés, a quien con tanto éxito emuló, se debió en buena parte a los *triunfos* del virus de la viruela[374]

Existe común acuerdo en que la primera epidemia en México en 1520 se cargó, en cuestión de días, dos mil víctimas fatales. Por tanto, se explica la gran catástrofe demográfica sucedida en La Española (Haití y Santo Domingo), que en varios años redujo una población de 100.000 a tan sólo 200.

Recientemente, comenta Javier Esparza, "*un investigador de la Universidad de Nueva York, Dean Snow, precisaba que la gran mortandad no tuvo lugar en el siglo XVI, sino después, cuando empezaron a llegar niños, es decir: tosferina, escarlatina, sarampión; fue letal. Del mismo modo que el primer establecimiento español en América, el fuerte Navidad, fue diezmado por las fiebres, así también los indios, en gigantescas proporciones, fueron diezmados por los virus. Virus que sus cuerpos desconocían y que no pudieron resistir. ¿Recordamos algún caso más reciente? Entre*

[372] Mann, Charles, 1491, Madrid, Taurus, 2006, pp. 179-180

[373] Mann, Charles, ob. Cit. pág. 133

[374] Crosby, Alfred, ob. Cit., p. 224 (ISBN 84-7423-367-4).

los años 1918 y 1919, la llamada «gripe española» causó la muerte de más de treinta millones de personas en todo el mundo. Lo de América no fue inusual De manera que hubo, sí, una mortalidad mayúscula de indios en América, pero no fue un genocidio. Un genocidio requiere que haya voluntad de exterminio. Eso no pasó en la América española. Y aunque hubo encomenderos brutales, no hubo genocidio. Quede claro."[375]

3)La Población Americana en 1492

La población

Ángel Rosemblat[376], eminente filólogo argentino, imparcial en sus estudios, destruye completamente el mito del *genocidio español* –y los 80 o más millones de indígenas exterminados- concluyendo mediante minuciosas y exhaustivas investigaciones que no había

[375] *Guía políticamente incorrecta de la civilización occidental*, adaptación española basada en: The Politically Incorrect Guide to Western Civilization. Anthony Esolen y José Javier Esparza Torres, Madrid, Ciudadela Libros, 2009 (ISBN: 978-84-96836-56-3). Hemos tomado la cita de la publicación virtual *Argentinos Alerta*. Cfr. http://argentinosalerta.org/node/1720

[376] Formado en el Instituto de Filología de la Universidad de Buenos Aires, junto a Amado Alonso, completando sus estudios en el Seminario Románico de la Universidad de Berlín. Trabajó en el Centro de Estudios Históricos de Madrid sobre lenguas americanas bajo la dirección de Ramón Menéndez Pidal y Américo Castro. Fue profesor de la Universidad de Harvard y del Colegio de México, y desde 1947 dirigió el Instituto de Filología "Andres Bello" de la Universidad Central de Venezuela. Entre sus obras principales se cuentan: Argentina, historia de un nombre (1949), Las generaciones argentinas del siglo XIX ante el problema de la lengua (1961); El castellano de España y el castellano de America (1962); El nombre de la Argentina (1964); La primera visión de America y otros estudios (1965); etc. Citado por Fermín Chávez en Revista del Instituto de Investigaciones Históricas Juan Manuel de Rosas.

más que 13.385.000 indígenas en la América prehispánica. De él tomamos el siguiente cuadro:

Población de America hacia 1492:

Norteamérica, al Norte del Río Grande	1.000.000
México, América Central y Antillas	5.600.000
México	4.500.000
Haití y Santo Domingo (la Española)	100.000
Cuba	80.000
Puerto Rico	50.000
Jamaica	40.000
Antillas Menores y Bahamas	30.000
América Central	800.000
América del Sur	6.785.000
Colombia	850.000
Guayanas	100.000
Perú	2.000.000
Bolivia	800.000
Paraguay	280.000
Argentina	300.000
Uruguay	5.000
Brasil	1.000.000
Chile	600.000
Ecuador	500.000[377]

Población total de América en 1492..............13.385.000

[377] Ángel Rosemblat, ob. Cit., p. 164. El erudito historiador y filosofo argentino Alberto Caturelli arriba al mismo número (*El Nuevo Mundo*, p. 500) al igual que las investigaciones de la Junta de Historia Eclesiástica Argentina (Boletín..., XIX, Nro. 23, pp. 2-3, marzo 1989, Buenos Aires). El historiador C. Kroeber, ofrece una cifra mas baja aún, 8,4 millones de personas (Amores Carredano, Juan B. Ed., *Historia de América*, Editorial Ariel, Barcelona, 2006, Págs. 326-365).

Observamos claramente en la tabla reproducida que la región de México era por lejos la más poblada del continente, contando con una cantidad de habitantes similar a la correspondiente para toda América del Sur. Otros especialistas insospechados e igualmente prestigiosos sugieren cifras análogas. Humboldt ubica en 5.200.000 la población mexicana al momento de la llegada de Hernán Cortés. Por su parte Willcox señala que eran menos de cinco millones. *"Si por nuestra parte admitiéramos esos números para toda la población mexicana* –comenta Rosenblat-, *y tomáramos como base para 1569-1571 la cantidad de 3.500.000 de indios que hemos deducido de las cifras de López de Velasco, cifra aun mayor que la que admite Mendizábal, el estudio de Kubler nos conduciría a admitir una población total de 4.414.573, que coincide extraordinariamente con los 4.500.000 que dábamos nosotros en 1935 y que mantenemos hasta hoy".*[378]

Otra prueba irrefutable de la inverosimilitud de la tesis que sugiere una población de decenas de millones de habitantes para el año 1492 nos la ofrecen los datos que poseemos acerca de sus costumbres alimenticias, sus limitadas técnicas agricultoras, la cantidad de hectáreas cultivadas y aquellas fértiles y aptas para esta actividad, y la desigual distribución de los indígenas en el continente. La provisión de alimentos en América, dice José Luis Vittori, "*no alcanzaba para sostener siquiera a la mitad de esa población*"[379]. Agrega seguidamente, citando al alemán Krickeberg: "*Debe tenerse en cuenta que parte de los aborígenes vivía en estado de barbarie y se hallaba dispersa a lo largo de los ríos o en las zonas selváticas donde obtenía su comida de la caza, la pesca y la recolección de frutos silvestres. La agricultura*

[378] Citado de José Luis Vittori, *Exageraciones y Quimeras en la Conquista de América*, Santa Fe- Argentina, Centro de Estudios Hispanoamericanos, 1997, pp. 49-50.

[379] Vittori, ob. Cit., p. 28

se practicaba en los núcleos sedentarios que respondían a cierta organización tribal o al mandato político de un orden jerárquico, de una "rudimentaria organización imperial" asentada en una relación de acuerdos o de alianzas más o menos estables de clanes y en la sumisión de pueblos tributarios, no de un Estado y menos de un imperio en el sentido europeo del término"[380].

¿Como hicieron los españoles para exterminar 90 millones de indígenas de entre los 13 que existían?, es todavía un interrogante que ninguna ciencia ni disciplina ha podido dilucidar hasta la fecha (¿o acaso mataban a cuenta?)

Sospechamos que nadie jamás podrá.

Breve comentario sobre fuentes no fiables utilizadas por el antihispanismo

> *...la tendencia a la exageración era una de las características de los hombres de la época, habituados a llevar al extremo sus pensamientos tanto como sus acciones*[381]
>
> Louis Baudin

La denominada "catástrofe demográfica" y las fluctuaciones y altibajos poblacionales, como hemos visto, son muy anteriores a la llegada de los españoles. Es claro que las inverosímiles cifras señaladas por diversos autores -*neomarxistas*, principalmente- carecen de todo rigor científico y credibilidad.

---

[380] W. Krickeberg, La antiguas culturas mexicanas, p. 55. Cit. En Vittori, ob. Cit., p. 28

[381] Citado en Vittori, ob. Cit., p. 11

No obstante, conviene aclarar algunos puntos acerca de la procedencia de las fuentes –por llamarlas de alguna forma; carentes de toda fiabilidad- de las que se han servido históricamente los autores anti-hispanistas. Ante todo, aclaremos una obviedad: no toda "fuente" puede ser tomada como punto de apoyo y/o considerada como evidencia probatoria de lo que se pretende demostrar, acreditar.

Tenemos en primer lugar las magnificaciones de algunos conquistadores y clérigos como De las Casas. No fueron pocos quienes en aras de impresionar al rey y al pontífice con sus logros evangelizadores y militares, exageraban grandemente, desde sus crónicas y escritos, sus hazañas y, por ende, sobre las cifras. La exageración, característica predominantemente española, se utilizó en otras oportunidades con evidente mala voluntad, como el caso del dominico antes mencionado, quien, con el afán de desprestigiar y difamar a quienes no le eran obsecuentes, quintuplicaba y manipulaba cifras a arbitrio con el propósito de lograr –mediante el horror- la atención total del Rey, el Papa y los principales teólogos y moralistas. Y aquí, en este punto, injusto y desajustado con la realidad de los hechos sería creer que fue necesario llegar a tales extremos para que la Corona y Roma se ocuparan en corregir los abusos de algunos de sus hombres -que ciertamente existieron-. Antes que *se acordara de los indígenas,* De las Casas, e impulsara el tráfico de esclavos negros al continente, había en América misioneros ejemplares como Montesinos y Benavente –por mencionar dos- que se ocuparon especialmente del cuidado y buen trato hacia los indígenas. Éste último, que podríamos considerar el más celoso protector de aborígenes que existiera en América, tuvo grandes enfrentamientos con De las Casas por sus patentes exageraciones, exabruptos, indomable orgullo y manifiestas malas intenciones[382].

[382] Consultar las Cartas de Benavente sobre la cuestión de De las Casas.

El capitán Pedro Fernández de Quirós, comenta el historiador argentino José Luis Vittori, *calculaba que antes de la llegada de los españoles había 14 millones de indios en las islas Española, Cuba, Jamaica, Puerto Rico, etc. En 1631, Fr. Buenaventura Salinas elevaba la cantidad a 20 millones. (...) Un millón y medio calculaba a principios del XVII D. Baltasar Dorantes de Carranza: "Cuando el Almirante descubrió aquellas islas había quince veces cien mil indios (...)*[383]*."* Seguidamente comenta Rosenblat: "Son cifras hiperbólicas, sin intención estadística".

Otra de las "fuentes" mentadas que han conducido al equívoco a no pocos historiadores ha sido el de los censos. Han sido a la fecha numerosos los especialistas que han investigado este tema acuciante, como el español Javier Esparza, quien luego del estudio minucioso de los censos realizado en los primeros tiempos de la presencia española en el continente, da cuenta de groseras irregularidades e imprecisiones de estos, como por ejemplo el hecho que muchas veces los indígenas eran contabilizados como españoles y viceversa, o los mestizos como indígenas[384]:

Eso lo ha defendido recientemente una norteamericana, Lynne Guitar, de la Universidad de Vanderbilt, que fue a Santo Domingo a estudiar la historia de los taínos y se quedó allí: hoy es profesora del Colegio Americano en Santo Domingo. Y la profesora Guitar descubrió que los censos no es que no sean fiables, sino, más aún,

---

383 La cita de Carranza corresponde a su estudio *Sumaria relación de las cosas de la Nueva España*, Madrid, 1902, p. 43. Esta cita la hemos tomado de José Luis Vittori, ob. Cit., p. 49. Consultar los capítulos que hacen referencia a algunas de las exageraciones de Hernán Cortés y Pizarro (pp. 73-89).

384 Conferencia La gesta española - 040 - La Leyenda negra en América. 15/08/2013, publicado en PODCAST emisión de la serie radiofónica sobre la Historia de España dirigida por José Javier Esparza en la Cadena COPE. Disponible el audio completo en:http://www.ivoox.com/gesta-espanola-040-la-leyenda-audios-mp3_rf_2285793_1.html?autoplay=1

que son inútiles: cuando un indio se convertía al cristianismo y vivía como un español, o más aún si se mestizaba, dejaba de ser censado como indio y era inscrito como español. Y sí luego venía otro funcionario con distinto criterio, entonces volvía a ser inscrito como indio, y así hay casos de ingenios de azúcar donde los indios pasan de ser unos pocos cientos a ser 5.000 en sólo dos años. Para colmo, los encomenderos —los españoles que regentaban tierras y explotaciones— mentían en sus censos, porque preferían trabajar con negros, a los que podían esclavizar, que con indios, de manera que sistemáticamente ocultaban las cifras reales. Es decir que las cifras censales de los indios en América, en el siglo XVI, son papel mojado[385]

¿Qué culpa cabe a los españoles por las pestes?

Sería un absurdo culpar a los españoles por las muertes generadas por las pestes que trasmitieron a los indígenas. Lo que sucedió fue algo totalmente inevitable, impensado, pues: ¿Cómo saber que el organismo de los indígenas no iba a poder soportar enfermedades de las que nadie moría ya en Europa? ¿Cómo preveer la rapidísima difusión que ésta tuvo entre los indios?, pero además: ¿Cómo podían saber los españoles que estaban infectados? Y algo más: ¿Cómo sabían acaso quienes estaban con Colón en su primer viaje que iban a toparse con una raza completamente desconocida? Tendrían que haber sido videntes para saberlo.

Es claro que esta situación afectó -además de a los indios, naturalmente- a los mismos españoles de distintas formas, pues por

---

[385] *Guía políticamente incorrecta de la civilización occidental*, adaptación española basada en: The Politically Incorrect Guide to Western Civilization. Anthony Esolen y José Javier Esparza Torres, Madrid, Ciudadela Libros, 2009 (ISBN: 978-84-96836-56-3). Hemos tomado la cita de la publicación virtual *Argentinos Alerta*. Cfr. http://argentinosalerta.org/node/1720

un lado se habían quedado sin mano de obra que trabajase junto a ellos las tierras, y los misioneros en vez de poder dedicarse a la construcción de templos, a la evangelización y otros menesteres, ocuparon todo su tiempo y energía atendiendo a los indígenas y cuidando que a sus familias no les faltase nada. Por otro lado, ellos mismos, misioneros y adelantados, morían y/o padecían muchas veces por estas enfermedades. Existen numerosos registros de sacerdotes –especialmente ancianos- fallecidos a consecuencia a ello; tanto por agotamiento extremo o por el contagio de enfermedades trasmitidas por los mismos indígenas, generado por el contacto permanente con éstos y sus hogares hacinados. Los testimonios de la gran caridad y cuidado que tuvieron los misioneros y la Corona hacia los indios son numerosos.

Frente a tal cuadro, ordenaron los reyes que los infectados y sus familias no pagasen impuestos y se les suministre lo que necesitaren, mientras virreyes y arzobispos ordenaban la construcción de hospitales, muchos de los cuales albergaban a más de 400 enfermos.

Culpar a España de estos males es cuanto menos una canallada, y además, absurdo. Pues con el mismo criterio debería pedir cuentas Europa a los comerciantes asiáticos (particularmente de la India) que trasmitieron en el siglo XIV la peste bubónica a los europeos, por la cual llegó a morir cerca de un cuarto de la población europea. O mismo se debería pedir cuentas a los africanos por haber propagado la enfermedad del SIDA en todo el mundo… Un absurdo completo.

Por otro lado, así como hubo enfermedades trasmitidas por los españoles, las hubo de indígenas a europeos, como la sífilis –sumada a las que ya mencionamos-, que generó una inmensa cantidad de muertes en Europa, extendiéndose con una velocidad asombrosa. A comienzos del siglo XX, alrededor del 15% de la población europea la padecía.

4) Guerras:

La guerra fue otro de los mayores culpables de la mortandad de indígenas a gran escala. No hay que olvidar que, como hemos mencionado, estas se sucedían ininterrumpidamente, tanto internas como externas. Algunos pueblos fueron más guerreros que otros, pero guerreros al fin. Esta fue históricamente su actividad principal, su razón de ser, de existir. Cualquier motivo, por más mínimo e irrelevante que fuera, era considerado un *casus belli*. Los anales de la historia de los pueblos precolombinos dan acabada muestra de ello. No alcanzarían las páginas de este ensayo para mencionar cada una de las batallas y guerras en las que se vieron envueltos casi a diario cientos de culturas en tiempos prehispánicos. Los pueblos mayas, hemos visto, guerreaban constantemente por la hegemonía del poder, al igual que las importantes culturas de los teotihuacanos y toltecas, lo que motivó, en gran medida, su destrucción total, sumado al impacto desestabilizador de las invasiones de tribus bárbaras provenientes del norte. Aun los mayas sobrevivientes asentados en tiempos posteriores en Yucatán sufrieron el mismo fatal destino (principalmente a causa de las guerras entre tres de sus ciudades más importantes: Uxmal, Chichén Itzá y Mayapán). Los tepanecas -muy particularmente mediante tiranos como Tezozomoc y Maxtla- emprendieron brutales batallas y campañas contra todos los pueblos de la región del Valle de México, siendo particularmente sangrienta y memorable aquella contra Texcoco. Luego, el salvaje imperialismo de la Triple Alianza compuesto por aztecas, texcocos y tacubas, destruyó, aniquiló y/o sojuzgó a poblaciones y culturas enteras: mixtecas, huaxtecos, totonacas, otomíes, chalcotecas, tlatelolcos, tarascos, tlaxcaltecas, zapotecas, yopis, y un largo etc. Más al sur nos encontramos con las culturas chibchas –especialmente las de origen *caribe*- sometiendo a todos los pueblos de las regiones de Colombia y Venezuela e incluso del norte de Brasil. Al suroeste del continente observamos a las culturas preincaicas (nazcas, moches, chovíes, tihuanacos, etc.) defendiéndose como podían de las arremetidas del déspota de turno, y luego, todos estos, guerreando contra la inacabable ambición territorial de los incas, siendo de particular interés las encarnizadas contiendas incaicas contra los araucanos en la franja sudoeste de América del Sur, o la de estos últimos contra ranqueles y tehuelches. En la misma región, tenemos a los guaraníes contra los caros, yaros contra charrúas, tehuelches y pehuenches contra araucanos. Tobas, abipones, mocovíes, calchaquíes asolando y diezmando poblaciones nativas enteras. A todos estas desproporcionadas ofensivas hay que sumar las rebeliones e insurrecciones internas que sufrió cada uno de estos pueblos; principalmente los grandes imperios por parte de sus tributarios.

Todos estos, a veces unos aliados con otros, a veces todos contra todos. Vemos también en forma frecuente a familiares y hermanos asesinándose por el control del poder, como el caso de Atahualpa asesinando a Huáscar y a Moctezuma II haciendo lo propio con el suyo, el príncipe heredero de México[386]. La América precolombina toda era, vemos, un gran escenario de batalla y sangre del que nadie podía escapar.

Dice al respecto Fray Motolinía:

> *(...) todos andaban siempre envueltos en guerra unos contra otros, antes que los españoles viniesen. Y era costumbre general en todos los pueblos y provincias, que al fin de los términos de cada parte dejaban un gran pedazo yermo y hecho campo, sin labrarlo, para las guerras. Y si por caso alguna vez se sembraba, que era muy raras veces, los que lo sembraban nunca lo gozaban, porque los contrarios sus enemigos se lo talaban y destruían*[387]

---

[386] Fernando de Alva Ixtlilxóchitl, Obras Históricas, 2 vols., México, 1892, t. II, p. 207.

[387] III,18, 450

Mediante la guerra lograban su principal sustento económico, tomando las riquezas de los pueblos vencidos y obligándolos a convertirse en sus tributarios. La principal política de estos estados era la guerra, mediante la cual expandían sus territorios y áreas de influencia en la región, logrando también imponer su cultura y sus dioses a los vencidos. Y era también mediante la guerra que practicaban eficazmente su religión, cumpliendo con sus preceptos de ofrendas de sangre a los dioses, con la captura de prisioneros y cautivos. Las denominadas *Guerras Floridas*, en los aztecas y algunos de sus vecinos –también practicadas por mayas-, en tiempos de relativa paz exterior, tenían como finalidad exclusiva procurar gran cantidad de hombres para poder ser sacrificados ritualmente. Fue muy frecuente que los pueblos que ofrecían sacrificios humanos al verse desprovistos de hombres, o sin la cantidad que determinadas fiestas demandaban, pactasen entre sí hacerse la guerra por este motivo exclusivo[388]. De esta forma, ambos bandos lograban cautivos suficientes para sacrificar *ritualmente.*

Antes que llegaran los españoles, había sido la guerra la culpable de exterminios completos de poblaciones y de la desaparición de destacados pueblos. Es la historia de la insurrección de los pueblos sometidos a sus "amos". Ya hemos mencionado varios casos entre los mayas, incas y aztecas, pero lo que abunda no daña. Las encarnizadas guerras entre los aztecas y tepanecas y, antes de ello, con casi todo pueblo que encontraron desde su bajada del norte del continente. Basado en los códices, el historiador Antonio Cervera (no justamente un pro-hispanista), cuenta que los pueblos mesoamericanos consideraban a los mexicas un pueblo hostil, bárbaro, de ladrones, peligrosos; entre otros adjetivos poco laudatorios. Casi todos los historiadores coinciden en resaltar la hostilidad con que eran vistos por los pueblos aledaños los mexicas; mientras peregrinaron del norte

[388] No obstante, en estas guerras pactadas, no estaba permitido tomar u ocupar pueblos o regiones que perteneciesen a uno de ellos. Luego de concluida la guerra, cada uno debía regresar a sus tierras con los cautivos.

hasta su asentamiento definitivo, razón que motivaría varias guerras. No estuvieron exentos, por cierto, de enconadas disputas internas, motivadas en diferencias religiosas o por cuestiones de poder. Algunos mexicas eran seguidores de una secta dirigida por el dios Tezcatlipoca, representante de la noche y el jaguar, lo que terminó por generar un desmembramiento de sus fuerzas. Antes de llegar a Chapultepec, combatieron duramente con los habitantes de Zumpango. Sembraban el pánico y el terror en las poblaciones que tomaban. Esta realidad es comentada en el Códice Ramírez:

> *(...) los mexicanos (estaban) rodeados de innumerables gentes donde nadie les mostraba buena voluntad, (pero) aguantaban su infortunio...*[389]

Comenta el P. Sahagún:

> *Y allí en Chapultepec,*
> *Allí comenzaron a ser combatidos los mexicas*
> *Se les hizo la guerra,*
> *Y por eso se pasaron luego los mexicanos a Culhuacán*

En el año 1319 estuvieron los aztecas a punto de sucumbir definitivamente. Fue en aquel año que los culhuas, xochimilcas y tepanecas, cansados del terror de los mexicas, formaron una alianza y se enfrentaron a estos déspotas, logrando el triunfo, sacrificando enseguida a su jefe, Huitzilihitl *el viejo*. Años después, ya lo hemos dicho, los aztecas se sublevaron contra éstos, aliados con otros pueblos, comenzando su período imperial, a partir de lo cual dice Diego Durán:

> *(Los aztecas) tributaban las provincias todas de la tierra, pueblos, villas y lugares, después de ser vencidos y sujetados por guerra y compellidos por ella, por causa*

[389] Alfonso Joedi Gussinyer, *Aztecas pueblo de guerreros*, Barcelona, Universidad de Barcelona, 1984, p. 66

de que los valerosos mexicanos tuviesen por bien bajar sus espadas y rodelas[390].

Cuando nacía un hijo, parte del ritual azteca consistía en poner en sus manos un arco y un escudo "para significar que aquel niño había nacido para propiciar al dios de la guerra, Huitzilopochtli, y luchas por la patria común"[391]

En cuanto a los Incas, fundado el Imperio alrededor del año 1200, corresponde al gobierno de Pachacútec la mayor cantidad de anexiones; de pueblos sometidos por la fuerza a su poder. Desde Cuzo, extendieron los incas sus tentáculos imperialistas invadiendo y sometiendo a los pueblos del norte, sur, este y oeste. Así sometieron, entre otros, a los *huancas*, *tarmas*, *cajamarcas*, *cañaris*, *collas* y *lupacas*, obligándolos luego a pagar altísimos tributos. Naturalmente, ante la asfixia a la que eran sometidos por los incas, ocurrieron numerosas sublevaciones contra este poder imperial despótico, que, a su vez, los incas reprimieron sanguinariamente. El Inca Garcilazo de la Vega, desde sus *Comentarios Reales de los Incas*, da cuenta detallada de varias de las guerras que libraron sus antecesores a fin de someter y anexar distintos pueblos. Dice sobre las guerras entre Purumaucas e Incas:

"El segundo y tercer día pelearon con la misma crueldad y pertinacia; los unos por la libertad y los otros por la honra"[392].

---

[390] Los Aztecas: Un pueblo de guerreros, ob. Cit., p. 95. Consultar al respecto de estas incesantes guerras el trabajo *De Teotihuacán a los Aztecas*, Miguel León-Potilla, México, Universidad Nacional Autónoma de México, 1995

[391] *De Teotihuacán a los Aztecas*, Miguel León-Potilla, ob. Cit. p. 327.

[392] Inca Garcilaso de la Vega, Comentarios Reales de los Incas II, México, Ed. Carlos Arañibar, Fondo de Cultura Económica, 1991, cap. XX, p. 465.

Sobre la conquista de chachapuya, dice:

El Inca los quiso obligar a someterse, y estos respondieron resueltamente que ellos estaban apercibidos por las armas y para morir en la defensa de su libertad: "que el Inca hiciese lo que quisiese, que ellos no querían ser sus vasallos. Oída la respuesta se empezó la guerra, cruel por ambas partes, con muchas muertes y heridas"[393]

Garcilaso, tan propenso a concesiones hacia el pueblo de sus raíces, justifica la política incaica de conquista y sometimiento de pueblos, por considerar a los incas una raza y cultura superior al resto. Con respecto a las provincias del norte de Chinchasuy, dice que se trataban de *"provincias que contienen en sí muchas naciones desunidas y que se hacían guerra cruel unos a otros"*[394]. Sobre la conquista de la región de Tumipampa, habla muy despectivamente de su gente, diciendo que eran: *"(...) de gente muy rústica, ni señores ni gobierno ni otra policía alguna, sin ley ni religión. Cada uno adoraba por dios lo que se le antojaba, otros muchos no sabían lo que era adorar, y así vivían como bestias sueltas y derramadas por los campos. Con los cuales se trabajó más en doctrinarlos y reducirlos a urbanidad y policía que en sujetarlos. Enseñárosles a hacer de vesstir y calzar y a cultivar la tierra, sacando acequias y haciendo andenes para fertilizarla*"[395]. Sobre los pueblos de las provincias de Pastu y Quillacenca, dice que eran "*viles, y sucios, y bestias"*. En la primera parte de sus *Comentarios Reales sobre los Incas*, menciona muchos otros casos de cruentísimas y despiadadas guerras internas y externas entre pueblos y culturas anteriores a la regencia de los Incas, aunque en estos casos, según él, se trató de guerras "inútiles" entre pueblos igual de bárbaros y salvajes[396].

---

[393] Ibídem, libro II, p. 494.

[394] Ibídem, libro II, p. 500

[395] Ibídem, II, p. 505

[396] Garcilaso de la Vega construye casi un panegírico de la historia incaica mientras, al mismo tiempo, condena sin matices a todos los

Cualquier excusa era válida a los incas para justificar su desmedido expansionismo y someter a otros pueblos; a veces era la religión, la superstición, las diferencias culturales, la falta de orden, o lo que fuese. Así, comenta de otras tribus que habitaban la región: *"(...) unos indios había mejores que bestias mansas y otros mucho peores que bestias bravas", criticando a la vez la calidad y gran cantidad de dioses que adoraban: "no había animal tan vil ni sucio que no lo tuviesen por dios"*[397], aunque aclara luego que había otros que adoraban cosas más "razonables".

Por cierto que, como hemos dicho, no escapaban los Incas a las intrigas internas ni a las luchas dinásticas. Recordado es el caso de Huáscar, coronado emperador en 1525, tomado prisionero, torturado y muerto por su hermano Atahualpa, quien se consideraba el legítimo heredero del trono del fallecido emperador *Ninan Cuyuch* –su padre-. Todo esto precedido por sangrientas batallas entre tropas cusqueñas y quiteñas, leales a uno y otro bando respectivamente; una auténtica guerra civil.

También hemos mencionado el caso de los mayas, de quienes Salcedo Flores dice: *"los 16 estados de Yucatán combatían incesantemente entre sí por diferencias de fronteras y por honores de linaje*"[398]. También fue frecuente en Teotihuacan, invadida y

---

pueblos indígenas anteriores a ella. Estas acusaciones entre indígenas es muy frecuente, considerándose unos los portadores de la verdad y de la verdadera cultura y al resto como pueblos salvajes que debían, incluso, agradecer el ser sometido por pueblos superiores en todo a ellos.

[397] Comentarios Reales de los Incas I, Colección de Autores Peruanos, Lima (Perú), Editorial Universo, cap. X, p. 37.

[398] Antonio Salcedo Flores, *El Derecho Maya prehispánico, un acercamiento a su fundamentación socio-política*, Sección Artículos de Investigación, alegatos nro. 71, México, enero-abril de 2009. Consultar fragmentos de la obra en: http://www.azc.uam.mx/publicaciones/alegatos/pdfs/64/71-10.pdf. Antonio Salcedo Flores es profesor investigador del Departamento de Derecho de la UAM-A

destruida en el año 800. Otro tanto sucedió con el estado militarista y expansionista de Tiahuanacu, en la zona andina, colapsando hacia el año 1150[399]. La Ciudad de Tula sufre igual destino en el siglo XII, invadida y sometida por los chichimecas[400] que utilizaban hábilmente el arco y la flecha, mientras los vencidos no conocían esa arma; basando su defensa en los denominados lanza dardos[401]. El mexicano Portilla cita a este propósito la crónica de aquel suceso, tomado de los *Anales de Cuauhtitlan*:

> *Cuando los chichimecas irrumpieron, los guiaba Mixcóatl. Los 400 mixcoas vinieron a salir por las nueve colinas, por las nueve llanuras*[402]

Preguntados varios caciques de la región de Nicaragua por qué habían decidido sus abuelos abandonar sus antiguas tierras, uno de ellos respondió:

> *(...) aquellos sus amos los tenían para esto –arar, sembrar y servir- y los comían, y por eso dejaron sus casas de miedo y vinieron a esta tierra de Nicaragua; y aquellos amos habían allí ido de otras tierras, y los tenían avasallados porque eran muchos y de esta causa dejaron su tierra y se vinieron a aquella donde estaban*[403]

---

399 Prueba de su brusco final, según varios autores, es el carácter inconcluso o trunco de varios de sus palacios, templos y portadas.

400 Algunos historiadores sostienen que Tula fue destruida por tribus extranjeras desconocidas.

401 Muchos historiadores creen que esta fue la razón principal del triunfo del pueblo invasor

402 Ob. Cit., p. 22

403 Gonzalo Fernández de Oviedo, *Historia General y Natural de las Indias*, Colección Cultural (digitalizado por Fundación Enrique Bolaños), parte III, libro XLII, pp. 393-394

El indígena Alva Cortés Ixtlilxóchitl y algunas guerras chichimecas

Sin duda, nada podrá ilustrar mejor la realidad de aquellos pueblos mesoamericanos precolombinos que la obra escrita por el indígena Fernando de Alva Cortés Ixtlilxóchitl. Nos referimos a su monumental *Historia de la Nación Chichimeca.* Allí nos relata ágilmente, en forma detallada, las interminables guerras de las que fue víctima la región. Una historia de alianzas, traiciones, asesinatos, de guerras dinásticas y civiles, de intrigas, donde se entremezclan indistintamente acciones honorables y deplorables, soberanos cobardes y déspotas, con otros más pacíficos portadores de algún grado de virtuosidad.

A fin de ofrecer a lo menos una idea general de la situación de guerra constante entre los pueblos indígenas de todo el continente, y tomando solamente un ejemplo vistoso y categórico, nos remitiremos al caso de los chichimecas; principalmente a la figura del llamado "tirano de Azcapotzalco", Tezozómoc, y de su hijo y heredero, Maxtlal.

Tezozómoc fue un rey tepaneca de Azcapotzalco, hijo de Acolnahuacatzin y de Cuetlaxochitzin, muy temido y conocido por su brutalidad y desmedido afán expansionista. Entre sus conquistas más importantes encontramos las de Chalco (1392), Cuantitlán (1408) y Colhuacán (1413) y Texcoco (1418).

Al momento de asumir Tezozómoc la regencia del imperio, el cuadro general –geográfico- de la región era el siguiente: los tepanecas estaban ubicados sobre la costa este del lago Texcoco, los otomíes al norte, los Alcohuas (cuya capital era Texcoco) y Colhuas al oeste, y los Chalcas y Xochimilcas al sur. Azcapotzalco, capital de los tepanecas, era el centro de poder más importante.

Muerto su padre, inició Tezozómoc sus campañas de conquista. Su metodología era sencilla; similar a la empleada por su padre y otros tiranos indígenas del continente: hacer la guerra con tal bestialidad y terror que nadie osase en el futuro enfrentárseles. Sometidos ya los pueblos a sus armas, procedían los invasores, inmediatamente, a ubicar en el nuevo gobierno a sus parientes y allegados de confianza -en los puestos de poder y jerarquía-. Otras veces, además, se forzaban contratos matrimoniales con las mujeres de los vencidos, a fin de consolidar su presencia y control de la ciudad. Se aseguraban, al mismo tiempo, que los hijos de esta unión, los herederos del trono, fueran fieles a la sangre tepaneca. A todo esto se sumaban una serie de maniobras políticas maquiavélicas y alianzas temporales, reales o fingidas.

Una vez asegurado el dominio y control sobre los pueblos heredados de su padre, y no satisfecho con la vastedad de su imperio, comienza Tezozómoc a planear la conquista de los pueblos de toda la región del Valle de México. A tal efecto, funda al norte, a mediados del siglo XIV, la ciudad de Tultitlan, con el propósito de utilizarla como base para someter a los pueblos de esa región; contando para esta empresa con la ayuda de los inestimables guerreros mexicas –los futuros aztecas-, sus tributarios, que eran unos mercenarios conocidos y temidos por todos por su ferocidad y salvajismo en combate. Servido por estas tropas mercenarias conquistó entonces Xochimilco, Chalco y, en 1392, la nación de Cuitlahua, asesinando a su soberano, Pichatzintecuhtli, y todos sus capitanes y a Anahuacatl, gobernante de Techan.

A principios del siglo XV solo una ciudad hacía sombra a Atzcapotzalco: Cuauhtitlan. Envidioso del florecimiento y prosperidad de aquella ciudad, temeroso que ésta afectase su influencia política en la región, decidió actuar. Recurrió así a una de las conocidas argucias que empleaba para asesinar a quienes consideraba enemigos o potenciales competidores en el dominio de la región. En este caso la artimaña consistió en invitar a aquel soberano y a sus principales a un convite en la campiña que ofrecería en su honor. Gustoso, Xaltemoctzin, aceptó la invitación, y llegando a lo que ingenuamente creía una celebración, fue inmediatamente tomado prisionero por las hordas de Tezozómoc y asesinado por ahorcamiento. Muerto éste, se hizo entonces el tirano de la ciudad de Cuauhtitlan y su pueblo, asentando allí importante parte de su ejército –a fin de evitar cualquier tipo de levantamiento popular-. Aprovechando este nuevo asentamiento, emprende poco después desde allí la invasión de Tepotzotlan y Mazahuacan, que logra sin mayores sobresaltos.

En 1413, cuando se sintió bien fuerte, fue por el resto; esto es, por los pueblos a él aliados, que conformaban, junto a Acolnahuacatzin, la famosa confederación de la Triple Alianza. Quebrantando el pacto y juramento celebrado con sus socios de conquistas, asesina al soberano Culhuacan Nauhyotzin, sometiéndo la ciudad a su imperio. A esta altura, el imperio Tepaneca dominaba, directa e indirectamente, todo el territorio del Valle de México.

Empero, quedábale solamente un punto en el mapa por expropiar: la ciudad de Texcoco. Si bien era esta tributaria suya y tenía gran influencia en algunos de sus nobles, no la gobernaba en forma directa, dado que existía un acuerdo anterior entre su padre y la ciudad que aseguraba a Texcoco el gozo de cierta autonomía. Pero aquí la cuestión no era tan sencilla. Sabía que, a diferencia de otras conquistas, este pueblo iba a ofrecer feroz resistencia a sus ambiciones: los ejércitos de Texcoco eran bien conocidos y respetados por todos; particularmente por el oficio, disciplina y fama de sus aguerridos guerreros. También conocía la adoración que este pueblo sentía hacia su líder y soberano, Techotlala; convenciéndose entonces que lo mejor era esperar pacientemente la muerte de éste, mientras en el ínterin tejía nuevas alianzas para cuando llegara el momento de proceder. No pasó demasiado tiempo para que su anhelo se cumpliera. Muerto el monarca de Texcoco, su hijo y heredero Ixtlilxóchitl I se convirtió en el nuevo gobernante, y Netzahualcóyotl, hijo de este último, en heredero. El momento había llegado.

Tezozómoc, subestimando al nuevo monarca a causa de su juventud y confundiendo cortesía con cobardía y paz con pacifismo, creyó poder doblegar fácilmente al inexperto nuevo rey. Ciertamente, era Ixtlilxóchitl I un hombre que anhelaba y estimaba la paz y el bienestar de su comunidad, pero no era el temeroso y pusilánime que creía el advenedizo tirano tepaneca. Puso a prueba su poder de resolución y determinación en varias ocasiones, recurriendo a sus conocidas argucias y amenazas, pero nada parecía amedrentar al joven rey texcocano. No obstante, llegó un momento en que la situación se tornó insostenible, y viendo IxtlilxóchitlI que todas sus tentativas de paz eran interpretadas como señal de cobardía y sometimiento, declaró la guerra al tirano. Se equivocó gravemente Tezozómoc en subestimarlo, pues además de ser valiente y hábil guerrero, resultó ser gran estratega y muy querido por los suyos, que no dudaron un instante en seguirlo contra las desmedidas pretensiones del invasor.

Lo que sucedió luego es realmente increíble. En contra de todos los pronósticos, IxtlilxóchitlI arrasó a su oponente y su numeroso ejército, persiguiéndolos hasta la misma capital de Atzcapotzalco, logrando cercarlo completamente. Al ver que no había escapatoria posible, no quedó otro remedio a Tezozómoc que rendirse, disculpándose públicamente con el rey de Texcoco; implorándole que le perdonase la vida a cambio de sumisión y obediencia. La acción que debía seguirse parecía obvia, pues todos conocían el valor que otorgaba a los pactos y palabras el tirano y su costumbre de traicionar no sólo a sus enemigos, sino a sus propios amigos y allegados. Esto fue lo que todos, naturalmente, especialmente sus capitanes, advirtieron a IxtlilxóchitlI. No obstante, tal vez mezclándose en él ciertas dosis de bondad e ingenuidad, decidió el rey perdonarle la vida y creer en su palabra; éste fue sin dudas su máximo error. Aquí comienza una de las más grandes historias de persecución, codicia, traición y guerra que existieron jamás.

Liberando entonces la capital, ya retirado IxtlilxóchitlI y sus ejércitos, volvieron a Texcoco. No habrán pasado más de unos días cuando Tezozómoc envió al rey una embajada invitándolo a unos agasajos en homenaje suyo. Aceptando de buena gana el convite y a punto de partir, un informante avisa a IxtlilxóchitlI de las verdaderas intenciones de Tezozomoc, quien pretendía asesinarlo en el banquete. Advertido y anoticiado de esto, el rey fingió descompostura y envió en su nombre a una comitiva. Cuando estos llegaron al agasajo, al observar Tezozómoc que no se encontraba entre ellos el rey, furioso, desolló a todos vivos, y envió seguidamente a todas sus tropas en su búsqueda para asesinarlo. La persecución que se siguió a partir entonces fue feroz. Tezozomoc fue con todo, sin guardarse nada: lanzó una monumental campaña militar y propagandística contra el legítimo rey.

Cuenta el cronista, que se daban casos en que los padres eran partidarios del tirano y sus hijos de IxtlilxóchitlI, cuestión esta, que no pocas veces, derivaba en encarnizadas peleas entre familiares, llegando ocasionalmente hasta la muerte. Ordenó Tezozomoc "que se hiciese pedazos a todos los disidentes". Coacuecuenotzin, que quiso asistir al rey legítimo en sus penurias, fue masacrado por las hordas del tirano al grito de "Viva el gran señor Tezozomoc nuestro emperador", no sin antes arrancarle las uñas de los pies que luego pusieron en sus collares[404]. Con los pedazos de su cuerpo, cuenta el autor indígena*, " la gente popular comenzaron a tirarse con ellos unos a otros".*

IxtlilxóchitlI, tal vez algo incauto, había despachado ya a casi todas sus tropas a los lugares de origen, encontrándose por tanto muy vulnerable ante cualquier ataque inminente. Tampoco había previsto las alianzas y compra de voluntades que había ido tejiendo paciente y astutamente el tirano.

A la llegada de las tropas de Tezozómoc, resistió como pudo 50 días con algunos de sus soldados leales, en combate desigual de fuerzas, emprendiendo finalmente la retirada junto a parte importante de su pueblo a fin de evitar su exterminio total. Lo más doloroso, seguramente, fueron las traiciones de sus aliados e

[404] Ibídem, p. 35 de la edición digital de *Historia de los Chchimecas.*

incluso íntimos amigos que, salvo honrosas excepciones, se negaron a asistirlo en esos tiempos de persecución; sea por haber sido comprados por Tezozómoc y/o por temor a las brutales represalias de éste.

Viéndose alcanzado y acechado por las tropas enemigas, luego de varios días fatídicos, decidió esconder en el bosque a su hijo y heredero, Netzahualcóyotl, haciéndole jurar al trono en caso de muerte. Cansado ya de huir y sin hacer caso al prudente consejo de sus íntimos amigos y capitanes, ordenó a todos que siguieran camino, diciéndoles que él se quedaría a combatir, por dos motivos: porque era su deber como monarca y porque pretendía de esta forma retrasar a las tropas del enemigo, dando tiempo suficiente a su pueblo de tomar distancia de los ejércitos indomables del tirano. Y así, casi en soledad, y ante la mirada de su hijo que lo observaba compungido desde su escondite a lo lejos, se plantó frente a las tropas adversarias. No obstante haber luchando bravamente, no puedo evitar las estocadas de tantos guerreros, que terminaron por lincharlo.

Así se hizo entonces el tirano con su preciada Texcoco. Esto fue en el año 1419. En los años siguientes se ocupó en reforzar su influencia en esa región, ubicando a sus hijos y allegados de confianza en las gobernaciones de Acolhuacan, relegando a Texcoco a un segundo plano -era la capital de Acolhuacan- y estableciendo la capital del imperio en Atzcapotzalco. Quedando Tezozomoc como rey de Texcoco y emperador de los chichimecas, decide ir por más. Sabía que mientras quedara un partidario del antiguo rey, su poder peligraba; si no en el presente inmediato, en el futuro. Se dispuso entonces exterminar a todos los seguidores del difunto monarca, ordenando a este propósito -en una de sus primeras acciones de gobierno- preguntar a todos los niños, de hasta 7 años que supieran hablar, a quien tenían y reconocían como señor natural, los que no respondían que él, eran masacrados. Así, dice el cronista indígena, mataron muchos millares de niños[405]. Procurando la centralización

---

[405] *Historia de los Chichimecas*, cap. XX, 37, 38

del poder y el aumento de su riqueza, convocó a todos los pueblos y principales de las provincias del imperio, a él sometidas, recordándoles que el que no tributase o se quejase del aumento de los impuestos, iba a ser muerto.

Mientras tanto, el joven Netzahualcóyotl, heredero legítimo de Texcoco, cansado de estar escondido en las montañas, se alistó de incógnito, disfrazado, como soldado para los *chalcas* –naturalmente, sin dar a conocer su origen y condición-; a fin de mezclarse entre la población y comenzar, discretamente, la tarea de reclutamiento de aliados para su causa. Pero una acción imprudente interrumpió momentáneamente su plan. Sin poder contener sus reservas morales, asesinó públicamente a una mujer que hacía de su oficio la venta de grandes cantidades de alcohol a la población; algo que, si bien estaba permitido por las leyes de estos, él consideraba indecente. En consecuencia, fue aprisionado.

No paso mucho tiempo para que se supiera quien era en realidad el prisionero. Cuando se supo, fue enviado sin demora ante el supremo de esa provincia, Toteotzintecuhtli, aliado a Tezozomoc. Éste ordenó inmediatamente su encarcelamiento, en una jaula diminuta, sentenciándolo a una de las más horribles muertes que pueden sufrirse: a morir de hambre. La vigilancia del cautivo había quedado a cargo del hermano de Toteotzintecuhtli; un buen hombre llamado Quettzalmacatzin. Éste, compadecido del moribundo, comenzó a relacionarse con el rey cautivo y a llevarle alimento en forma clandestina. Pasados más de ocho días, y viendo Toteotzintecuhtli que éste aún no había muerto, dispuso que al día siguiente se le diera muerte cortándolo en pedazos. Pero su hermano, enterado de las nuevas ordenanzas, puso en aviso al cautivo, ayudándole a escapar, pidiéndole a cambio que procurase, a su muerte, cuidar de su mujer e hijos. Enterado Toteotzintecuhtli de la huida del joven príncipe y de la traición de su hermano, lo mandó a ejecutar.

Sabía el tirano que mientras el príncipe Netzahualcóyotl estuviera vivo, la estabilidad de sus dominios podía peligrar, puesto que éste, al igual que su padre, había sabido ganarse el afecto y respeto de su pueblo y tribus vecinas, y se encontraba recorriendo clandestinamente toda la región sumando gente a su causa. Sabía Tezozomoc sobradamente que el tiempo era valiosísimo, y que sus ejércitos y hordas rentadas y/o sometidas a él por el terror, poco podrían hacer contra el joven heredero, y milicias que lo seguirían ciegamente dispuestos a entregar su vida sin otro interés que demostrar su amor y lealtad al rey. Sin dudas, poco puede hacer un ejército forzado a combatir, sin más motivación que el temor y/o algún interés material, contra uno movido por pasión, convencido de estar peleando por una causa justa.

Por este motivo, ya en su lecho de muerte, dijo el tirano a sus hijos que heredarían el trono si asesinaban al príncipe. Su sed de venganza y sangre no se aplacó siquiera en sus últimas horas. Moribundo, fue capaz no obstante de concebir una última vileza, su último plan de asesinato, que compartió a sus hijos: Netzahualcóyotl debía ser asesinado en su funeral. Conociendo el protocolo político y los rasgos esenciales de la personalidad del príncipe, sabía el tirano que éste iba a asistir a su funeral si se le garantizaba su seguridad mediante salvoconducto. Era allí que debía matársele.

Así entonces, siendo el año 1427, contando ya con más de cien años, muere Tezozómoc en su palacio de Atzcapotzalco, nombrando como heredero a Teyatzin, que era uno de sus hijos.

Tal como había previsto el difunto, Netzahualcóyotl estuvo presente en la ceremonia fúnebre, pero avisado allí de lo que se planeaba, pudo lograr escapar una vez más del atentado.

Poco tiempo le duraría el poder Teyatzin. Su hermano, Maxtla –el más parecido a Tezozomocc de los hijos- mediante un sangriento golpe de estado, le arrebató el poder –suceso que se conoce como la *Guerra Tepaneca*-. En represalia por la usurpación del trono, intentó Teyatzin asesinar a su hermano, pero éste, avisado sobre las intenciones de su hermano, lo mató primero.

Buscando la forma de atraer a Netzahualcóyotl a sus dominios, ordenó el nuevo tirano encarcelar a Chimalpopoca -rey de México y tío del príncipe- acusándolo falsamente de traición. Chimalpopoca, vale recordar, fue la única persona por la que había sentido cierto afecto su padre, beneficiándolo, entre otras cosas, con la liberación de ciertos tributos.

Si bien Maxtla estaba emparentado con el rey mexicano, odiaba visceralmente a los mexicas; los consideraba una raza inferior que no debía mezclarse con la sangre de los tepanecas. Astuto como su padre, Maxtla sabía del cariño que tenía el rey de los mexicanos con el príncipe y visceversa, y sabía que este iba a intentar mediar por su liberación. Efectivamente así sucedió: Chimalpopoca fue liberado, y, como el protocolo mandaba, se dirigió Netzahualcóyotl al palacio del tirano para agradecer el gesto. Ya dentro del palacio y a punto de ser recibido por Maxtla, fue avisado por un recamarero que éste lo iba a asesinar a la salida de su encuentro por medio de tropas apostadas en la puerta. Y así, sin pensarlo, escapó por los jardines traseros de la mansión. No sin gran esfuerzo, logró evadir a los ejércitos que tras él había enviado el tirano. Enterado Maxtla del fracaso de sus tropas, furioso, mató a todos los capitanes y hombres que habían participado de esa persecución.

Sin perder tiempo y queriendo zanjar este asunto de una buena vez, alistó, preparó y envió a sus mejores hombres a su acecho. Emprendida la persecución, encontraron a poco andar, en Tenochtitlan, al rey de México, Chimalpopoca -que había sido recientemente liberado por Maxtla-, y lo asesinaron con golpes de porra en la cabeza. A cargo de los mexicanos sucedió al difunto su hermano menor, Itzcoazin.

Desesperado, pasaba el tiempo y Maxtla no lograba aun hallar a Netzahualcóyotl, decidiéndose a jugar una nueva carta. Contactó a un hermano bastardo de este, llamado Yancuiltzin, pagándole para que invitase a Netzahualcóyotl a un festejo en su honor y lo matase luego. El príncipe y su hermano bastardo no se conocían personalmente. Apenas sabían como era el aspecto físico del otro. Aceptando el príncipe la invitación de su hermano, y a punto de marchar, fue anoticiado por un informante –un caballero de tezcuco llamado Huitzilihuitzin - sobre la verdadera finalidad de aquel encuentro. Fingiendo indisposición, mandó a decir a su hermano bastardo que pospusiera por unos días el encuentro. En este tiempo aprovechó para buscar una persona de cierto parecido físico, al cual harían pasar por él, entrenándolo debidamente en las formas, cortesías y protocolo de los reyes. A tal efecto se encontró a un mancebo labrador de la ciudad de Cotepec. Dicho y hecho; no más llegado el falso rey al encuentro fue asesinado, y su cabeza cortada y llevada al tirano Maxtla. Creyéndose finalmente vencedor, cuando le descubrieron la cabeza del pobre diablo degollado, no pudo contener su ira, y envió seguidamente a todos sus ejércitos disponibles a Texcoco, donde se sabía que solía estar el príncipe. Cuando llegó la partida de Maxtla, y divisaron a Netzahualcóyotl, fingieron ir en paz, diciéndole que solo querían jugar al juego de pelota . El príncipe, algo ingenuo, lo creyó en un principio, pues él como su padre, siempre estuvieron dispuestos a negociar la paz, pero enterado nuevamente de las verdaderas intenciones de estos, los entretuvo con manjares y otros menesteres, y terminó escapándose nuevamente.

Parecía a Maxtla, que el destino jugaba en su contra, al igual que a su padre. Había perdido ya varias oportunidades de asesinarlo. Procedió entonces a hacer un último intento poniendo un altísimo precio a la cabeza de su enemigo; con lo que se activaron nuevas hordas de mercenarios a fin de ganar el botín ofrecido. Lograron unos capturar a su maestro, a quien llevaron para interrogar a Texcoco, a la sazón gobernada por Yanncuiltzin, hermano del tirano. Sometido a todo tipo de indecibles torturas para lograr que les dijese el paradero de su discípulo, fue finalmente mandado a sacrificar a un templo del ídolo Comaxtla; sin haber dicho una palabra.

Pero la historia estaría por llegar a su fin; al menos para el indomable tirano tepaneca.

Cansados los pueblos de la tiranía de Maxtla y de los exorbitantes tributos que les eran impuestos, ganados en confianza por el príncipe, que había logrado reunir un ejército considerable y alianzas de fuste, se aliaron a él también los mexicanos –los mismos que antes habían traicionado a su padre- y otros pueblos, logrando recuperar Texcoco y el resto del imperio, pasando a ser Netzahualcóyotl rey de Texcoco y emperador de los chichimecas. Esta fue la conocida confederación entre Texcoco, Technotitlan y Tlacopan.

Lamentablemente no terminan aquí las decepciones para el legítimo monarca de Texcoco. Su tío Itzocatzin, rey de México, a quien había ayudado en numerosas ocasiones, salvando incluso la vida de su hermano, comenzó a conspirar a sus espaldas junto a otros señores principales para usurpar su imperio. Enterado Netzahualcóyotl, le hizo la guerra, venciéndolo sin mayor esfuerzo.

Todos estos hechos que hemos narrado, son tan solo una ínfima parte de las ocurridas durante los 11 años posteriores a la muerte del sexto chichimeca, el padre de Netzahualcóyotl.

ANEXOS

I- Mentiras indigenistas sobre Ceferino Namuncurá (Por Federico Gastón Addisi)[406].

La decisión de la Iglesia Católica, a través de Su Santidad Benedicto XVI de declarar Beato a Ceferino Namuncurá, durante el pasado año, dividió a la comunidad aborigen respecto de la opinión que este suceso les merecía.

Mientras gran parte de los aborígenes sintieron una profunda alegría, hubo otro sector que levantó las peores falacias históricas para denostar tan santo y feliz episodio. Como muestra de este último grupo se puede mencionar al Sr. Jorge Nahuel, titular de la Dirección de Pueblos Originarios de la Secretaría de Ambiente de la Nación y responsable de la Coordinadora de Organizaciones Mapuches. El mismo expresó hirientes y falsos argumentos en contra de la beatificación, que nos dan lugar a refutar por su intermedio, las mentiras indigenistas sobre nuestro querido Ceferino Namuncurá, como así también, señalar verdades que por el contrario se ocultan.

---

406 Federico Gastón Addisi. Cfr. https://sites.google.com/site/federicoaddisi/articulos/hispanidad

Sobre el tema dijo el nombrado Nahuel: "Para nosotros es un acto de manipulación del Vaticano: toman una figura simbólica para propaganda con una cosmovisión totalmente distinta del pueblo mapuche", y consideró que Ceferino "es un símbolo de una persona arrancada de su tierra y su familia por la Iglesia, que lo terminó llevando a Roma, pero murió a los 18 años de tuberculosis, una de las enfermedades contagiadas a los pueblos originarios por soldados y misioneros".

Hasta aquí la falacia indigenista, ahora la verdad histórica.

Primeramente debemos señalar que las investigaciones y observaciones que la Iglesia ha efectuado sobre la vida y obra de Ceferino, son de muchos años atrás (luego de años de investigaciones eclesiásticas, en 1972 el Papa Pablo VI dictó el decreto de Heroicidad de Virtudes y declaró *Venerable* a Ceferino) y recién después de 35 años, en 2007, el Papa Benedicto XVI declaró a Ceferino Namuncurá *Beato*. El sentido común lleva a la conclusión de que por la seriedad y el tiempo que llevó la "manipulada" beatificación esta no fue tal sino un verdadero acto de amor y reconocimiento de parte de la Iglesia para con uno de sus hijos. Y si lo expuesto no basta, cabría preguntarle a los indigenistas que hablan de "manipulación" ¿por qué la Iglesia no declaró Santo a Ceferino en lugar de la "menos marketinera" figura de Beato?

En segundo lugar, se dice que se eligió a una "figura con una cosmovisión totalmente distinta". Esto tampoco es cierto porque gran parte del pueblo de Ceferino, al cruzar de Chile hacia la Argentina (hacia 1830), fue convirtiéndose a la fe católica. En especial, esta conversión tuvo lugar por la acción realizada por los salesianos en la región de Aluminé, donde hasta el mismísimo Jefe de la tribu, Manuel Namuncurá recibió la Confirmación y la Primera Comunión, y su tribu fue catequizada y bautizada. Monseñor Juan Cagliero refirió que en aquella jornada el cacique, con júbilo, iba diciendo: "*yo muy contento, yo vivir cristiano, mi familia también, yo buen argentino, y mi gente queriendo ser cristianos todos; ahora poder morir feliz, morir ahora buen cristiano*". Años antes (exactamente el 24 de diciembre de 1888) el Padre Domingo Milanesio, misionero conocido como "el apóstol de los aborígenes", había bautizado al hijo del cacique y de Rosario Burgos: Ceferino Namuncurá. Todo esto parece ser desconocido, u omitido maliciosamente por los indigenistas que se empeñan en negar la cristianización y el mestizaje que sufrieron al mezclarse con "el hombre blanco". Por supuesto no desconocemos que debe haber un importante número de aborígenes que aún mantienen sus antiguas creencias religiosas, pero esto no autoriza a hablar de cosmovisiones totalmente opuestas en un lenguaje dialéctico donde se enfrenta al cristiano con el aborigen.

En tercera instancia, decir que Ceferino "es el símbolo de una persona arrancada de su tierra y su familia por la Iglesia" es una patraña digna de ignorantes. Es célebre, y se encuentra en todas las biografías sobre Ceferino la frase que este pronunciara a su padre teniendo sólo 11 años, pidiéndole que lo lleve a Buenos Aires a estudiar, porque —le dice— "quiero ser útil a los de mi raza". Ante dicho pedido, el viejo cacique Namuncurá lleva a su hijo a la ciudad de Buenos Aires en donde a instancias del General Luis María Campos, ingresa en los Talleres Nacionales que la Marina tenía en Tigre. ¿Dónde esta el despojo de la Iglesia "arrancando de su tierra y su familia" a Ceferino? Esta vida no resultó del agrado de Ceferino quien pidió nuevamente a su padre que lo cambie de lugar, y es por intermedio de su padre que él ingresa en 1897 en el Colegio "Pío IX" del barrio de Almagro. En 1898, luego de prepararse a conciencia, Ceferino recibió la Primera Comunión en la Iglesia Parroquial de San Carlos, y un año después, la Confirmación. Su devoción por Nuestro Señor y por la Iglesia Católica era tan grande que su conducta era digna de ser imitada. Muestra de esto es la carta que a continuación reproducimos.

¡ Viva Jesús, María y José!
Viedma, junio 23 de 1904.

R. P. Juan Beraldi, Pbro.

Cumplo con el deber de amor y gratitud que debo a V. R. por medio de esta humilde cartita. Mañana es el día de su onomástico, día de su santo protector muy querido, San Juan Bautista.

Quisiera ser un gran orador para demostrarle mi mucho agradecimiento, pero no lo soy y aunque lo fuera no bastaría para cumplir y satisfacer todo entero su amor, benevolencia y cariño que hacia mi humilde y pobre persona tiene V. R. ¿Podré yo numerar los favores que día a día me hago deudor, especialmente los favores espirituales de vuestra Reverencia?

Ciertamente, que no, es imposible. Y ¿qué haré? ¿Le regalaré muchos dineros? No. ¿Muchas y grandes extensiones de campo? Tampoco. ¿Muchos animales de todas clases? Menos, porque ninguno de esos bienes poseo. Acudiré a Cosas Superiores. ¿Haré la Santa Comunión por vuestra Reverencia? Sí. ¿Muchas oraciones? Perfectamente.

Esto me contesta mi ángel Custodio. Y me sugiere que lo segundo le agrada mucho más a su reverencia que si le hubiera dado todos los primeros.

Reciba, amadísimo Padre, mis felicitaciones, muchas prosperidades y bendiciones del Todopoderoso y El se digne concederle muchos años de vida para bien de la humanidad. Agradézcole de todo corazón por los preciosos regalitos de crucifijos, medallitas, estampitas y demás chiches que me dio a manos llenas en este corto tiempo que está en esta santa casa.

Preséntole al mismo tiempo los agradecimientos de mi pobre familia que habita en Junín de los Andes por los favores espirituales que V.R. dignóse hacerles en el año 1901 estando en Misión. Ruégole filialmente que no se olvide en sus fervorosas oraciones en modo especial en la Santa Misa.

A este su humilde hijo en Jesús y María,

Ceferino Namuncurá

N.B: - Pase muy buena fiesta. ¡¡¡ Viva San Juan Bosco!!!

II- Discurso de Juan Domingo Perón del 12 de octubre de 1947, en Homenaje a Cervantes[407]:

No me consideraría con derecho a levantar mi voz en el solemne día que se festeja la gloria de España, si mis palabras tuvieran que ser tan sólo halago de circunstancias o simple ropaje que vistiera una conveniencia ocasional. Me veo impulsado a expresar mis sentimientos porque tengo la firme convicción de que las corrientes de egoísmo y las encrucijadas de odio que parecen disputarse la hegemonía del orbe, serán sobrepasadas por el triunfo del espíritu que ha sido capaz de dar vida cristiana y sabor de eternidad al Nuevo Mundo.

No me atrevería a llevar mi voz a los pueblos que, junto con el nuestro, formamos la

Comunidad Hispánica, para realizar tan sólo una conmemoración protocolar del

Día de la Raza. Únicamente puede justificarse el que rompa mi silencio la exaltación de nuestro espíritu ante la contemplación reflexiva de la influencia que, para sacar al mundo del caos que se debate, puede ejercer el tesoro espiritual que encierra la titánica obra cervantina, suma y compendio apasionado y brillante del inmortal genio de España.

Al impulso ciego de la fuerza, al impulso frío del dinero, la Argentina, coheredera de la espiritualidad hispánica, opone la supremacía vivificante del espíritu.

En medio de un mundo en crisis y de una humanidad que vive acongojada por las consecuencias de la última tragedia e inquieta por la hecatombe que presiente; en medio de la confusión de las pasiones que restallan sobre las conciencias, la Argentina, la isla de paz, deliberada

---

[407] Juan Domingo Perón, 12/10/47. Discurso en la Academia Argentina de Letras con motivo del homenaje a Cervantes. Cfr. http://archivoperonista.com/discursos/juan-domingo-peron/1947/discurso-en-academia-argentina-letras-motivo-homenaje-cervantes/

y voluntariamente, se hace presente en este día para rendir cumplido homenaje al hombre cuya figura y obra constituyen la expresión más acabada del genio y la grandeza de la raza.

Y a través de la figura y de la obra de Cervantes va el homenaje argentino a la patria madre, fecunda, civilizadora, eterna, y a todos los pueblos que han salido de su maternal regazo. Por eso estamos aquí, en esta ceremonia que tiene la jerarquía de símbolo. Porque recordar a Cervantes es reverenciar a la madre España; es sentirse más unidos que nunca a los demás pueblos que descienden legítimamente de tan noble tronco; es afirmar la existencia de una comunidad cultural hispanoamericana de la que somos parte y de una continuidad histórica que tiene en la raza su expresión objetiva más digna, y en el Quijote la manifestación viva y perenne de sus ideales, de sus virtudes y de su cultura; es expresar el convencimiento de que el alto espíritu señoril y cristiano que inspira la Hispanidad iluminará al mundo cuando se disipen las nieblas de los odios y de los egoísmos. Por eso rendimos aquí el doble homenaje a Cervantes y a la raza.

Homenaje, en primer lugar, al grande hombre que legó a la humanidad una obra inmortal, la más perfecta que en su género haya sido escrita, código del honor y breviario del caballero, pozo de sabiduría y, por los siglos de los siglos, espejo y paradigma de su raza.

Destino maravilloso el de Cervantes que, al escribir El Ingenioso Hidalgo Don Quijote de la Mancha, descubre en el mundo nuevo de su novela, con el gran fondo de la naturaleza filosófica, el encuentro cortés y la unión entrañable de un idealismo que no acaba y de un realismo que se sustenta en la tierra. Y además caridad y amor a la justicia, que entraron en el corazón mismo de América; y son ya los siglos los que muestran, en el laberinto dramático que es esta hora del mundo, que siempre triunfa aquella concepción clara del riesgo por el bien y la ventura de todo afán justiciero. El saber "jugarse entero" de nuestros gauchos es la empresa que ostentan orgullosamente los "quijotes de nuestras pampas".

En segundo lugar, sea nuestro homenaje a la raza a que pertenecemos. Para nosotros, la raza no es un concepto biológico. Para nosotros es algo puramente espiritual. Constituye una suma de imponderables que hace que nosotros seamos lo que somos y nos impulsa a ser lo que debemos ser, por nuestro origen y nuestro destino. Ella es lo que nos aparta de caer en el remedo de otras comunidades cuyas esencias son extrañas a la nuestra, pero a las que con cristiana caridad aspiramos a comprender y respetamos. Para nosotros, la raza constituye nuestro sello personal, indefinible e inconfundible.

Para nosotros los latinos, la raza es un estilo. Un estilo de vida que nos enseña a saber vivir practicando el bien y a saber morir con dignidad.

Nuestro homenaje a la madre España constituye también una adhesión a la cultura occidental.

Porque España aportó al occidente la más valiosa de las contribuciones: el descubrimiento y la colonización de un nuevo mundo ganado para la causa de la cultura occidental. Su obra civilizadora cumplida en tierras de América no tiene parangón en la historia. Es única en el mundo. Constituye su más calificado blasón y es la mejor ejecutoria de la raza, porque toda la obra civilizadora es un rosario de heroísmos, de sacrificios y de ejemplares renunciamientos.

Su empresa tuvo el sino de una auténtica misión. Ella no vino a las Indias ávida de ganancias y dispuesta a volver la espalda y marcharse una vez exprimido y saboreado el fruto. Llegaba para que fuera cumplida y hermosa realidad el mandato póstumo de la Reina Isabel de "atraer a los pueblos de Indias y convertirlos al servicio de Dios". Traía para ello la buena nueva de la verdad revelada, expresada en el idioma más hermoso de la tierra. Venía para que esos pueblos se organizaran bajo el imperio del derecho y vivieran pacíficamente. No aspiraban a destruir al indio sino a ganarlo para la fe y dignificarlo como ser humano… Era un puñado de héroes, de soñadores desbordantes de fe. Venían a enfrentar a lo desconocido; ni el desierto, ni la selva con sus mil especies donde la muerte aguardaba el paso del conquistador en el escenario de una tierra inmensa, misteriosa, ignorada y hostil.

Nada los detuvo en su empresa; ni la sed, ni el hambre, ni las epidemias que asolaban sus huestes; ni el desierto con su monótono desamparo, ni la montaña que les cerraba el paso, ni la selva con sus mil especies de oscuras y desconocidas muertes. A todo se sobrepusieron. Y es ahí, precisamente, en los momentos más difíciles, en los que se los ve más grandes, más serenamente dueños de sí mismos, más conscientes de su destino, porque en ellos parecía haberse hecho alma y figura la verdad irrefutable de que "es el fuerte el que crea los acontecimientos y el débil el que sufre la suerte que le impone el destino". Pero en los conquistadores pareciera que el destino era trazado por el impulso de su férrea voluntad.

Como no podía ocurrir de otra manera, su empresa fue desprestigiada por sus enemigos, y su epopeya objeto de escarnio, pasto de la intriga y blanco de la calumnia, juzgándose con criterio de mercaderes lo que había sido una empresa de héroes. Todas las armas fueron probadas: se recurrió a la mentira, se tergiversó cuanto se había hecho, se tejió en torno suyo una leyenda plagada de infundios y se la propaló a los cuatro vientos.

Y todo, con un propósito avieso. Porque la difusión de la leyenda negra, que ha pulverizado la crítica histórica seria y desapasionada, interesaba doblemente a los aprovechados detractores. Por una parte, les servía para echar un baldón a la cultura heredada por la comunidad de los pueblos hermanos que constituimos Hispanoamérica.

Por la otra procuraba fomentar así, en nosotros, una inferioridad espiritual propicia a sus fines imperialistas, cuyas asalariados y encumbradísimos voceros repetían, por encargo, el ominoso estribillo cuya remunerada difusión corría por cuenta de los llamados órganos de información nacional. Este estribillo ha sido el de nuestra incapacidad para manejar nuestra economía e intereses, y la conveniencia de que nos dirigieran administradores de otra cultura y de otra raza.

Doble agravio se nos infería: aparte de ser una mentira, era una indignidad y una ofensa a nuestro decoro de pueblos soberanos y libres.

España, nuevo Prometeo, fue así amarrada durante siglos a la roca de la Historia.

Pero lo que no se pudo hacer fue silenciar su obra, ni disminuir la magnitud de su empresa que ha quedado como magnífico aporte a la cultura occidental. Allí están, como prueba fehaciente, las cúpulas de las iglesias asomando en las ciudades fundada por ella; allí sus leyes de Indias, modelo de ecuanimidad, sabiduría y justicia; sus universidades; su preocupación por la cultura, porque "conviene –según se lee en la Nueva Recopilación- que nuestros vasallos, súbditos y naturales, tengan en los reinos de Indias universidades y estudios generales donde sean instruidos y graduados en todas ciencias y facultades, y por el mucho amor y voluntad que tenemos de honrar y favorecer a los de nuestras Indias y desterrar de ellas las tinieblas de la ignorancia y del error, se crean Universidades gozando los que fueren graduados en ellas de las libertades y franquezas de que gozan en estos reinos los que se gradúan en Salamanca". Su celo por difundir la verdad revelada porque –como también dice la Recopilación- "teniéndonos por más obligados que ningún otro príncipe del mundo a procurar el servicio de Dios y la gloria de su santo nombre y emplear todas las fuerzas y el poder que nos ha dado, en trabajar que sea conocido y adorado en todo el mundo por verdadero Dios como lo es, felizmente hemos conseguido traer al gremio de la Santa Iglesia Católica las innumerables gentes y naciones que habitan las Indias occidentales, isla y tierra firme del mar océano". España levantó ciudades, edificó universidades, difundió la cultura, formó hombres, e hizo mucho más: fundió y confundió su sangre con América y signó a sus hijas con un sello que las hace, si bien distintas a la madre en su forma y apariencias, iguales a ella en su esencia y naturaleza. Incorporó a la suya la expresión de un aporte fuerte y desbordante de vida que remozaba a la cultura occidental con el ímpetu de una energía nueva.

Y si bien hubo yerros, no olvidemos que esa empresa, cuyo cometido la antigüedad clásica hubiera discernido a los dioses, fue aquí cumplida por hombres, por un puñado de hombres que no eran dioses aunque los impulsara, es cierto, el soplo divino de una fe que los hacía creados a la imagen y semejanza de Dios. Son hombres y mujeres de esa raza los que en heroica comunión rechazan, en 1806, al extranjero invasor, y el hidalgo jefe que obtenida la victoria amenaza con "pena de la vida al que los insulte". Es gajo de ese tronco el pueblo que en mayo de 1810 asume la revolución recién nacida; es sangre de esa sangre la que vence gloriosamente en Tucumán y Salta y cae con honor en Vilcapugio y Ayohuma; es la que anima el corazón de los montoneros; es la que bulle en el espíritu levantisco e indómito de los caudillos; es la que enciende a los hombres que en 1816 proclaman a la faz del mundo nuestra independencia política; es la que agitada corre por las venas de esa raza de titanes que cruzan las ásperas y desoladas montañas de los Andes, conducidas por un héroe en una marcha que tiene la majestad de un friso griego; es la que ordena a los hombres que forjaron la unidad nacional, y la que alienta a los que organizaron la República; es la que se derramó generosamente cuantas veces fue necesario para defender la soberanía y la dignidad del país; es la misma que moviera al pueblo a reaccionar sin jactancia pero con irreductible firmeza cuando cualquiera osó inmiscuirse en asuntos que no le incumbían y que correspondía solamente a la nación resolverlos; de esa raza es el pueblo que lanzó su anatema a quienes no fueron celosos custodios de su soberanía, y con razón, porque sabe y la verdad lo asiste, que cuando un Estado no es dueño de sus actos, de sus decisiones, de su futuro y de su destino, la vida no vale la pena de ser allí vivida; de esa raza es ese pueblo, este pueblo nuestro, sangre de nuestra sangre y carne de nuestra carne, heroico y abnegado pueblo, virtuoso y digno, altivo sin alardes y lleno de intuitiva sabiduría, que pacífico y laborioso en su diaria jornada se juega sin alardes la vida con naturalidad de soldado, cuando una causa noble así lo requiere, y lo hace con generosidad de Quijote, ya desde el anónimo y oscuro foso de una trinchera o asumiendo en defensa de sus ideales el papel de primer protagonista en el escenario turbulento de las calles de una ciudad.

Señores: la historia, la religión y el idioma nos sitúan en el mapa de la cultura occidental y latina, a través de su vertiente hispánica, en la que el heroísmo y la nobleza, el ascetismo y la espiritualidad, alcanzan sus más sublimes proporciones. El Día de la Raza, instituido por el Presidente Yrigoyen, perpetúa en magníficos términos el sentido de esta filiación. "La España descubridora y conquistadora –dice el Decreto-, volcó sobre el continente enigmático y magnífico el valor de sus guerreros, el denuedo de sus exploradores, la fe de sus sacerdotes, el preceptismo de sus sabios, las labores de sus menestrales y con la aleación de todos estos factores, obró el milagro de conquistar para la civilización la inmensa heredad en que hoy florecen las naciones a las cuales ha dado, con la levadura de su sangre y con la armonía de su lengua, una herencia inmortal que debemos de afirmar y de mantener con jubiloso reconocimiento".

Si la América olvidara la tradición que enriquece su alma, rompiera sus vínculos con la latinidad, se evadiera del cuadro humanista que le demarca el catolicismo y negara a España, quedaría instantáneamente baldía de coherencia y sus ideas carecerían de validez. Ya lo dijo Menéndez y Pelayo: "Donde no se conserva piadosamente la herencia de lo pasado, pobre o rica, grande o pequeña, no esperemos que brote un pensamiento original, ni una idea dominadora". Y situado en las antípodas de su pensamiento, Renán afirmó que "el verdadero hombre de progreso es el que tiene los pies enraizados en el pasado".

El sentido misional de la cultura hispánica, que catequistas y guerreros introdujeron en la geografía espiritual del Nuevo Mundo, es valor incorporado y absorbido por nuestra cultura, lo que ha suscitado una comunidad de ideas e ideales, valores y creencias, a la que debemos preservar de cuantos elementos exóticos pretenden mancillarla. Comprender esta imposición del destino, es el primordial deber de aquellos a quienes la voluntad pública o el prestigio de sus labores intelectuales les habilita para influir en el proceso mental de las muchedumbres. Por mi parte, me he esforzado en resguardar las formas típicas de la cultura a que pertenecemos, trazándome un plan de acción del que pude decir –el 24 de noviembre de 1944- que "tiende, ante todo, a cambiar la concepción materialista de la vida por una exaltación de los valores espirituales".

Precisamente esa oposición, esa contraposición entre materialismo y espiritualidad, constituye la ciencia del Quijote. O más propiamente representa la exaltación del idealismo, refrenado por la realidad del sentido común. De ahí la universalidad de Cervantes, a quien, sin embargo, es preciso identificar como genio auténticamente español, tal que no puede concebirse como no sea en España.

Esta solemne sesión que la Academia Argentina de Letras ha querido poner bajo la advocación del genio máximo del idioma en el IV Centenario de su nacimiento, traduce –a mi modo de ver- la decidida voluntad argentina de reencontrar las rutas tradicionales en las que la concepción del mundo y de la persona humana se originan en la honda espiritualidad grecolatina y en la ascética grandeza ibérica y cristiana. Para participar en ese acto, he preferido traer, antes que una exposición académica sobre la inmortal figura de Cervantes, su palpitación humana, su honda vivencia espiritual y su suprema gracia hispánica. Su vida y en su obra personifica la más alta expresión de las virtudes que nos incumbe resguardar. Mientras unos soñaban y otros seguían amodorrados en su incredulidad, fue gestándose la tremenda subversión social que hoy vivimos y que preparó la crisis de las estructuras políticas tradicionales. La revolución social de Eurasia ha ido extendiéndose hacia Occidente, y los cimientos de los países latinos del Oeste europeo crujen ante la proximidad de exóticos carros de guerra. Por los Andes asoman su cabeza pretendidos profetas a sueldo de un mundo que abomina de nuestra civilización, y otra trágica paradoja parece cernirse sobre América al oírse voces que, con la excusa de defender los principios de la Democracia (aunque en el fondo quieren proteger los privilegios del capitalismo), permiten el entronizamiento de una nueva y sangrienta Tiranía.

Como miembros de la comunidad occidental, no podemos substraernos a un problema que de no resolverlo con acierto, puede derrumbar un patrimonio espiritual acumulado durante siglos. Hoy, más que nunca, debe resucitar Don Quijote y abrirse el sepulcro del Cid Campeador

III- Decreto de la Presidencia del Gobierno de Francisco Franco, de 10 de enero de 1958, declarando el 12 de octubre fiesta nacional, bajo el nombre de Día de la Hispanidad[408]:

«Decreto de 10 de enero de 1958 por el que se declara el 12 de octubre fiesta nacional, bajo el nombre de «Día de la Hispanidad». Es anhelo tradicional del pueblo español el ver anual y solemnemente conmemorado el aniversario del Descubrimiento de América. Ninguna otra hazaña alcanza tanta grandeza, y dentro de nuestra humana dimensión no hallaremos fecha de mayor transcendencia en la historia del mundo. Ya desde el pasado siglo, tan legítima aspiración fué recogida en acertadas iniciativas oficiales. Así, en el Real Decreto firmado en el Monasterio de Santa María de la Rábida el doce de octubre de mil ochocientos noventa y dos, siendo Reina Regente de España doña María Cristina de Habsburgo, y Presidente del Consejo de Ministros don Antonio Cánovas del Castillo, el Estado español, al celebrar el IV Centenario del Descubrimiento, manifestaba de modo explícito su propósito de instituir como Fiesta Nacional el aniversario del día en que las carabelas de Palos de Moguer arribaron a las costas de Guanahaní, con el pendón de Castilla en la proa, y en la vela del trinquete, la Cruz. Con los años, este sentimiento se difundió por toda la anchura de las tierras hispánicas. Fué inolvidable privilegio de la República Argentina y de su insigne Presidente don Hipólito Irigoyen extender a todo el ámbito de la Hispanidad la celebración de la Fiesta del Descubrimiento, hasta entonces limitada a sencillos y conmovedores actos rituales, sin reconocimiento oficial. Despierta incontenible emoción la lectura del preámbulo del Decreto del Presidente Irigoyen, que al declarar, en mil novecientos diecisiete, Fiesta Nacional el doce de octubre de cada año, consagraba «esa festividad en homenaje a España, progenitora de naciones, a las cuales ha dado, con la levadura de su sangre y con la armonía de su lengua, una herencia inmortal que debemos afirmar y mantener con jubiloso reconocimiento». El ejemplo argentino logró

[408] Boletín Oficial del Estado, Madrid, 8 de febrero de 1958, nº 34, págs. 203-204. Cfr. http://www.filosofia.org/ave/001/a224.htm

una inmediata adhesión por parte de las naciones hispanoamericanas, probándose por la vía de tan fervorosa unanimidad que había en ello algo más profundo que un mero afán de ritos perecederos. El Gobierno español, queriendo elevar a la máxima categoría legislativa la conmemoración de la gesta descubridora, y dando cumplimiento a la promesa contenida en el Decreto de doce de octubre de mil ochocientos noventa y dos, presentó a las Cortes del Reino, y éstas aprobaron, la Ley de quince de junio de mil novecientos dieciocho, que lleva la augusta sanción de Su Majestad don Alfonso XIII, y el refrendo de su Presidente del Consejo de Ministros, don Antonio Maura. No sería justo limitar hoy la conmemoración del descubrimiento al recuerdo de un pasado incomparablemente grande y bello. La Comunidad hispánica de naciones –que convive fraternalmente en la Península y en el Nuevo Continente con la Comunidad Luso-Brasileña– tiene el ineludible deber de interpretar la Hispanidad como un sistema de principios y de normas destinado a la mejor defensa de la civilización cristiana y al ordenamiento de la vida internacional en servicio de la paz. De aquí el que debamos entender principalmente este aniversario como una prometedora vertiente hacia el futuro; y la Hispanidad misma como doctrina de Fe, de Amor y de Esperanza que, asegurando la libertad y la dignidad del hombre, alcanza con idéntico rigor a España y a todos los pueblos de la América Hispánica. El Decreto de veintitrés de diciembre de mil novecientos cincuenta y siete, por el que se establece el Calendario Oficial de Fiestas, atribuye en su artículo octavo al Gobierno la facultad de declarar festivas aquellas jornadas que por muy señalados motivos lo merezcan. Por cuanto antecede, se estima conveniente unificar las diversas disposiciones vigentes sobre la conmemoración anual del doce de octubre, y en su virtud, teniendo en cuenta la Ley de treinta y uno de diciembre de mil novecientos cuarenta y cinco y los Decretos de dieciocho de abril de mil novecientos cuarenta y siete y de veintitrés de diciembre de mil novecientos cincuenta y siete; a propuesta de los Ministros de Asuntos Exteriores y de Educación Nacional, previa la deliberación del Consejo de Ministros DISPONGO:

Artículo primero.– La fecha del doce de octubre de cada año tendrá carácter permanente de Fiesta Nacional, a todos los efectos, con la denominación de «Día de la Hispanidad».

Artículo segundo.– Se encomienda al Instituto de Cultura Hispánica la organización de los actos que el Estado español disponga para celebrar el aniversario del Descubrimiento de América.

Artículo tercero.– Las Representaciones diplomáticas de España en el extranjero se asociarán a los actos conmemorativos del doce de octubre que organicen los Gobiernos y las Instituciones Culturales y Sociales, tanto en las naciones hermanas de América como en aquellos otros países en los que se exalte la significación hispánica de la gesta del Descubrimiento. Cuando no esté prevista la adecuada conmemoración, las Representaciones diplomáticas de España cuidarán de organizar los actos que estimen necesarios para realzar tan gloriosa efemérides.

Artículo cuarto.– El Ministerio de Educación Nacional adoptará las medidas oportunas que aseguren la colaboración de los Centros docentes españoles en los actos conmemorativos al día de la Hispanidad.

Artículo quinto.– Quedan expresamente derogadas cuantas disposiciones se opongan a lo que determina el presente Decreto. Así lo dispongo por el presente Decreto, dado en Madrid a diez de enero de mil novecientos cincuenta y ocho.

FRANCISCO FRANCO

El Ministro Subsecretario de la Presidencia del Gobierno,
Luis Carrero Blanco.» (Boletín Oficial del Estado,
Madrid, 8 de febrero de 1958, nº 34, págs. 203-204.)

IV- Decreto del 4 de octubre de 1917, cuando el presidente Hipólito Yrigoyen promulgó el decreto que instituyó el 12 de octubre como "Día de la Raza", declarando ese día como Fiesta Nacional (consiguiendo que casi todos los países americanos se adhirieran a esta celebración)[409].

¿Qué decía aquél decreto de Yrigoyen?

1º. "El descubrimiento de América es el acontecimiento más trascendental que haya realizado la humanidad a través de los tiempos, pues todas las renovaciones posteriores derivan de este asombroso suceso, que a la par que amplió los límites de la tierra, abrió insospechados horizontes al espíritu".

2º. "Que se debió al genio hispano intensificado con la visión suprema de Colón, efemérides tan portentosa, que no queda suscrita al prodigio del descubrimiento, sino que se consolida con la conquista, empresa ésta tan ardua que no tiene término posible de comparación en los anales de todos los pueblos".

3º. "Que la España descubridora y conquistadora volcó sobre el continente enigmático el magnífico valor de sus guerreros, el ardor de sus exploradores, la fe de sus sacerdotes, el preceptismo de sus sabios, la labor de sus menestrales, y derramó sus virtudes sobre la inmensa heredad que integra la nación americana".

"Por tanto, siendo eminentemente justo consagrar la festividad de la fecha en homenaje a España, progenitora de las naciones a las cuales ha dado con la levadura de su sangre y la armonía de su lengua una herencia inmortal, debemos afirmar y sancionar el jubiloso reconocimiento, y el poder ejecutivo de la nación:

"Artículo primero: *Se declara Fiesta Nacional el 12 de octubre*".
"Artículo segundo: Comuníquese, publíquese, dése al Registro Nacional y se archive".

(Firmado): *Hipólito Yrigoyen - R. Gómez - D.S. Salaberry - F. Álvarez de Toledo - J.S. Salinas - H. Pueyrredón -Elpidio González - Pablo Torello.*

---

[409] Decreto 7112/1917 por el que se declara Fiesta Nacional el día 12 de octubre. Cfr. http://revista-arbil.es/114raza.htm

V- Felipe (Rta. del Dr. Antonio Caponnetto al Dr. Ricardo Cardinali[410])

Dr. Ricardo Cardinali:

Estimado:

Un amigo, algo propenso al sadismo y a la camorra, me anoticia de una epístola que le habría hecho llegar un tal *Felipe el Pignoso,* respuesta a una o varias notas suyas anteriores. Asimismo me adjunta su réplica, instándome a que opine. He leído ambas misivas y me apresuro a hacerle llegar sólo a Usted mis reconvenciones.

Verá porqué.

Usted no ha entendido, con Aristóteles, que en toda comparación entre lo malo y lo bueno, sufre lo bueno. De modo que la gente no pensará cuán magnánimo es Felipe que dialoga con Cardinali, sino qué habrá hecho Cardinali para andar cruzándose *mails* con el libretista de Pergolini. Afile su metanoia,amigo.

Tampoco ha entendido Usted lo que nos pide el buen padre San Jerónimo; esto es, que con los herejes ni el lenguaje en común se puede tener. Mucho más si –como en este caso- el presunto heresiarca es un pobre mozo desaliñado y lúbrico, analfabeto funcional, fabricador de *best seller,* cartaginés de crematísticas habilidades, compendiador de cuantas estulticias han abarrotado liberales y marxistas en los claustros universitarios, hijo fiel del desaguisado gramsciano, de la ignorancia ciclópea de los *mass media*, y de la insolente chabacanería periodística.

Terceramente no ha entendido Usted, que si es alto mérito refutar a estos salvajes de la *intelligentzia* -pues con Santo Tomás aprendimos *que es* tarea expiatoria la del apologista, en tanto leer y fustigar a los desviados conlleva

---

410 El siguiente artículo, de tono acentuadamente irónico, le fue remitido por Antonio Caponnetto al Dr. Cardinali, en señal de cordial apoyo ante el debate que este estaba llevando patrióticamente a cabo contra el desdichado Pigna.

un *labor improbus* y en consecuencia una mortificante ascesis- tal mérito deviene en ocasión de pecado, cuando el refutado empieza a considerarse interlocutor válido. Usted cree que está hablando con un historiador, o un ideólogo, o al menos con un panfletista de fuste, e inadvierte que apenas si se trata de un exitoso mercader abocado a la industria de los libros para la playa. ¡Ay, Cardinali!Si el apologeta tiene que ir a buscar al albañal su material de trabajo, más necesita oficio de cloaquista que vocación de escritor. Y no hallará confesor –siquiera un padre Pocho Brizuela, digamos- que le aconseje sumergirse en la sentina moral. Tareas como las que Usted se ha propuesto no son propias de la ciencia sino de la *policía bibliográfica* con la que soñaba Ramón Doll, egregio gordo.

Hay varias cosillas más que Usted no intelige, y que el *caraycarético* personaje le ha puesto en evidencia.

Por ejemplo, que la epistemología acaba de hallar una *scienza nuova*, ya no la de Vico, sino "la antropología, la multiculturalidad y demás". Déjeme que le explique, pues llevo varios años fatigando la línea Mitre en horas pico como para no tener un *master honoris causa* en tal disciplina.

Si matan indios los españoles, son genocidas. Si cientos de miles de indígenas murieron masacrados en manos de los despóticos Estados Indios y de sus crueles caciques, es un fenómeno multicultural. Si millares de aborígenes perdieron sus vidas esclavizados, trabajando en la construcción de monumentos faraónicos para una organización política tribal sostenida en el terror, se hablará de los avanzados testimonios arquitectónicos precolombinos. Si los mismos indios sudaban en la mita o el yanaconazgo, se dirá que los españoles eran unos incorregibles sanguinarios. Si algún gallego maula destrataba a una tribu, caerá sobre él la acusación de programar el holocausto. Si se descubren los horrorosos crímenes rituales de los indios "no debemos tratar de explicar esta actitud en términos morales", dice Von Hagen (cfr. *World of the maya,* New York, 1962 y *The Aztecman and tribe*,New York, 1962)), porque además son "de una belleza bárbara", acota Vaillant (cfr. *The aztecs of Mexico*, 1961). Si España trae sus enfermedades a América, y a causa de ella muchos nativos perecen, se aplicará la tesis homicídica de George Kubler. Si grandes derrumbes demográficos indígenas se produjeron por sus propias y repugnantes tropelías, era un ajuste malthusiano. Si los católicos inculcaban a comulgar el cuerpo de Cristo, eran antropófagos. Si los indígenas se comían crudos a sus congéneres, la tal manducación "tenía un sentido humano y teológico profundo, era el rito esencial de la renovación cósmica" (Enrique Dussel, *Historia General de la Iglesia en América Latina*, Salamanca, 1963). Si los conquistadores daban y recibían palizas por doquier, no menos que de nazis se calificará a sus conductas. Pero si se conocen con espeluznantes detalles los actos caníbales de los indios, ellos serán la simbología de la palengénesis arcaica (cfr. Blanco Villata, *Ritos caníbales en América,* Buenos Aires, 1970). Si encomenderos pasados de pícaros no concedían el salario mínimo,vital y móvil a sus encomendados, serán cerdos capitalistas. Si las momias halladas en Llullaillaco demuestra que los niños sacrificados fueron momificados vivos tras no pocas penurias, se afirmará que "son las momias mejor conservadas del mundo" (cfr.*La Nación*, Buenos Aires,5-4-2002, p. 18), y que cualquier protesta al respecto supone no entender la *weltanschauung* primitiva.

A esta altura de mis ejemplos, me dirá Usted que *"la antropología, la multiculturalidad y demás"* –ciencia invocada por Felipe- es una vulgar variante del relativismo ético, tan reprobada por nuestro bienamado Benedicto. Claro, el mismo relativismo ético que berretamente enseña Mariano Grondona en *Bajo el imperio de las ideas morales* y *Los pensadores de la libertad*, dos obras fundantes del filósofo televisivo. Y también podría decirme Usted, con acuidad que le concedo, que esta glorificación de la raza neocontinental, en la que "reside la semilla" del porvenir, libre "de las caducas envolturas del Viejo Continente", es la misma exaltación de la indianidad que hace López Rega en su *Astrología Esotérica* (Buenos Aires, Rosa de Libres-Kier, 1962).¿Va entendiendo, Cardinali, por qué Felipe lo remite a las fuentes?

Dejo para el final lo más grave que Usted no entiende.

Y es que este novel historiador de la *Escuela Pergolinesca,* no desea "justificar a los invasores",como Hernán Cortés o Repsol, y que se está refiriendo, según declara, a los indios "taínos, exterminadas por sus amados conquistadores en sólo 30 años y que no practicaban ningún sacrificio humano."

Nuevamente y con paciencia, le explico.

Los taínos invadieron la Quisqueya en el siglo VIII, desplazando a los lugareños. Pero al igual que Castell, pudieron probar que fue con el beneplácito de los dueños de la zona, de modo que no habrá que llamar a esto ocupación ilegal ni extorsión, ni corte de rutas. Además, y ciertamente, no practicaban ningún sacrificio humano. Mantenían en campos de trabajo forzados a los *naborías*, pero ellos, como diría Fontanarosa, lo tomaban cual *laborterapia*, conscientes de que era lo menos que podían hacer para justificar la futura existencia de la *"antropología, la multiculturalidad y demás"*. También enterraban vivas a las esposas favoritas, aunque -como a los chiquillos de Llullaillaco- parece que previamente las drogaban un poco para que no exageraran el escándalo al despertarse. De modo que morían cornudas pero sin sobresaltos, si se me permite la incorporación de las categorías morales de la antigua era cristiana.

No obstante la mano dura para el gineceo, los *taínos* o *arawaks* eran blandos respecto de los varones y otros géneros lacanianos; por eso tribus indígenas belicosas abusaron de sus debilidades. Como los *caribes*, terrible pueblo antropófago que atacaba sus aldeas, robando las mujeres y los niños, y cuyas bravuconadas los diezmaron, amén de sus prácticas caníbales. Precisamente para defenderlos de los caribes actuaron los españoles cuando arribaron. Práctica extendida a favor de muchísimos pueblos indígenas durante el siglo XVI. Mas se confundiría nuevamente Usted si supusiera que los hispanos lo hacían de puro gauchos o cristianos viejos. No; lo que sucede es que los taínos eran colaboracionistas.

Felipe dice que a los taínos se los cargaron los galaicos, pero calla las masacres ejecutadas por los caribes, causa eficiente original de la crisis demográfica de aquella etnía, a la que eruditamente han aludido investigadores como Frank Moya Pons (cfr.vg. *La sociedad taína*, 1973) y Roberto Cassá (cfr.vg. *Los taínos en la Española*,1974), que no son precisamente dos reaccionarios como Usted. Y desconoce completamente el estudio de Lyne Guitar, *"Documentando el mito de la extinción de la cultura taína"*, publicado en 2002 , en la *Revista de la historia y antropología de los indígenas del Caribe*; estudio en el cual, la autora, que tampoco es falangista, refuta con probidad la anacrónica leyenda negra lascasiana a la que adhiere el Pignoso, concluyendo con documentadas razones en que "la mayoría de los Taínos murieron de enfermedades como sarampión e influenza porque no tenían inmunidades, y después de 1519, de varicela[...] entre 80% y 90% de los indígenas morían de pestilencias. Muchas veces las pestilencias llegaban antes que los españoles por medio de mensajeros indígenas con noticias de regiones ya infectadas con microbios mortales. Una pérdida de un 80 hasta un 90% es tan asombroso, tan horrible, que oculta el hecho de que 10 o 20% de los Taínos sobrevivieron".

Si Usted no me cree, Cardinali, de que los taínos sobrevivieron a la represión virósica, a los grupos de tarea del *paramyxovirus del genero Morbillivirus* y a los centros clandestinos de *la varicela-zóster,* puede consultar el profuso álbum fotográfico del actual pueblo taíno, obra de la precitada Lynne Guitar, que hallará en el mágico *google* con sólo teclear su nombre. Y sí aún así insiste Usted en darlos por desaparecidos, no tengo más remedio que derivarlo hacia la nona Carlotto, Dra. Honoris causa, como se sabe.

Dejo por hoy de retarlo y de llamarlo al orden. Espero que todo esto le sirva de lección, como dijo el General Menéndez al regresar de Malvinas.

Pero no espere nuevas comunicaciones mías. Usted es un *peronista en acción*, según se define informáticamente. Y yo soy un gorila ocioso.

Suyo
Antonio Caponnetto

VI- Testamento de la Señora Reina Católica Doña Isabel, hecho en la villa de Medina del Campo, a doce de octubre del año 1504[411]

En el nombre de Dios todopoderoso, Padre, Hijo e Espíritu Santo, tres Personas en una esencia Divinal, Criador e Governador universal del Cielo e de la Tierra, e de las cosas visibles e invisibles; e de la gloriosa Virgen Santa María, su Madre, Reyna de los Cielos y Señora de los Ángeles, nuestra Señora e Abogada,...

...quiero e mando que mi cuerpo sea sepultado en el Monasterio de San Francisco, que es en la Alhambra de la Cibdad de Granada, siendo Religiosos o Religiosas de la dicha Orden, vestido en el hábito del bienaventurado Pobre de Jesu Christo San Francisco, en una sepultura baxa que no tenga bulto aguno, salvo una losa baxa en el suelo, llana, con sus letras esculpidas en ella; pero quiero e mando que si el Rey mi señor eligiese sepultura en cualquier otra parte o lugar destos mis Reynos, que mi cuerpo sea allí trasladado e sepultado, junto al cuerpo de su Señoría, porque el ayuntamiento que tuvimos viviendo y en nuestros ánimos, espero, en la misericordia de Dios, tornar a que en el Cielo lo tengan e represenen nuestros cuerpos en el suelo.

Otrosí, conformándose con lo que debo y soy obligada de derecho, ordeno y establezco e instituyo por universal heredera de todos mis Reynos, e Tierras, e Señoríos, e de todos mis bienes rayces, después de mis días, a la Ilustrísima Princesa Doña Juana, Archiduquesa de Austria, duquesa de Borgoña, mi muy cara, e muy amada hija, primogénita, heredera e sucesora legítima de los dichos mis Reynos e Tierras e Señoríos; la cual luego que Dios me llevare, se intitule Reyna.

E mando a todos los Prelados, Duques, Marqueses, Condes, Ricos homes, Priores de las Ordenes, Comendadores, Subcomendadores e Alcaydes de los Castillos e Casas fuertes e llanas e a los mis

[411] Publicado en De la Torre y del Cerro, A.; Alsina, E. (viuda de la Torre), Testamentaría de Isabel la Católica, Barcelona, 1974.

Adelantados e Merinos e a todos los Concejos, Alcaldes, Alguaciles, Regidores, Veinte y cuatro Cavalleros Jurados, Escuderos Jurados, Oficiales e Homes buenos de todas las Cibdades e Villas, e Lugares, de los dichos de mis Reynos, e Tierras, e Señoríos, e a todos los otros mis vasallos e súbditos e naturales, de cualquier estado o condición o preeminencia e dignidad que sea, e a cada uno e a cualquiera dellos, por la fidelidad, e lealtad e reverencia e obediencia e subjección e vasallaje que me deben, e a que me son adscritos e obligados como a su Reyna e Señora natural, e so virtud de los juramentos, e fidelidades e pleytos e homenajes que me hicieron al tiempo que yo accedí en los dichos mis Reynos e Señoríos que cada uno, e cuando plugiere a Dios de me llevar de esta presente vida, los que allí se hallaren presentes luego, e los absentes dentro del término que las Leyes destos mis Reynos disponen en tal caso, ayan e resciban, y tengan a la dicha Princesa Doña Juana mi hija por Reyna verdadera, e Señora natural propietaria de los dichos mis Reynos e Tierras e Señoríos, e alzen pendones por ella, haciendo la solemnidad que en tal caso se requiere, e debe, e acostumbra a hazer; e ansí la nombren, e intitulen dende adelante y le den y presten e exhiban e fagan dar, y prestar y exhibir, toda fidelidad e obediencia e reverencia e subjección e vasallaje que como súbditos e naturales vasallos le deben, e son obligados a le dar, y prestar, y al Ilustrísimo Príncipe Don Felipe mi muy caro e muy amado fijo, como a su marido; e quiero e mando que todos los Alcaydes de los Alcaçares e Fortalezas, e Tenientes de cualesquier Cibdades e Villas e Logares de los dichos mis Reynos e Señoríos, fagan luego juramento e pleyto homenage en forma, según costumbre e Fuero de España, por ellas a la dicha Princesa mi hija, e de las tener e guardar con toda fidelidad y lealtad para su servicio e para la Corona Real de los dichos mis Reynos, durante el tiempo que gelas mandare tener; lo cual todo mando que ansi fagan e cumplan realmente, e con efecto, todos los susodichos Prelados e Grandes e Cibdades e Villas e Logares e Alcaydes e Tenientes, e para los otros susodichos mis súbditos, e naturales, sin embargo ni dilación, ni contrario alguno, que sea o ser pueda, so aquellas penas e casos en que incurren e caen los vasallos e súbdidos que son rebeldes e inobedientes a su Reyna, e Pricesa, e Señora Natural, e le deniegan el señorío e subjeccción e vasallaje e obediencia y reverencia, que naturalmente le deben y son obligados a le dar y prestar.

Otrosí, considerando cuándo yo soy obligada de mirarpor el bien común destos Reynos e Señoríos, assí or la obligación que como REyna e Señora de ellos les debo, como por los muchos servicios que de mis súbditos e vasallos he resdibido; e considerando asimismo que la mejor herencia que puedo dexar a la Princesa e al Príncipe mis hijos, es dar orden como mis súbditos, e naturales, les tengan el amor e les sirvan lealmente, como al Rey mi señor e a mí han servido; e quepor las leyes e ordenanças de esots dichos mis Reynos, fechas por los Reyes mis progenitores, está mandado que las Alcaydías e Tenencias e Governación de las CIbdades e Villas e Lugares e Oficios que tienen anexa jurisdicción de alguna en cualquier manera, e los oficios de la hazienda, y de la Casa e Corte, e los oficios mayhores del Reyno, e los oficios de mayores no se den a extranjeros, así proque no sabrían regir e governar, no serán bien regidas o governadas, e los vezinos e moradores dellos no serán dello contentos, de donde cada día se rescrecerían los escándalos e desórdenes e inconvenientes, de uqe Nuestro Señor será deservido, e los dichos mis Reynos, e los vezinos e moradores de ellos recibirióan mucho daño e detrimento; e veyendo como el Príncipe mi hijo, por ser de otra nación e de otra lengua, si no se confromase con las dichas Leyes e Fueros e usos e costumbres destos dichos mis Reynos, y él y la Princesa mi hija no los governasen por las dichas Leyes e Fueros e usos e costumbres, no serán obedecidos ni servidos como deberían e podrían; e podrían dellos tomar algún escándaloo e no les tener el amor que yo querría que les tuviees, para con todo servir mejor a Nuestro SEñor, e governarlos mejor, y ellos poder ser mejor servidos de sus vasallos; e conosciendo que cada Reyno tiene sus Leyes e usos e costumbres e se govierna mejor por sus naturales.

Por ende, queriéndolo remediar todo, de manera que los dichos Príncipe e Princesa, mis hijos, goviernen estos dichos Reynos despuesd de mis días, e sirvan a Nuestro Señor como deben e a sus súbditos e vasallos paguen la deuda que como Reyes e Señores dellos les deben e son obligados; ordeno y mando que de aquí en adelante no se den las dichas Alcaydías e Tenencias de Alcáçares, ni Castillos, ni Fortalezas, ni governación, ni cargo, ni oficio que tenga en cualquier manera anexa jurisdicción alguna, ni oficio de justicia, ni oficios de Cibdades ni Villas ni Lugares de esos mis Reynos y Señoríos, ni los oficios de la hazienda dellos, ni de la Casa e Corte, a persona ni personas algunas de cualquier estado o condición que sean, que no sean naturales dellos; e que los Secretarios, ante quien ovieren de despachar cosas tocantes a estos mis Reynos y Señoríos; e que estando los dichos Príncipe e Princesa mis hijos fuera destos dichos mis Reynos e Señoríos Leyes e Pragmáticas, ni las otras cosas que en Cortes se deben hazer segund las Leyes de ellos; ni provean en cosa ninguna tocatne a la gobvernación; ni administración de los dichos mis Reynos y Señoríos; e mando a los dichos Príncipe e Princesa, mis hijos, que ansí lo guarden e cumplan, e no den lugar a lo contrario.

Otrosí, por cuanto a los Arçobispados e Obispados e Abadías e Dignidades e Beneficios Eclesiásticos e los Maestradgos e Prioradgo de San Juan, son mejor regidos e governados por los naturales [...]: mando a la dicha Princesa e al dicho Príncipe su marido, mis hijos, que no presenten Arçobispos, ni Obispados [...] a personas que no sean naturales de estos mis Reynos.

Otrosí, por cuanto las Islas e Tierra Firme del Mar Océano, e Islas de Canaria, fueron descubiertas e conquistadas a costa destos mis Reynos, e con los naturales dellos, y por esto es razón que el trato e provecho dellas se aya e trate e negocie destos mis Reynos de Castilla y de León, y en ellos venga todo lo que dellas se traxere: porende ordeno e mando que así se cumplan, así en las que fasta ahora son descubiertas, como en las que se descubrirán de aquí adelante en otra parte alguna.

Otro sí, por cuanto puede acaescer que el tiempo de Nuestro Señor de esta vida presente me llevase, la dicha Princesa mi hija no esté en estos mis Reynos, o después que a ellos viniere, en algund tiempo haya de ir a estar fuera de ellos, o estando en ellos no quiera o no pueda entender en la governación dellos, e para cuando lo tal acaeciere en razón que se dé orden para que aya de quedar y quede la governación dellos de manera que sean bien regidos e governados en paz, e la justicia administrada como debe; e los Procuradores de los dichos mis Reynos en las Cortes de Toledo el año quiniento e dos, que después se continuaron, e acabaron, en las Villas de Madrid e Alcalá de Henares el año quinientos e tres, por la petición me suplicaron, e pidieron por merced que mandasse proveer cerca dello, y que ellos estavan prestos y aparejados de obedescer e complir todo lo que por mí fuesse cerca dello mandado como buenos e leales vassallos e naturales, lo cual yo después ove hablado con algunos Prelados e Grandes de mis Reynos y Señoríos, e todos fueron conformes e les paresció que en cualquier de dichos casos el Rey mi señor desvía regir e governar e administrar los dichos mis Reynos y Señoríos por la dicha Princesa mi fija; porende, queriendo remediar e proveer, como devo e soy obligada, para cuando los dichos casos o alguno de ellos acaescieren, y evitar las diferencias e dissensiones que se podrían seguir entre mis súbditos e naturales de los dichos mis Reynos, e quanto en mí es proveer a la paz e sosiego e buena governación e administración dellos; acatando la grandeza y excelente nobleza y esclarecidas virtudes del Rey mi señor e la mucha experiencia que en la governación de ellos ha tenido e tiene; e quanto es servicio de Dios e utilidad e bien común de ellos que en cualquier de los dichos casos sean por su Señoría regidos e governados: ordeno e mando que cada e quando la dicha Princesa mi hija no estoviere en estos dichos mis Reynos, o después que a ellos viniere en algund tiempo aya de ir y estar fuera dellos, o estando en ellos no quisiere o no pudiere entender en la governación de ellos, que en qualquier de los dichos casos el Rey mi señor rija, administre e govierne los dichos mis Reynos e Señoríos [...] fasta en tanto que el Infante Don Carlos mi nieto, hijo primogénito heredero de los dichos Príncipe e Princesa sea de edad legítima, a lo menos de veinte años cumplidos, para los regir e governar; e seyendo de la dicha edad, estando en estos mis Reynos a la sazón, e viniendo a ellos para los regir, los rija e govierne [...]. E suplico al Rey mi señor, quiera aceptar el dicho cargo de la governación, e regir e governar estos dichos mis Reynos e Señoríos en los dichos casos, como yo espero que lo hará: e como quiera, que segund lo que su Señoría siempre lo ha fecho por acrescentar las cosas de la Corona Real, e por esto no era necessario más lo suplicar, mas por complir lo que soy obligada, quiero e ordeno e así lo suplico a Su Señoría, que durante la dicha governación, no dé ni enagene ni consienta dar ni enagenar, por vía ni manera alguna, Cibdad, Villa, ni Lugar, ni Fortaleza, ni maravedís de juro, ni juredisción, ni oficio ni justicia, ni otra cosa alguna de las pertenecientes a la Corona e patrimonio Real de los dichos mis Reynos [...] E mando a los Prelados, Duques, Marqueses, Condes e Ricos homes e a todos mis vassallos e Alcaydes e a todos mis súbditos e naturales de qualquier estado, preeminencia o condición e dignidad que sean [...], en cualquier de los dichos casos obedezcan a Su Señoría, e cumplan sus mandamientos e le den todo favor e ayuda cada e quando fueren requeridos, segund, como en tal caso lo deven, e son obligados hazer.

E ruego e mando a la dicha prinçesa mi hija, e al dicho prinçipe su marido, que como catolicos prinçipes, tengan mucho cuidado de las cosas de la honrra de Dios e de su sancta fe, zelando e procurando la guarda e defension e enxalçamiento della pues por ella somos obligados a poner las personas e vidas e lo que touieremos cada que fuere menester e que sean muy obedientes a los mandamientos de la sancta madre Iglesia e protectores e defensores della como son obligados. E que no çesen en la conquista de Africa e de pugnar por la fe contra los ynfieles (...).

E asímismo ruego e mando muy afectuosamente a la dicha Princesa mi fija, porque merezca alcançar la bendición de dios e la del Rey su padre e la mía, e al dicho Príncipe su marido, que siempre sean muy obedientes e subjetos al Rey mi señor e que no le salgan de la obediencia, dándole e haciéndole dar todo honor de buenos e obedientes hijos deven dar a su buen padre; e sigan sus mandamientos e consejos, como della se espera que lo harán, de manera que para todo lo que a Su Señoría toque, parezca que yo no hago falta e parezca que soy viva: porque allende de ser devido a su señoría este honor e acatamiento por ser padre [...] los Reyes serán de ellos mucho aprovechados; e también porque es mucha razón que su Señoría sea servido e acatado e honrado más que otro padre, así por ser tan excelente Rey e Príncipe e dotado e insignido de tales e tantas virtudes, como por lo mucho que ha fecho, e trabajado, su Real persona en cobrar estos dichos mis Reynos que tan enagenados estavan al tiempo que yo en ellos sucedí, y en obviar los grandes males e dapnos e guerras que con tantas turbaciones y movimientos avia en ellos; e no con menos afrenta de su Real persona en ganar el Reyno de Granada, y echar dél los enemigos de nuestra santa Fe Católica [...]

...e porque el dicho Reyno de Granada e las Islas de Canaria e las Islas de Tierra firme del Mar Occéano, descubiertas e por descubrir, ganadas e por ganar, han de quedar encorporadas en estos mis Reynos de Castilla e León, segund que en la Bula Apostólica a Nos sobre ello concedida se contiene, y es razón que su Señoría sea en algo servido por mí, y de los dichos mis Reynos e Señoríos, aunque no puede ser tanto como su Señoría meresce e yo deseo, es mi merced e voluntad e mando que por la obligación e deuda que estos mis reynos deven e son obligados a su Señoría, oir tantos bienes e mercedes que de su señoría has rescivido, que demás, e allende los Maestradgos que su señoría tiene, e ha de tener por la su vida, aya, e lleve, e le sean dados, e pagados cada año para toda su vida, para substentación de su Estado Real, la mitad de lo que rentaren las Islas de Tierra Firme del Mar Occéano [...] sacadas las costas e gastos que en ellas se hizieren [...]; e más diez cuentos de maravedís cada año por toda su vida, situados en las rentas de las alcavalas de los dichos Maestradgos de Santiago, e Calatrava e Alcántara, para que su Señoría lo lleve e goze dello lo que fuere servido...

E por la presente doy mi poder complido a los dichos rey mi señor, e Arçobispo, mis Testamentarios, para que declaren todas e cualesquier deudas que ocurrieren cerca de las cosas en este mi testamento contenidas, como aquellos que sabrán e saben bien mi voluntad en todo, e cada cosa, e parte de ello; e su declaración quiero e mando que vala como si yo misma la fiziesse e declarasse. E es mi merced e voluntad, que este vala por mi testamento, e si no valiere por mi testamento, vala por codecillo, e si no valiere por codecillo, vala por mi última e postrimera voluntad, y en aquella forma e manera que puede e debe valer; e si alguna mengua, o defecto hay en este mi testamento, yo de mi propio motu e cierta sciencia e poderío Real absoluto, de que en esta parte quiero usar, e uso, lo suplo, e quiero aver e que sea avido por soplido, e algo e quito de él todo obstáculo e impedimento, así de fecho como de derecho, de cualquier natura, calidad e valor, efecto o misterio que sea, que lo embargasse o pudiese embargar. E quiero e mando que todo lo contenido en este dicho mi testamento, e cada una cosa, é parte dello, se haga e cumpla e guarde realmente e con efecto, no obstante qualesquier leyes e derechos comunes e particulares de los dichos mis Reynos, que en contrario de estos sean, o ser puedan; e otrosí, no embargantes qualesquier juramentos e pleytos e ominages e fees e otras cualesquier seguridades e votos e promissiones, de qualquier calidad que sean, que qualesquier personas mis súbditos e naturales tengan fechos, así al dicho Rey mi señor e a mí, como a otras qualesquier personas [...] El qual dicho mi testamento, e lo en él contenido, e cada cosa e parte dello, quiero e mando que sea avido e tenido e guardado por ley e como ley e que tenga fuerça e vigor de ley, e no lo embargue Ley, Fuero, ni derecho, ni costumbre, ni otra cosa alguna, segund dicho es, porque mi merced e voluntad es que esta ley, que yo hago aquí e ordeno, así como postrimera revoque e derogue quanto a ella, todas e qualesquie Leyes e Fueros e derechos e costumbres e estylos e hazañas e otra cosa qualquier que lo pudiesse embargar.

E mando que este mi testamento original sea puesto en el Monesterio de nuestra Señora de Guadalupe, para que cada e quando fuere menester velo originalmente, lo puedan allí fallar; e que antes que se lleve se hagan tres traslados dél, signados de Notario público, en manera que fagan fee, e que el uno dellos se ponga en el Monesterio de santa Isabel de la Alhambra de Granada, donde mi cuerpo será sepultado, y el otro en la Iglesia catedral de Toledo, para que allí lo puedan ver todos los que dé se entendieren aprovechar. E porque esto sea firme, e no venga en duda, otorgué este mi testamento ante Gaspar de Grizio, Notario público, mi secretario, e lo firmé de mi nombre, e mande sellar con mi sello, estando presentes, llamados e rogados por testigos los que lo sobrescrivieron e cerraron con sus sellos pendientes, los quales me lo vieron firmar de mi nombre e lo vieron sellar con mi sello; que fue otorgado en la Villa de Medina del Campo a doze días del mes de Octubre, año del Nacimiento de nuestro Salvador Jesu Christo de mil e quinientos e cuatro años.

Yo la Reyna

Codicilo de la reina Isabel la Católica

Capítulo XII (Indios, su evangelización y buen tratamiento)

Ytem. Por quanto al tiempo que nos fueron concedidas por la Santa Sede Apostólica las islas e tierra firme del mar Océano, descubiertas e por descubrir, nuestra principal intención fue, al tiempo que lo suplicamos al Papa Alejandro sexto de buena memoria, que nos fizo la dicha concession, de procurar inducir e traher los pueblos dellas e los convertir a nuestra Santa Fe católica, e enviar a las dichas islas e tierra firme del mar Océano perlados e religiosos e clérigos e otras personas doctas e temerosas de Dios, para instruir los vezinos e moradores dellas en la Fe católica, e les enseñar e doctrinar buenas costumbres e poner en ello la diligencia debida, según como más largamente en las Letras de la dicha concessión se contiene, por ende suplico al Rey, mi Señor, mui afectuosamente, e encargo e mando a la dicha Princesa mi hija e al dicho Príncipe su marido, que ansí lo hagan e cumplan, e que este sea su principal fin, e que en ello pongan mucha diligencia, e non consientan e den lugar que los indios vezinos e moradores en las dichas Indias e tierra firme, ganadas e por ganar, reciban agravio alguno en sus personas e bienes; mas mando que sea bien e justamente tratados. E si algún agravio han rescebido, lo remedien e provean, por manera que no se exceda en cosa alguna de lo que por las Letras Apostólicas de la dicha concessión nos es inyungido e mandado.

Capítulo XXIX (Indias, su situación jurídica)

E porque de los hechos grandes e señalados que el Rey, mi señor, ha hecho desde el comienzo de nuestro reinado, la Corona real de Castilla es tanto aumentada que debemos dar a Nuestro Señor muchas gracias e llores; especialmente, según es notorio, habernos su Señoría ayudado, con muchos trabajos e peligros de su real persona, a cobrar estos mis Reinos, que tan enagenados estaban al tiempo que yo en ellos sucedí, y el dicho Reino de Granada, según dicho es, demás del gran cuidado y vigilancia que su Señoría siempre ha tenido e tiene en la administración de ellos. E porque el dicho reino de Granada e Islas de Canarias e Islas e Tierra firme del mar Océano, descubiertas e por descubrir, ganadas e por ganar, han de quedar incorporadas en estos mis Reinos de Castilla y León, según que en la Bula Apostólica a Nos sobre ello concedida se contiene, y es razón que su Señoría sea en algo servido de mi y de los dichos mis Reinos e señoríos, aunque no puede ser tanto como su Señoría merece e yo deseo, es mi merced e voluntad, e mando que, por la obligación e deduda que estos mis Reinos deben e son obligados a su Señoría, por tantos bienes e mercedes que su Señoría tiene e ha de tener por su vida, haya e lleve e le sean dados e pagados cada año por toda su vida, para sustentación de su estado real, la mitad de lo que rentasen las Islas e Tierra firme del mar Océano, que hasta ahora son descubiertas, e de los provechos e derechos justos que en ellas hubiese, sacdas las costas que en ellas se hicieren, así en la administración de la justicia como en la defensa de ellas y en las otras cosas necesarias; e más diez cuentos de maravedís cada año por toda su vida, situados en las rentas de las alcabalas de los dichos maestrazgos de Santiago e Calatrava e Alcántara, para que su Señoría lo lleve e goce e haga dello lo que fuere servido; con tanto que después de sus días la dicha mitad de rentas e derechos e provechos e los dichos diez cuentos de maravedís, finquen e tornen e se consuman para la Corona real de estos mis Reinos de Castilla. E mando a la dicha Princesa, mi hija, e al dicho Príncipe, su marido, que así lo hagan e guarden e cumplan por descargo de sus conciencias e de la mía).

Medina del Campo, 23 noviembre 1504

VII- Breve sobre indios e indigenistas. Deshaciendo tópicos sobre los indígenas en Sudamérica. Por Alberto Buela[412]

Ya empezamos mal hablando de indios cuando lo políticamente correcto es hablar de aborígenes, término que viene del sufijo latino ab que indica procedencia, más el sustantivo origo-inis que significa origen, nacimiento. Cuando decimos aborigen nos queremos referir a alguien originario del suelo donde vive.

Aparece aquí la primera contradicción los indigenistas que se auto titulan con un término del latín como aborigen, en lugar del indio que es mucho más genuino y originario. Es verdad que nació de un error de Colón, pero eso es todo, no existió una manipulación ex profesa del término, como ocurrió y ocurre con el de aborigen.

Ahora bien en el caso de los aborígenes de la Patagonia y de la Pampa argentina no son originarios para nada, eso no es cierto, es una falsedad de toda falsedad. Los que hoy se denominan mapuches son un cuento, son un bluff, lo decimos en inglés porque la oficina política de estos "indios" está en Londres. Ellos llegan a La Pampa a partir de 1770 y eran pehuenches de Ranquil (hoy Chile) y se instalan en pleno cladenar (montes del Caldén) de la Pampa central, llamada también Mamil Mapu (país del monte). Vemos como estos indios son menos originarios que los criollos viejos de la Pampa. Y en la Patagonia, cuando invadieron por esa misma época, mataron a los tehuelches sus verdaderos habitantes originarios.

Sobre este tema se puede consultar el excelente artículo de Fredy Carbano Julio Argentino Roca y la gran mentira mapuche que está en Internet.

Es sabido que hoy día uno de los temas y asuntos más aprovechados políticamente por el progresismo, tanto de izquierda como liberal, es el del indigenismo.

No existe prácticamente ningún gobernante- nacional o provincial- de Nuestra América que no cante loas al mundo precolombino, a los indios, a los autóctonos, a los pueblos originarios.

---

412 Revista Arbil, anotaciones de pensamiento y critica, Nº 125 (Foro Arbil, Zaragoza, España). Cfr. http://revista-arbil.es/125indi.htm

Ni que decir de los militantes políticos del progresismo y los intelectuales del pensamiento único, el tema está comprado en bloque. Es como si una voz de orden venida del imperialismo yanqui dijera: "Así como para nosotros el único indio que vale es el indio muerto, para Uds. lo único valioso es: que todos sean o se declaren indios".

Para apoyar este principio de dominación política y cultural nos han vendido, y nuestra intelligensia ha comparado, la teoría del multiculturalismo que hace pedazos la poca unidad nacional que hemos logrado luego de 500 años de existencia. Esta teoría ruin se expresa en el apotegma: la minorías tienen derechos por el sólo hecho de ser minorías, tenga o no algún valor lo suyo.

¿Y la voluntad de las mayorías? Solo sirve para convalidar en el momento de votar a la élite ilustrada que gobernará para las minorías, llámense grupos concentrados de la economía (Etztain, Grobocopatel, Mildin, Werthein), de la cultura (gays, lesbianas, bisexuales, homosexuales), de la farándula mediática (Leuco, Eliaschev, Sofovich, Gelblung), del pensamiento (Feimann, Forster, Kovaldof, Abraham). Gringos de la peor laya que viven esquilmando a nuestros pueblos bajo la mascarada democrática de servirlos.

Y así como es políticamente correcto criticar a los fumadores y a los cazadores de ciervos, por el contrario, es políticamente incorrecto criticar a cualquiera de las mil variantes del indigenismo americano.

La crítica al indigenismo inmediatamente nos demoniza, porque el indigenismo es un mecanismo más de dominación del imperialismo y como tal funciona. Su verborrea criminaliza a quien se opone. Su lenguaje busca despertar sentimientos primarios a dos puntas: se presentan como víctimas y criminaliza a quienes se le oponen o ponen simplemente reparos.

Lo grave del indigenismo es que en nombre de las falsas razones de origen que dan ellos, nos quitan, al menos a los criollos americanos, nuestro lugar de origen. Y nosotros los criollos bajo la firma de gauchos, huasos, cholos, montuvios, jíbaros, ladinos, gauchos, borinqueños, charros o llaneros somos lo mejor, el producto más original que dio América al mundo. Ya lo decía Bolivar sobre él mismo: ni tan español ni tan indio.

Es este mundo criollo que dio el barroco americano y que peleó por la independencia y libertad de nuestros pueblos. Este mundo criollo que tuvo sus mejores frutos intelectuales en la universidad de Chiquisaca, llamada La Plata, Charcas y hoy Sucre. ¿O por qué se piensan que Bolivia, así pobre y desmantelada como la vemos, ha sido la que mayor cantidad de pensadores nacionales hispanoamericanos ha dado en el siglo XX? Porque funciona sobre una matriz de pensamiento que tiene medio milenio.

Qué es ser criollo sino la mejor forma de sentir lo nuestro, lo propio, lo auténtico. No es necesario andar vestido de gaucho, huaso o llanero, ni tener diez generaciones de americanos. Criollo puede ser un bancario, y un plomero, un cura o un médico, un rico o un pobre, el inmigrante italiano o alemán, el turco o el judío. Lo criollo es la captación del valor de lo genuino en nosotros. La valoración del modo gaucho de vida con sus costumbres y tradiciones. No porque nos vistamos de gauchos vamos a ser más criollos, yo conozco tantos gauchos de tienda . Hace muchos años, Juan Carlos Neyra, el padre del Colorado Neyra, escribió: Criollo es aquel que interpreta al gaucho y lo criollo es un modo de sentir, una aproximación afectiva a lo gaucho. Es por eso que lo gaucho es necesariamente criollo pero un criollo puede no ser gaucho. De allí que esos viejos camperos de antes decían: Nunca digas que sos gaucho, que los otros lo digan de vos. 1

Hace unos días escribió Solíz Rada desde Bolivia un brillante artículo El canciller y las hormigas donde el canciller de su país afirma: " para nosotros los indios están primero las mariposas y las hormigas y en último lugar está el hombre. A lo que comenta Solíz: Lo inaceptable es separar la preservación de la Madre Tierra de la defensa del género humano. Recuérdese que los nazis también pensaban que judíos y gitanos valían menos que hormigas y bacterias." Lo postulado por su canciller viene a coincidir con los planes de John Rokeffeller III de control de la natalidad de los países del tercer mundo.

El historiador y amigo chileno Pedro Godoy nos dice: "Chile no escapa del plan desmembrador. Modas primermundistas nos contaminan: tatuajes, grafitis, piercing, swingers, punkies… Ahora adquiere fuerza otra: los indigenista bajo el grito "cada etnia una nación" ¡Inquietante!. Los asesores rubios de esta campaña motorizan, hoy como ayer, la leyenda negra. Aportan así a acentuar nuestra crisis de identidad"

La instrumentación política que está detrás del indigenismo la hace notar muy bien Félix Rodríguez Trelles cuando afirma: " Los mal llamados "originarios" son el brazo de la quinta columna interior. El experimento imperial ha logrado un éxito notable al controlar Bolivia con el cocalero manejado desde atrás por García Linera (el Cohn-Bendit boliviano), y acechan con fuerza en Ecuador (no es casual que a Correa los "originarios" lo ataquen cuando repudia la deuda externa)" (cfr. En Internet su artículo Los pueblos originarios: una operación de pizas).

Tanto Andrés Solíz Rada como Pedro Godoy, dos hombres de la izquierda nacional suramericana, como Trelles un hombre del peronismo genuino, quieren poner el acento y distinguir entre la existencia y primacía de la identidad de la comunidad política de origen (aquella que nos da el Estado-nación al que pertenecemos) y una identidad adquirida o secundaria que es la que cada uno puede darse o crearse por estudio o convicciones (comunidad mapuche, gaucha, gringa, judía o árabe). Si no tenemos en cuenta esta distinción política fundamental caemos en el error todos los separatismos.

Y así todo suma y sigue, y podríamos poner mil ejemplos.

De este indigenismo se desprende la primera mentira mayúscula: la matanza de indios que realizaron los españoles fue de 120 millones según Escarrá Malavé, presidente de la comisión de relaciones exteriores del Congreso de Venezuela, de ahí que Chávez hable equivocadamente de "holocausto aborigen". De 70 millones según el sociólogo brasileño Darcy Ribeiro y así siguen los números más inverosímiles. Pero estas cifras son solo suposiciones artificiosas teñidas por el odio a España y lo español producto de la "leyenda negra" creada por las oficinas políticas de Holanda e Inglaterra.

El filósofo e historiador mejicano José Vasconcelos, nada hispanista, hace constar en su Breve historia de México que no había más de seis millones de indios en todo el norte de América, tesis que años después convalidarían las investigaciones del antropólogo W. Denevan. Mientras que don Angel Rosemblat, profesor de historia de América colonial y nada sospechoso de prohispanismo, estimó una población a la llegada de Colón de trece millones y medio para toda América. La que disminuyó en gran parte no por las matanzas, que ciertamente las hubo sobre todo en los primeros treinta años de la conquista, pero ni por asomo con la magnitud que se les otorga, sino por las epidemias que los españoles trajeron: gripe, viruela, sífilis, etc.

Angel Rosemblat nació en Polonia en 1902 en el seno de una familia judía y llegó a Buenos Aires a los seis años, realizó sus estudios en la Universidad de Buenos Aires, se perfeccionó en Europa y en 1946 se afincó en Venezuela contratado por ese gran pensador venezolano que fue Mariano Picón Salas, y allí murió en 1984. Este filólogo y antropólogo cultural se destacó por su continuado trabajo de treinta años sobre el tema de la población originaria de América a la llegada de Colón y en un libro memorable que tiene muchas ediciones La población de América en 1492. Viejos y nuevos cálculos, FCE, México, 1967.

Afirma Pierre Chaunu, historiador francés y protestante, el mayor revisionista de la Revolución Francesa junto con Francois Furet, escribe: " La leyenda antihispánica en su versión norteamericana (la europea hace hincapié sobre todo en la Inquisición) ha desempeñado el saludable papel de válvula de escape. La pretendida matanza de los indios por parte de los españoles en el siglo XVI encubrió la matanza norteamericana de la frontera Oeste, que tuvo lugar en el siglo XIX. La América protestante logró librarse de este modo de su crimen lanzándolo de nuevo sobre la América católica. "

La tenaz y reiterativa acusación de genocidio a los españoles por parte de los indigenistas contrasta con el silencio sobre uno de los episodios más terribles y duraderos, la matanza y explotación de indios y negros por parte de las oligarquías americanas ilustradas luego de la independencia. Así durante casi todo el siglo XIX las oligarquías locales masónicas y liberales bajo régimen de esclavitud hicieron desaparecer pueblos enteros como los charrúas en Uruguay, los mayas en México y varias etnias en el Brasil amazónico.

Nosotros al no ser antropólogos culturales, sólo conocemos tres trabajos serios sobre el tema en Argentina: a) los de Ernesto Sánchez Ance para el área norte del país. b) el libro del antropólogo Jorge Fernández C., fallecido hace unos años, titulado Historia de los indios ranqueles, Bs.As. Ed. Inst.Nac.Antropología y Pensamiento Americano, 1998, en donde con lujo de detalles desarma el mito de los indios pampas o ranqueles como originarios, sino que llegaron a La Pampa en 1770 corridos de Chile por los españoles y vivieron allí, gracias a la industria sin chimeneas –el malón y el cautivaje - hasta 1879, cuando cae Baigorrita, su último cacique. c) el libro de P. Meinrado Hux: Memorias de un ex cautivo Santiago Avendaño,

Bs.As. Ed. Elefante Blanco, 1999. En donde se muestra palmariamente cómo era la tan mentada cultura indígena, con sus sacrificios humanos y el desollar viva a la gente.

Invitamos a los que quieran profundizar, a leer estos trabajos que están al alcance de todos.

Alberto Buela

1 Neyra, JC: Introducción criolla al Martín Fierro, Huemul. BsAs., 1979

INDICE

Se terminó de imprimir en Junio de 2014,
mes del Sagrado Corazón de Jesús,
en Alba Impresores S.R.L.
Av. Amancio Alcorta 3910 CABA
albaimpresores@gmail.com

Made in the USA
Monee, IL
10 July 2023

38939198R00198